100
FAITS À SAVOIR SUR LA
POTERIE

SCRIBE DU TEMPS

1. ARTISANAT ANCESTRAL MILLÉNAIRE
2. PREMIÈRES POTERIES UTILITAIRES
3. INVENTION DU TOUR MÉSOPOTAMIEN
4. NAISSANCE DE LA PORCELAINE
5. ARGILE: MATÉRIAU NATUREL
6. VARIÉTÉS D'ARGILES EN POTERIE
7. CUISSON: PROCESSUS CLÉ
8. TEMPÉRATURES DE CUISSON VARIABLES
9. TECHNIQUES DE GLAÇAGE
10. GLAÇURES SANS PLOMB
11. RAKU JAPONAIS UNIQUE
12. ORIGINE DU MOT CÉRAMIQUE
13. POTERIE MAIN OU TOUR
14. TECHNIQUE POTERIE À LA CORDE
15. POTERIE DANS LES RITUELS
16. POTERIE GRECQUE ET ROMAINE
17. POTERIE POUR OBJETS FONCTIONNELS
18. DÉCORATIONS EN POTERIE
19. POTERIE EN ARCHÉOLOGIE
20. POTERIE EN ART THÉRAPEUTIQUE
21. POTERIE PÉRUVIENNE MOCHICA
22. TRADITIONS POTIÈRES INDIENNES
23. POTERIE BLUE AND WHITE
24. FAÏENCE: GLAÇURE BLANCHE
25. POTERIE BISQUE NON-ÉMAILLÉE
26. RÉDUCTION EN POTERIE
27. DÉCORATION SGRAFFITO
28. POTERIE NÉOLITHIQUE GÉOMÉTRIQUE
29. POTERIE PRÉCOLOMBIENNE RITUELLE
30. TECHNIQUE POTERIE COILING
31. MAJOLIQUE ITALIENNE COLORÉE
32. FOURS À BOIS TRADITIONNELS
33. POTERIE DE DELFT
34. FIGURINES EN ARGILE PRÉHISTORIQUE
35. POTERIE SLIPWARE DÉCORATIVE
36. PALETTE DES POTIERS GRECS
37. DURABILITÉ DE LA POTERIE GRÈS
38. EFFET MARBRÉ NÉRIAGE
39. POTERIE AFRICAINE SYMÉTRIQUE
40. CÉLADON CORÉEN NUANCÉ
41. ROUGE ÉGYPTIEN EN POTERIE
42. TECHNIQUE POTERIE AU COLOMBIN
43. ANCIENNETÉ POTERIE JOMON
44. FIGURES MESOAMÉRICAINES
45. TERRA SIGILLATA ROMAINE
46. POTERIE POUR MUSIQUE
47. ART NOUVEAU EN POTERIE
48. POTERIE HOPI SYMBOLIQUE
49. TECHNIQUE CRAQUELÉ
50. STAFFORDSHIRE: FIGURINES ET DÉCOR
51. HISTOIRES SUR VASES GRECS
52. BUNCHEONG CORÉEN MIXTE
53. POTERIE MAROCAINE COLORÉE
54. FINITION POLIE MAIN
55. RAKU OCCIDENTAL INNOVANT
56. TALAVERA DE PUEBLA COLORÉE
57. TECHNIQUE PINCÉ EN POTERIE
58. FOURS ÉLECTRIQUES MODERNES
59. POTERIE MIMBRES COMPLEXE
60. COLORATION AVEC OXYDES
61. IZNIK TURQUE FLORALE
62. ARGILE DU NIL ÉGYPTIENNE
63. ÉLÉGANCE SATSUMA JAPONAISE
64. OXYDATION ET RÉDUCTION
65. TERRE NOIRE EN POTERIE
66. FINESSE DE L'INDUS
67. FIGURES NOIRES GRECQUES
68. INCRUSTATIONS EN POTERIE
69. GLAÇURES TRICOLORES TANG
70. URNES FUNÉRAIRES PRÉHISTORIQUES
71. POTERIE POLYCHROME COMPLEXITÉ
72. POTERIE PUEBLO SYMBOLIQUE
73. POTERIE JOMON SPIRALE
74. SIMPLICITÉ NATURELLE BIZEN
75. TECHNIQUES GLAÇAGE VARIÉES
76. POTERIE ABSTRAITE ET FONCTIONNELLE
77. CUISSON FOSSE AFRICAINE
78. AGATEWARE MULTICOLORE
79. POTERIE NAZCA COLORÉE
80. DIVERSITÉ DES TECHNIQUES POTIÈRES
81. POTERIE POUR ÉTUDE ALIMENTAIRE
82. TECHNIQUE TOURNASSAGE
83. FOURS RAKU JAPON TRADITIONNELS
84. RÉCIPIENTS ANDINS DOUBLES BECS
85. POTERIE ET ÉLÉMENTS SCULPTURAUX
86. SIMPLICITÉ HARAPPA
87. ÉLÉGANCE SONG ET YUAN
88. ÉMAILLAGE INTÉRIEUR BRUT
89. TOBIKANNA JAPONAIS
90. ARTEFACTS PRÉHISTORIQUES UNIQUES
91. VISAGES MOCHE PÉRUVIENS
92. DÉCORATION POTERIE AVANCÉE
93. POLISSAGE PIERRE EN POTERIE
94. FOURS GAZ PRÉCISION
95. NERIKOMI TECHNIQUE COLORÉE
96. POTERIE: EXPRESSION CULTURELLE
97. POTERIE CHAVIN COMPLEXITÉ
98. RENAISSANCE INFLUENCÉE ISLAM
99. MINIATURES ET BIJOUX EN POTERIE
100. ÉVOLUTION POTERIE CONTEMPORAINE

PRÉFACE

L'ART DE LA POTERIE, AVEC SES ORIGINES REMONTANT À DES TEMPS IMMÉMORIAUX, REPRÉSENTE BIEN PLUS QU'UNE SIMPLE ACTIVITÉ MANUELLE ; C'EST UNE FENÊTRE SUR L'HISTOIRE HUMAINE, UNE EXPRESSION DE LA CULTURE ET UN SYMBOLE DE LA CRÉATIVITÉ INÉPUISABLE DE L'HOMME. DE L'INVENTION DES PREMIERS TOURS EN MÉSOPOTAMIE AUX TECHNIQUES SOPHISTIQUÉES DE GLAÇAGE MODERNES, LA POTERIE A CONSTAMMENT ÉVOLUÉ, CAPTURANT L'ESPRIT ET L'INGÉNIOSITÉ DES ARTISANS À TRAVERS LES ÂGES.

CETTE FASCINATION POUR L'UNIVERS DE LA POTERIE M'A INSPIRÉ À ÉCRIRE "100 FAITS À SAVOIR SUR LA POTERIE". MON OBJECTIF EST DE PARTAGER CETTE PASSION AVEC VOUS, LE LECTEUR, EN EXPLORANT L'HISTOIRE RICHE ET LES MULTIPLES FACETTES DE CET ART ANCESTRAL. QUE VOUS SOYEZ UN CÉRAMISTE EN HERBE, UN AMATEUR D'ART, OU SIMPLEMENT CURIEUX DE DÉCOUVRIR UN MONDE OÙ L'ARGILE PREND VIE, CE LIVRE EST POUR VOUS.

À TRAVERS CES PAGES, VOUS VOYAGEREZ DANS LE TEMPS ET L'ESPACE, DE L'ANCIENNE CHINE, OÙ LA PORCELAINE A ÉTÉ INVENTÉE, AUX CULTURES PRÉCOLOMBIENNES D'AMÉRIQUE, CÉLÈBRES POUR LEURS OBJETS RITUELS EN POTERIE. VOUS DÉCOUVRIREZ DES TECHNIQUES VARIÉES, DES FAITS SURPRENANTS ET DES ANECDOTES HISTORIQUES, REFLÉTANT LA DIVERSITÉ ET LA RICHESSE DE LA POTERIE MONDIALE.

POUR RASSEMBLER CES "100 FAITS", J'AI EFFECTUÉ UNE RECHERCHE APPROFONDIE, EN M'APPUYANT SUR DES SOURCES FIABLES ET EN EXPLORANT DES OUVRAGES SPÉCIALISÉS EN POTERIE. CE PROCESSUS MÉTICULEUX DE COLLECTE D'INFORMATIONS A ÉTÉ GUIDÉ PAR UNE VOLONTÉ DE PRÉCISION ET DE DIVERSITÉ, AFIN DE COUVRIR UN LARGE ÉVENTAIL DE TECHNIQUES, D'HISTOIRES ET DE CULTURES LIÉES À CET ART

ANCESTRAL. CHAQUE FAIT CHOISI POUR CE LIVRE EST LE REFLET DE CET EFFORT MINUTIEUX, VISANT À OFFRIR UN CONTENU À LA FOIS INSTRUCTIF ET CAPTIVANT.

JE TIENS À EXPRIMER MA GRATITUDE ENVERS TOUS CEUX QUI ONT CONTRIBUÉ À CE PROJET, DEPUIS LES CÉRAMISTES QUI M'ONT GÉNÉREUSEMENT PARTAGÉ LEUR SAVOIR, JUSQU'AUX HISTORIENS DE L'ART ET AUX ÉDITEURS QUI ONT AIDÉ À FAÇONNER CE LIVRE.

ÉCRIT DANS UN STYLE ACCESSIBLE ET ENGAGEANT, "100 FAITS À SAVOIR SUR LA POTERIE" EST UNE INVITATION À EXPLORER LE MONDE FASCINANT DE LA CÉRAMIQUE. QUE CES PAGES SOIENT POUR VOUS UNE SOURCE D'INSPIRATION, DE CONNAISSANCE ET D'ÉMERVEILLEMENT. JE VOUS INVITE À TOURNER LA PREMIÈRE PAGE ET À EMBARQUER DANS CE VOYAGE CAPTIVANT À LA DÉCOUVERTE DE L'ART SÉCULAIRE DE LA POTERIE.

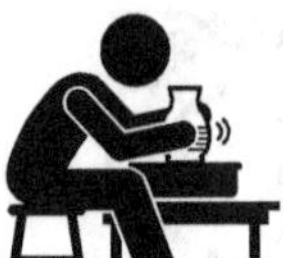
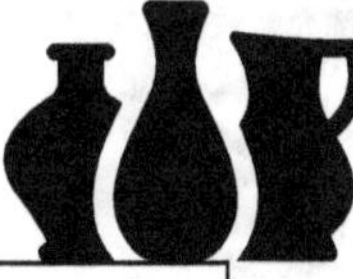

1

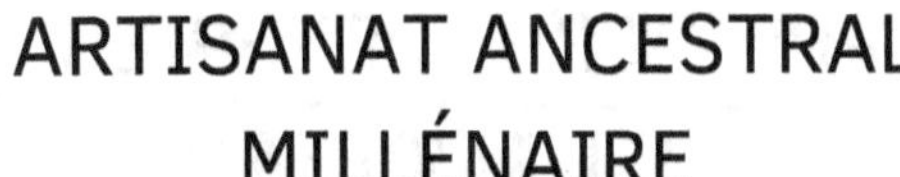

ARTISANAT ANCESTRAL
MILLÉNAIRE

LA POTERIE, L'UN DES MÉTIERS ARTISANAUX LES PLUS ANCIENS, REMONTE À ENVIRON 24 000 ANS AVANT NOTRE ÈRE, TÉMOIGNANT DE L'INGÉNIOSITÉ HUMAINE PRÉHISTORIQUE. CETTE FORME D'ART NAISSANTE ÉTAIT PLUS QU'UNE SIMPLE ACTIVITÉ CRÉATIVE ; ELLE SYMBOLISAIT UNE RÉVOLUTION DANS LA MANIÈRE DONT LES PREMIERS HUMAINS VIVAIENT ET TRAVAILLAIENT. AVEC L'INVENTION DE LA POTERIE, NOS ANCÊTRES ONT EU LA POSSIBILITÉ DE CUIRE, STOCKER, ET TRANSPORTER DES ALIMENTS ET DES LIQUIDES PLUS EFFICACEMENT QU'AUPARAVANT. CE DÉVELOPPEMENT A JOUÉ UN RÔLE CRUCIAL DANS LA SÉDENTARISATION DES SOCIÉTÉS HUMAINES, FACILITANT LA TRANSITION DES MODES DE VIE NOMADES VERS DES COMMUNAUTÉS AGRICOLES STRUCTURÉES. LA POTERIE N'ÉTAIT PAS SEULEMENT FONCTIONNELLE ; ELLE ÉTAIT ÉGALEMENT UNE EXPRESSION DE L'ART ET DE LA CULTURE, COMME EN TÉMOIGNENT LES MOTIFS ET LES FORMES VARIÉS TROUVÉS DANS LES POTERIES ANCIENNES.

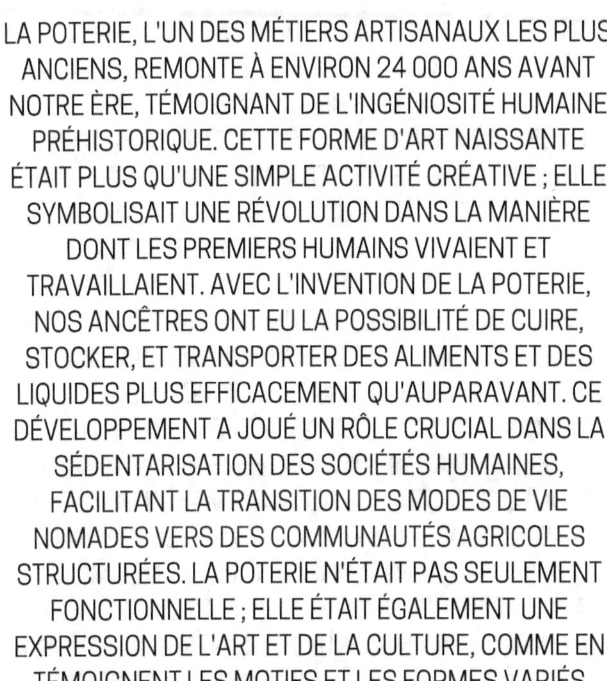
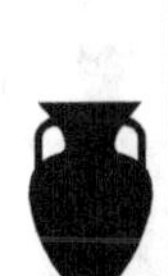

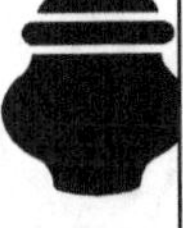
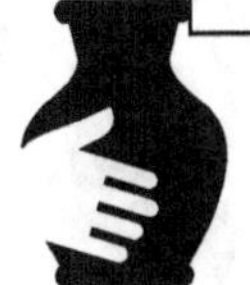

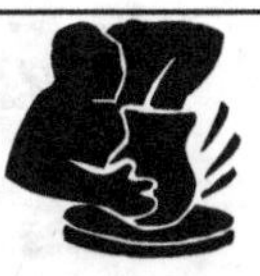
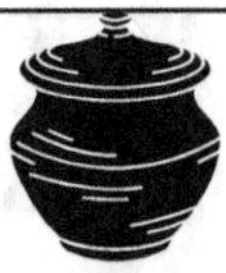
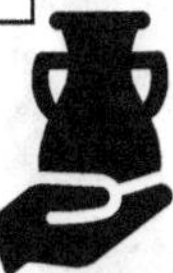

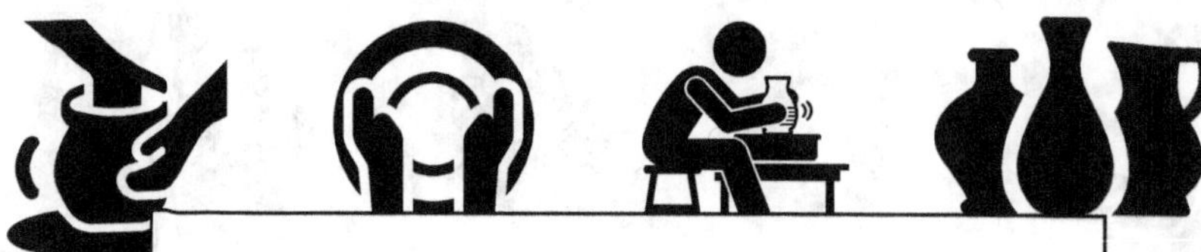

PREMIÈRES POTERIES UTILITAIRES

2

LES PREMIÈRES POTERIES, DATANT D'UNE ÉPOQUE OÙ L'HUMANITÉ COMMENÇAIT TOUT JUSTE À S'ÉTABLIR EN COMMUNAUTÉS SÉDENTAIRES, ÉTAIENT PROBABLEMENT UTILISÉES POUR STOCKER DE LA NOURRITURE. CETTE UTILISATION A MARQUÉ UN TOURNANT DANS LA CONSERVATION ET LA GESTION DES RESSOURCES ALIMENTAIRES. AVANT L'INTRODUCTION DE LA POTERIE, LE STOCKAGE DES ALIMENTS ÉTAIT UN DÉFI MAJEUR, LIMITANT SOUVENT LA DURÉE DE VIE ET LA SÉCURITÉ DES PROVISIONS. LES POTS EN ARGILE OFFRAIENT UNE SOLUTION À CE PROBLÈME, PERMETTANT NON SEULEMENT DE STOCKER DES ALIMENTS COMME DES CÉRÉALES, DES LÉGUMES SECS, ET DES LIQUIDES, MAIS AUSSI DE LES PROTÉGER DES CONTAMINANTS ET DES ANIMAUX. CETTE INNOVATION A CONSIDÉRABLEMENT AMÉLIORÉ LA CAPACITÉ DES PREMIÈRES SOCIÉTÉS À STOCKER DES SURPLUS DE NOURRITURE, CONTRIBUANT AINSI À LA STABILITÉ ET AU DÉVELOPPEMENT DES PREMIÈRES CIVILISATIONS. LA POTERIE A ÉGALEMENT JOUÉ UN RÔLE DANS LA PRÉPARATION ET LA CUISSON DES ALIMENTS, OFFRANT DE NOUVELLES TECHNIQUES CULINAIRES.

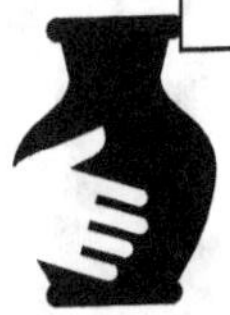
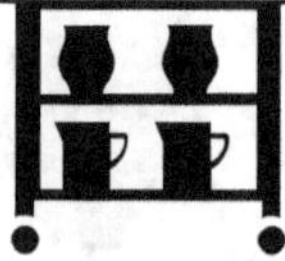
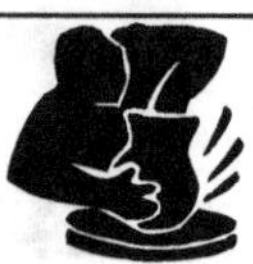
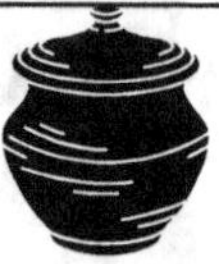
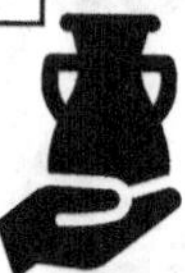

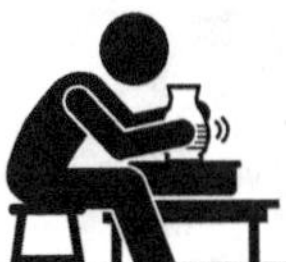
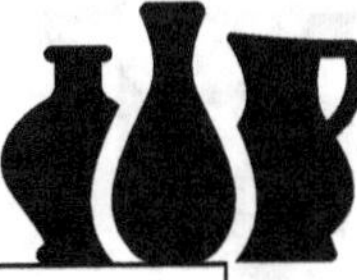

3

INVENTION DU TOUR MÉSOPOTAMIEN

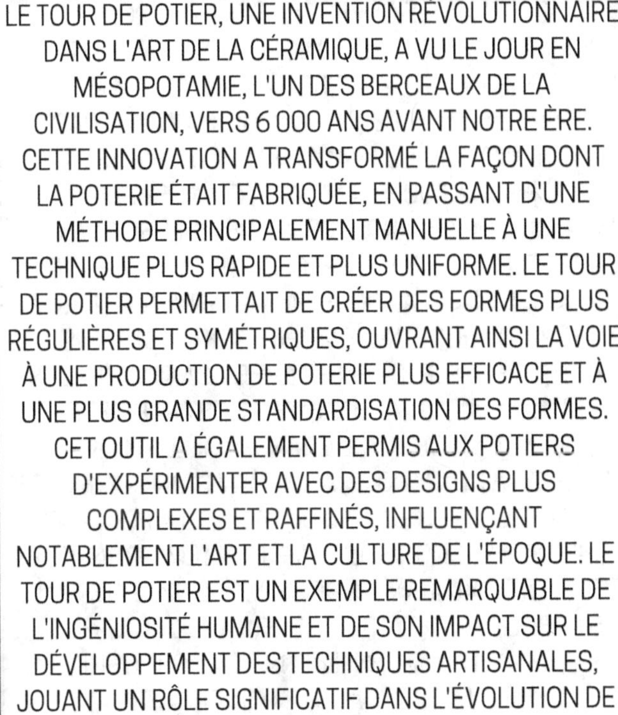

LE TOUR DE POTIER, UNE INVENTION RÉVOLUTIONNAIRE DANS L'ART DE LA CÉRAMIQUE, A VU LE JOUR EN MÉSOPOTAMIE, L'UN DES BERCEAUX DE LA CIVILISATION, VERS 6 000 ANS AVANT NOTRE ÈRE. CETTE INNOVATION A TRANSFORMÉ LA FAÇON DONT LA POTERIE ÉTAIT FABRIQUÉE, EN PASSANT D'UNE MÉTHODE PRINCIPALEMENT MANUELLE À UNE TECHNIQUE PLUS RAPIDE ET PLUS UNIFORME. LE TOUR DE POTIER PERMETTAIT DE CRÉER DES FORMES PLUS RÉGULIÈRES ET SYMÉTRIQUES, OUVRANT AINSI LA VOIE À UNE PRODUCTION DE POTERIE PLUS EFFICACE ET À UNE PLUS GRANDE STANDARDISATION DES FORMES. CET OUTIL A ÉGALEMENT PERMIS AUX POTIERS D'EXPÉRIMENTER AVEC DES DESIGNS PLUS COMPLEXES ET RAFFINÉS, INFLUENÇANT NOTABLEMENT L'ART ET LA CULTURE DE L'ÉPOQUE. LE TOUR DE POTIER EST UN EXEMPLE REMARQUABLE DE L'INGÉNIOSITÉ HUMAINE ET DE SON IMPACT SUR LE DÉVELOPPEMENT DES TECHNIQUES ARTISANALES, JOUANT UN RÔLE SIGNIFICATIF DANS L'ÉVOLUTION DE LA POTERIE À TRAVERS L'HISTOIRE.

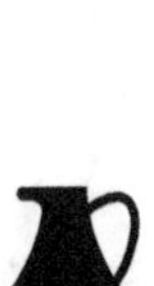
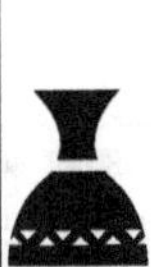
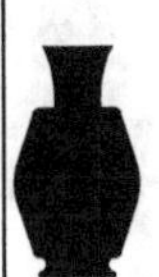
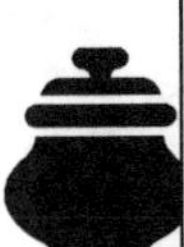
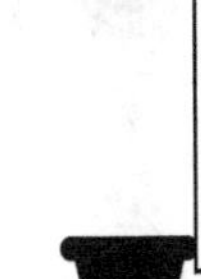
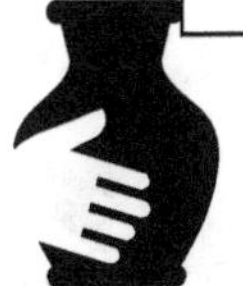

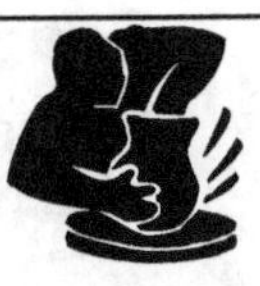
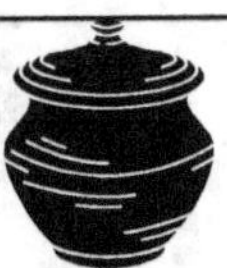
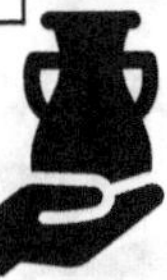

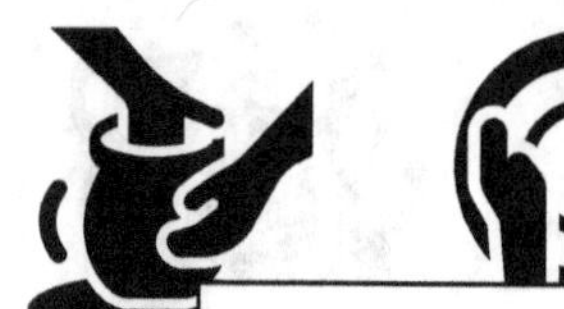
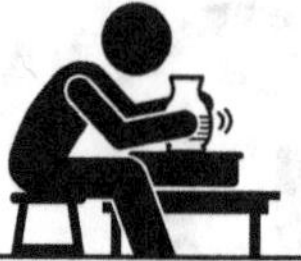
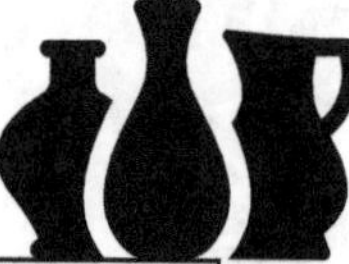

4

NAISSANCE DE LA PORCELAINE

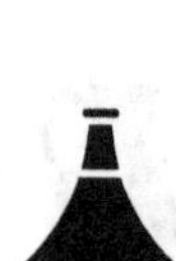

LA PORCELAINE, SOUVENT CONSIDÉRÉE COMME LE SUMMUM DE L'ART CÉRAMIQUE, A ÉTÉ INVENTÉE EN CHINE DURANT LA DYNASTIE HAN, ENTRE 206 AV. J.-C. ET 220 AP. J.-C. CETTE PÉRIODE, MARQUÉE PAR D'IMPORTANTES AVANCÉES CULTURELLES ET TECHNOLOGIQUES, A VU NAÎTRE UNE FORME DE POTERIE D'UNE BLANCHEUR, D'UNE FINESSE ET D'UNE TRANSLUCIDITÉ SANS PRÉCÉDENT. LA PORCELAINE CHINOISE ÉTAIT FABRIQUÉE À PARTIR D'UN MÉLANGE SPÉCIAL D'ARGILE, NOTAMMENT LE KAOLIN, ET CUIT À DES TEMPÉRATURES TRÈS ÉLEVÉES. SA QUALITÉ ET SA BEAUTÉ ÉTAIENT TELLES QU'ELLE EST RAPIDEMENT DEVENUE UN OBJET DE GRANDE VALEUR, TANT EN CHINE QU'À L'ÉTRANGER, ALIMENTANT UN COMMERCE LUCRATIF SUR LES ROUTES DE LA SOIE. LA PORCELAINE CHINOISE EST NON SEULEMENT UN TÉMOIGNAGE DE L'HABILETÉ ARTISANALE DE L'ÉPOQUE MAIS AUSSI UN SYMBOLE IMPORTANT DE L'HÉRITAGE CULTUREL ET ARTISTIQUE CHINOIS, INFLUENÇANT LES TECHNIQUES CÉRAMIQUES DANS LE MONDE ENTIER.

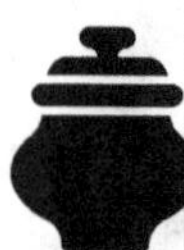
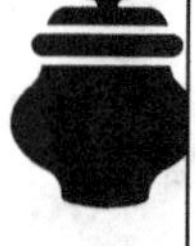
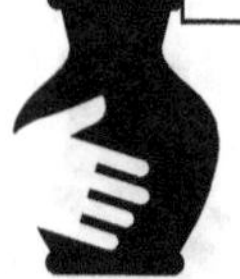

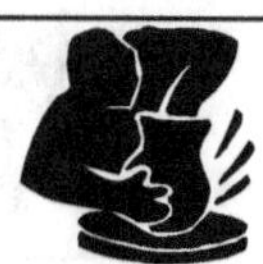
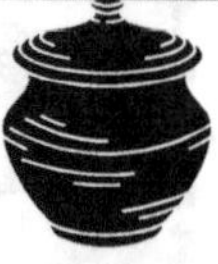
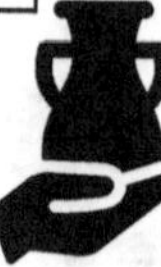

5

ARGILE: MATÉRIAU NATUREL

LA POTERIE, DANS SA FORME LA PLUS ÉLÉMENTAIRE, EST FAÇONNÉE À PARTIR D'ARGILE, UN MATÉRIAU NATUREL COMPOSÉ DE FINES PARTICULES MINÉRALES. L'ARGILE SE DISTINGUE PAR SA PLASTICITÉ LORSQU'ELLE EST MOUILLÉE, PERMETTANT AUX POTIERS DE FAÇONNER DES OBJETS VARIÉS AVEC PRÉCISION ET CRÉATIVITÉ. EN SÉCHANT, L'ARGILE DURCIT, CONSERVANT LA FORME DONNÉE PAR L'ARTISTE. LORSQUE CUITE, ELLE DEVIENT ENCORE PLUS DURE ET PLUS RÉSISTANTE, TRANSFORMANT UN SIMPLE MATÉRIAU TERRESTRE EN UN OBJET DURABLE ET SOUVENT ARTISTIQUE. CETTE TRANSFORMATION MAGIQUE DE L'ARGILE, DE LA TERRE À L'ŒUVRE D'ART, EST AU CŒUR DE L'ATTRAIT DE LA POTERIE. LES DIFFÉRENTES PROPRIÉTÉS DE L'ARGILE, TELLES QUE SA TEXTURE, SA COULEUR ET SA CAPACITÉ DE RÉTENTION D'EAU, VARIENT EN FONCTION DE SA COMPOSITION MINÉRALE ET DE SON ORIGINE, OFFRANT AUX POTIERS UNE VASTE PALETTE DE POSSIBILITÉS CRÉATIVES.

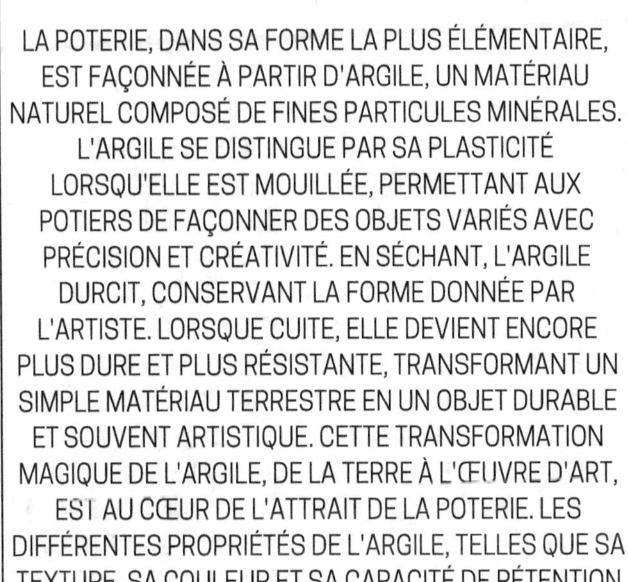
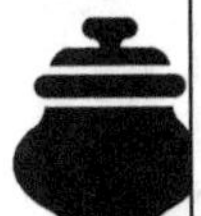
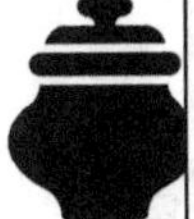
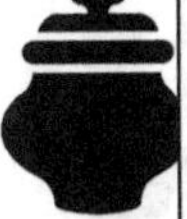
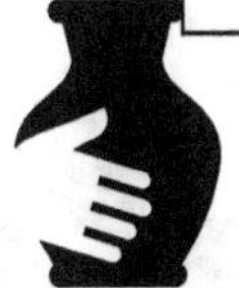

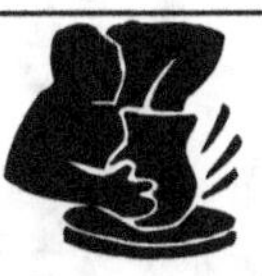
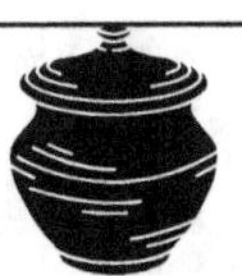
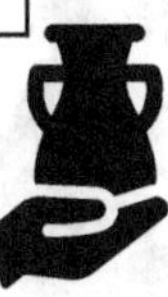

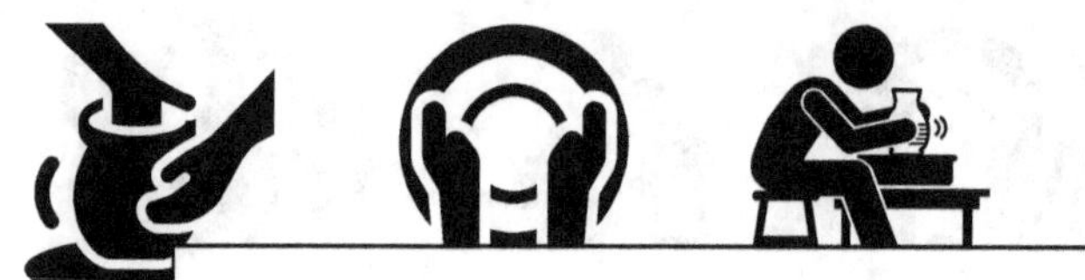
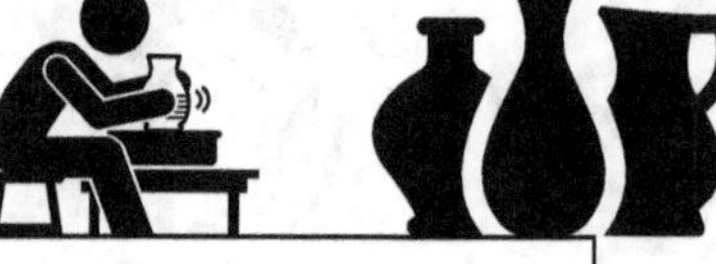

6

VARIÉTÉS D'ARGILES EN POTERIE

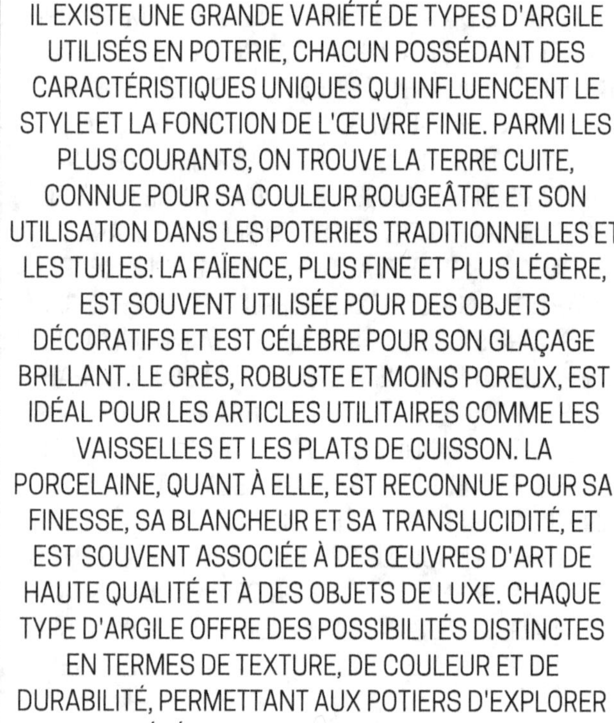

IL EXISTE UNE GRANDE VARIÉTÉ DE TYPES D'ARGILE UTILISÉS EN POTERIE, CHACUN POSSÉDANT DES CARACTÉRISTIQUES UNIQUES QUI INFLUENCENT LE STYLE ET LA FONCTION DE L'ŒUVRE FINIE. PARMI LES PLUS COURANTS, ON TROUVE LA TERRE CUITE, CONNUE POUR SA COULEUR ROUGEÂTRE ET SON UTILISATION DANS LES POTERIES TRADITIONNELLES ET LES TUILES. LA FAÏENCE, PLUS FINE ET PLUS LÉGÈRE, EST SOUVENT UTILISÉE POUR DES OBJETS DÉCORATIFS ET EST CÉLÈBRE POUR SON GLAÇAGE BRILLANT. LE GRÈS, ROBUSTE ET MOINS POREUX, EST IDÉAL POUR LES ARTICLES UTILITAIRES COMME LES VAISSELLES ET LES PLATS DE CUISSON. LA PORCELAINE, QUANT À ELLE, EST RECONNUE POUR SA FINESSE, SA BLANCHEUR ET SA TRANSLUCIDITÉ, ET EST SOUVENT ASSOCIÉE À DES ŒUVRES D'ART DE HAUTE QUALITÉ ET À DES OBJETS DE LUXE. CHAQUE TYPE D'ARGILE OFFRE DES POSSIBILITÉS DISTINCTES EN TERMES DE TEXTURE, DE COULEUR ET DE DURABILITÉ, PERMETTANT AUX POTIERS D'EXPLORER UNE VARIÉTÉ INFINIE DE FORMES ET DE DESIGNS.

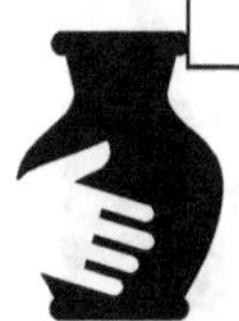

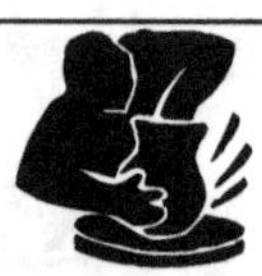
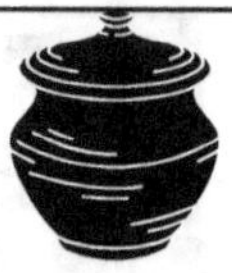
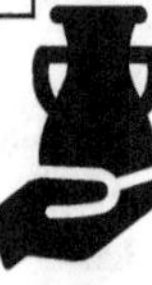

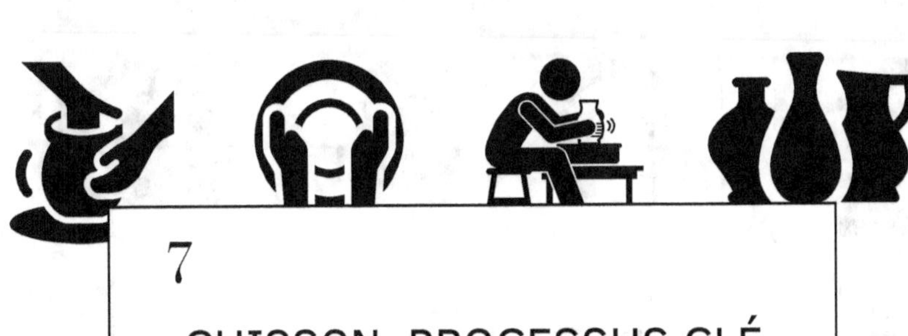

7

CUISSON: PROCESSUS CLÉ

LA CUISSON EST UNE ÉTAPE CRUCIALE DANS LE PROCESSUS DE CRÉATION EN POTERIE, TRANSFORMANT L'ARGILE MODELÉE EN UNE PIÈCE FINIE, DURE ET DURABLE. CE PROCESSUS SE DÉROULE DANS UN FOUR SPÉCIALISÉ, OÙ LA CHALEUR ÉLEVÉE PROVOQUE DES RÉACTIONS CHIMIQUES DANS L'ARGILE, ÉLIMINANT L'EAU ET LES COMPOSÉS ORGANIQUES, ET FUSIONNANT LES PARTICULES D'ARGILE. CETTE TRANSFORMATION REND LA POTERIE RÉSISTANTE À L'EAU ET AUX INTEMPÉRIES, LA SOLIDIFIANT POUR UN USAGE QUOTIDIEN OU DÉCORATIF. LA CUISSON PEUT ÉGALEMENT AFFECTER LA COULEUR ET LA TEXTURE DE LA PIÈCE FINIE, EN FONCTION DE L'ATMOSPHÈRE DU FOUR ET DU TYPE D'ARGILE UTILISÉ. LA MAÎTRISE DE LA CUISSON EST ESSENTIELLE POUR LES POTIERS, CAR LA TEMPÉRATURE ET LA DURÉE DE CUISSON DOIVENT ÊTRE SOIGNEUSEMENT CONTRÔLÉES POUR ÉVITER QUE LES PIÈCES NE SE FISSURENT OU NE SE DÉFORMENT.

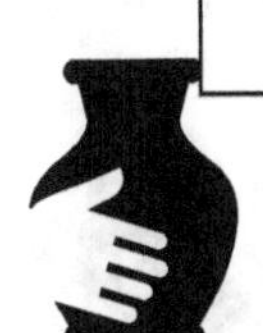
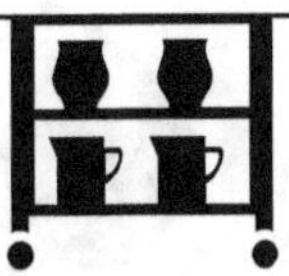
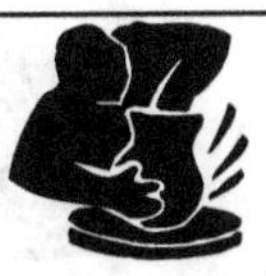
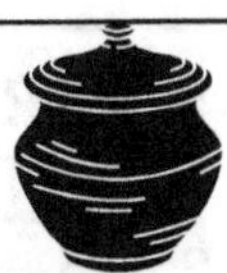
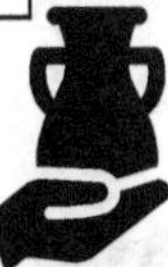

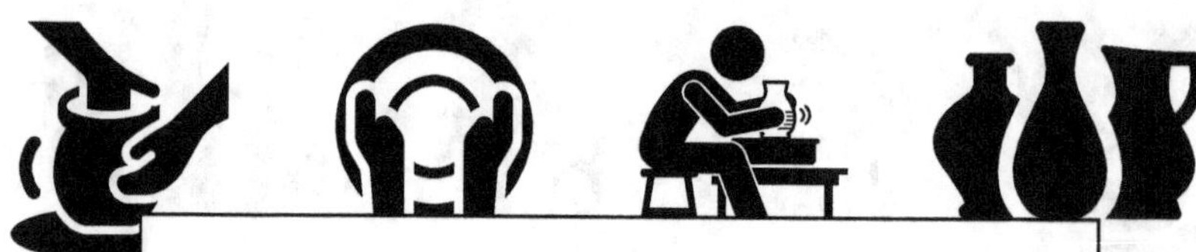

8

TEMPÉRATURES DE CUISSON VARIABLES

LES TEMPÉRATURES DE CUISSON EN POTERIE VARIENT CONSIDÉRABLEMENT, ALLANT DE 600 °C À PLUS DE 1200 °C, EN FONCTION DU TYPE D'ARGILE ET DE L'EFFET DÉSIRÉ. LA TERRE CUITE EST GÉNÉRALEMENT CUITE À DES TEMPÉRATURES PLUS BASSES, ENTRE 950 ET 1100 °C, CE QUI LUI CONFÈRE SA COULEUR ROUGEÂTRE CARACTÉRISTIQUE ET UNE CERTAINE POROSITÉ. LA FAÏENCE, CUITE ENTRE 1000 ET 1150 °C, PERMET UN ÉQUILIBRE ENTRE RÉSISTANCE ET CAPACITÉ À ABSORBER LES GLAÇURES COLORÉES. LE GRÈS, NÉCESSITANT DES TEMPÉRATURES PLUS ÉLEVÉES, ENTRE 1200 ET 1280 °C, DEVIENT TRÈS DUR ET RÉSISTANT À L'EAU. LA PORCELAINE, CUITE ENTRE 1200 ET 1450 °C, ATTEINT UN NIVEAU DE SOLIDITÉ ET DE TRANSLUCIDITÉ ÉLEVÉ. CES VARIATIONS DE TEMPÉRATURE PERMETTENT AUX POTIERS DE MANIPULER LES PROPRIÉTÉS PHYSIQUES ET ESTHÉTIQUES DE LEURS ŒUVRES, CRÉANT UNE DIVERSITÉ DE STYLES ET DE FONCTIONNALITÉS.

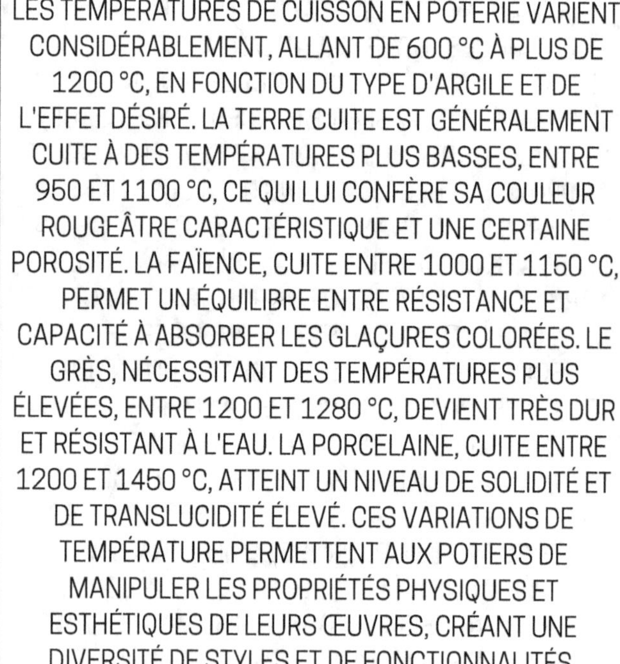
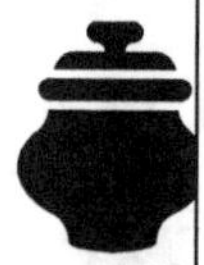
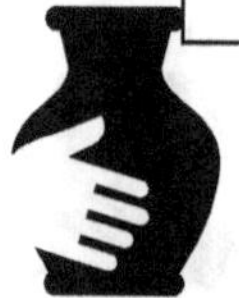
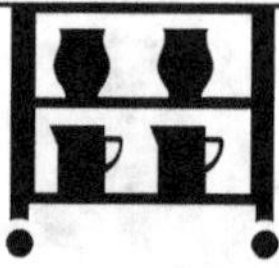
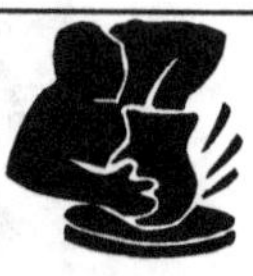
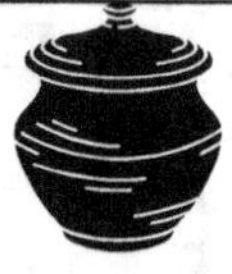
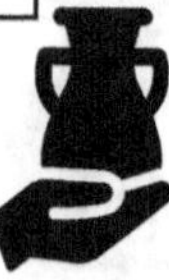

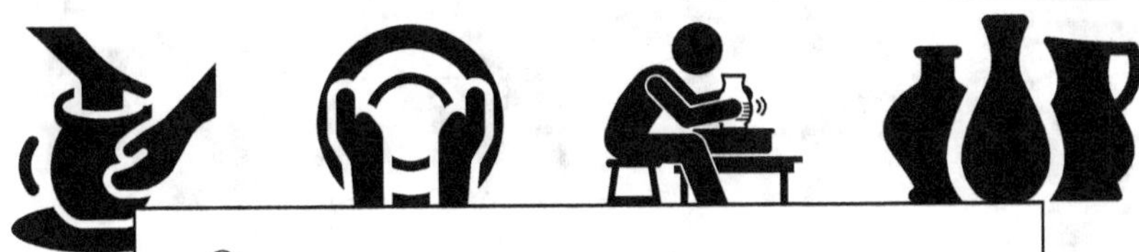

TECHNIQUES DE GLAÇAGE

9

LE GLAÇAGE EST UNE TECHNIQUE FONDAMENTALE EN POTERIE, UTILISÉE NON SEULEMENT POUR DÉCORER LES PIÈCES MAIS AUSSI POUR LES RENDRE IMPERMÉABLES ET RÉSISTANTES. LES GLAÇURES SONT DES MÉLANGES DE SILICE, DE MINÉRAUX, ET D'OXYDES MÉTALLIQUES QUI FONDENT À LA CHALEUR, FORMANT UNE SURFACE VITREUSE SUR L'ARGILE CUITE. LES POTIERS APPLIQUENT LES GLAÇURES DE DIVERSES MANIÈRES, TELLES QUE LE TREMPAGE, LE PINCEAU OU LE PULVÉRISATEUR, AVANT LA CUISSON FINALE. CETTE ÉTAPE PEUT SE DÉROULER DANS UN FOUR À ATMOSPHÈRE OXYDANTE OU RÉDUCTRICE, INFLUENÇANT LA COULEUR ET LA TEXTURE DE LA GLAÇURE. LES GLAÇURES PEUVENT VARIER DE TRANSPARENTES À OPAQUES, LISSES À TEXTURÉES, ET UNIES À MULTICOLORES, OFFRANT UNE INFINITÉ DE POSSIBILITÉS CRÉATIVES. LE GLAÇAGE NE SE LIMITE PAS À L'ESTHÉTIQUE ; IL JOUE ÉGALEMENT UN RÔLE PROTECTEUR, RENDANT LES POTERIES PLUS RÉSISTANTES AUX TACHES, AUX ÉGRATIGNURES ET AUX INFLUENCES ENVIRONNEMENTALES.

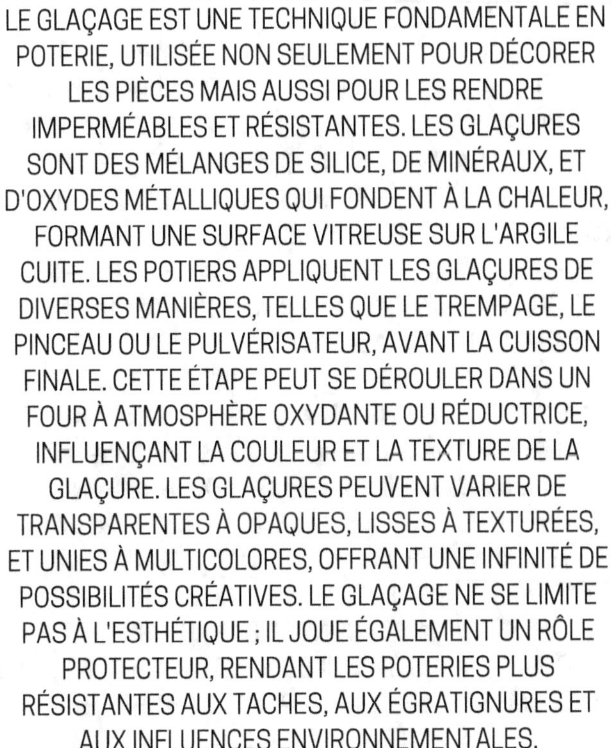
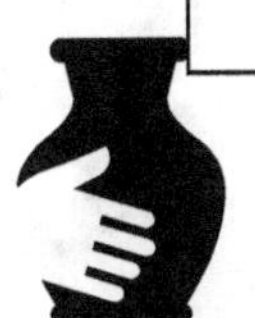

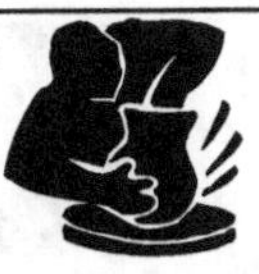
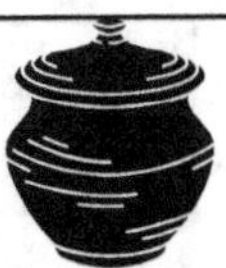
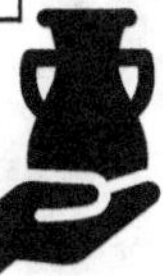

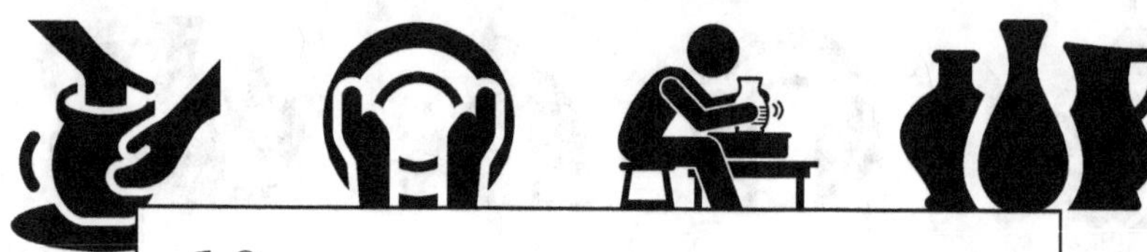

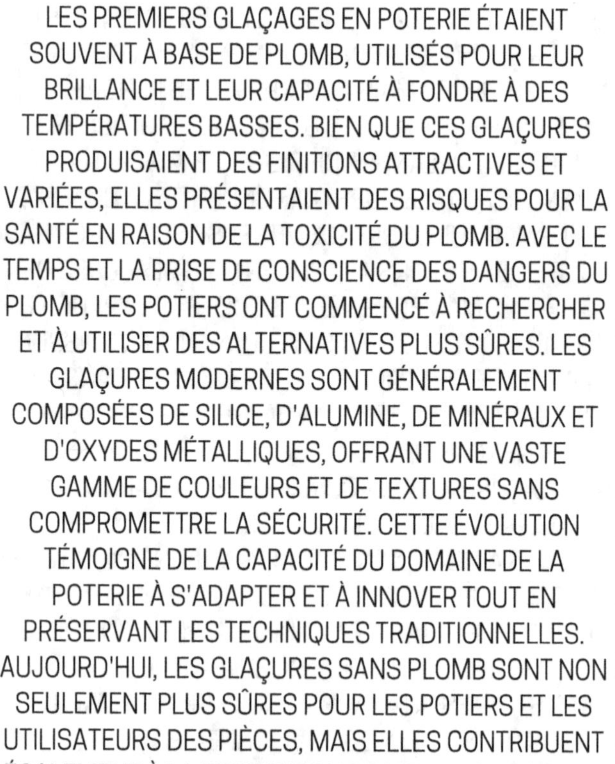

10

GLAÇURES SANS PLOMB

LES PREMIERS GLAÇAGES EN POTERIE ÉTAIENT SOUVENT À BASE DE PLOMB, UTILISÉS POUR LEUR BRILLANCE ET LEUR CAPACITÉ À FONDRE À DES TEMPÉRATURES BASSES. BIEN QUE CES GLAÇURES PRODUISAIENT DES FINITIONS ATTRACTIVES ET VARIÉES, ELLES PRÉSENTAIENT DES RISQUES POUR LA SANTÉ EN RAISON DE LA TOXICITÉ DU PLOMB. AVEC LE TEMPS ET LA PRISE DE CONSCIENCE DES DANGERS DU PLOMB, LES POTIERS ONT COMMENCÉ À RECHERCHER ET À UTILISER DES ALTERNATIVES PLUS SÛRES. LES GLAÇURES MODERNES SONT GÉNÉRALEMENT COMPOSÉES DE SILICE, D'ALUMINE, DE MINÉRAUX ET D'OXYDES MÉTALLIQUES, OFFRANT UNE VASTE GAMME DE COULEURS ET DE TEXTURES SANS COMPROMETTRE LA SÉCURITÉ. CETTE ÉVOLUTION TÉMOIGNE DE LA CAPACITÉ DU DOMAINE DE LA POTERIE À S'ADAPTER ET À INNOVER TOUT EN PRÉSERVANT LES TECHNIQUES TRADITIONNELLES. AUJOURD'HUI, LES GLAÇURES SANS PLOMB SONT NON SEULEMENT PLUS SÛRES POUR LES POTIERS ET LES UTILISATEURS DES PIÈCES, MAIS ELLES CONTRIBUENT ÉGALEMENT À LA PROTECTION DE L'ENVIRONNEMENT.

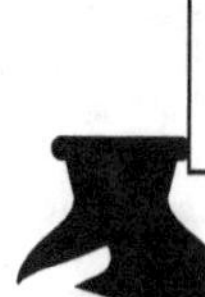
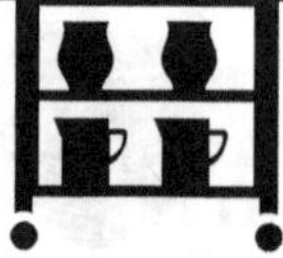
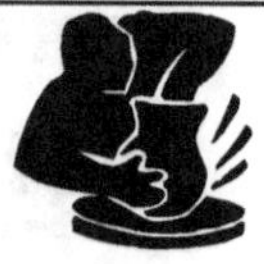
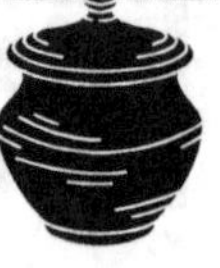
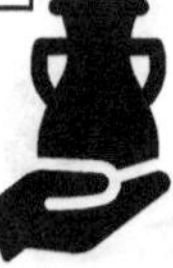

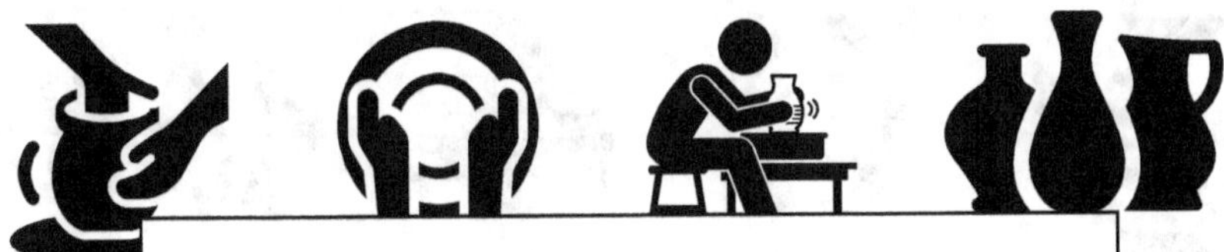

RAKU JAPONAIS UNIQUE

11

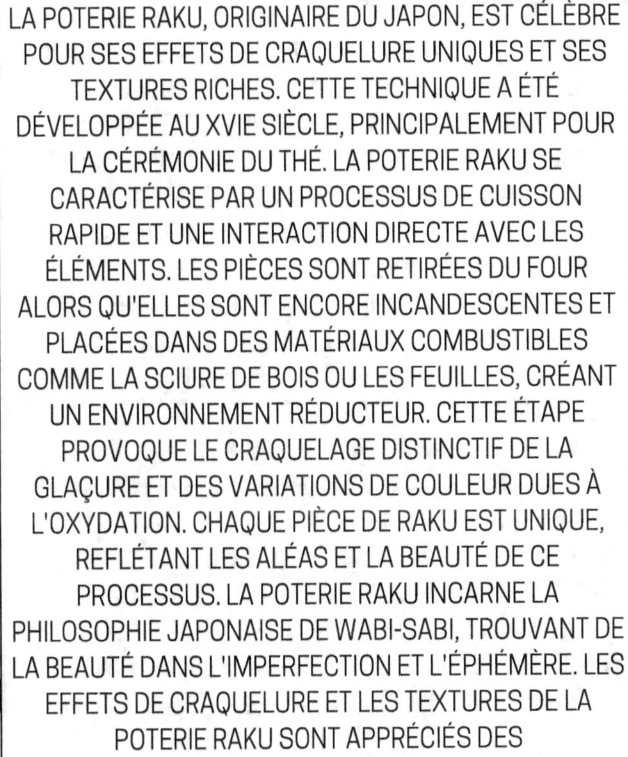

LA POTERIE RAKU, ORIGINAIRE DU JAPON, EST CÉLÈBRE POUR SES EFFETS DE CRAQUELURE UNIQUES ET SES TEXTURES RICHES. CETTE TECHNIQUE A ÉTÉ DÉVELOPPÉE AU XVIE SIÈCLE, PRINCIPALEMENT POUR LA CÉRÉMONIE DU THÉ. LA POTERIE RAKU SE CARACTÉRISE PAR UN PROCESSUS DE CUISSON RAPIDE ET UNE INTERACTION DIRECTE AVEC LES ÉLÉMENTS. LES PIÈCES SONT RETIRÉES DU FOUR ALORS QU'ELLES SONT ENCORE INCANDESCENTES ET PLACÉES DANS DES MATÉRIAUX COMBUSTIBLES COMME LA SCIURE DE BOIS OU LES FEUILLES, CRÉANT UN ENVIRONNEMENT RÉDUCTEUR. CETTE ÉTAPE PROVOQUE LE CRAQUELAGE DISTINCTIF DE LA GLAÇURE ET DES VARIATIONS DE COULEUR DUES À L'OXYDATION. CHAQUE PIÈCE DE RAKU EST UNIQUE, REFLÉTANT LES ALÉAS ET LA BEAUTÉ DE CE PROCESSUS. LA POTERIE RAKU INCARNE LA PHILOSOPHIE JAPONAISE DE WABI-SABI, TROUVANT DE LA BEAUTÉ DANS L'IMPERFECTION ET L'ÉPHÉMÈRE. LES EFFETS DE CRAQUELURE ET LES TEXTURES DE LA POTERIE RAKU SONT APPRÉCIÉS DES COLLECTIONNEURS ET DES AMATEURS D'ART DU MONDE ENTIER POUR LEUR ESTHÉTIQUE NATURELLE ET LEUR CARACTÈRE UNIQUE.

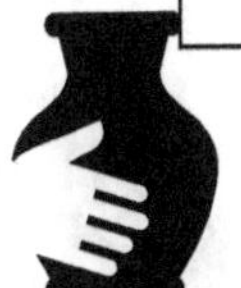
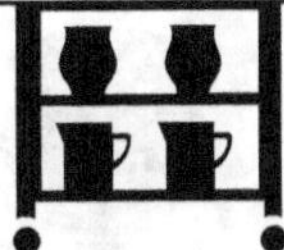
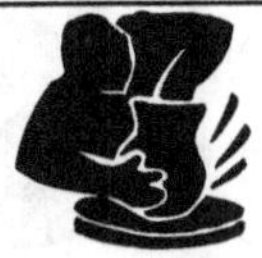
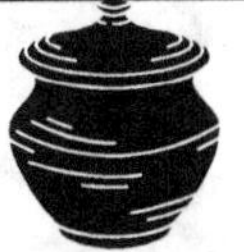
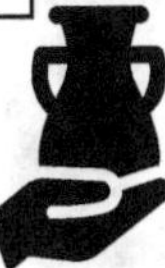

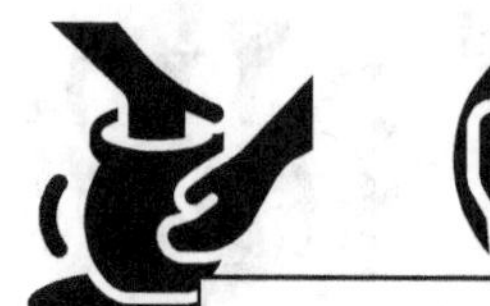
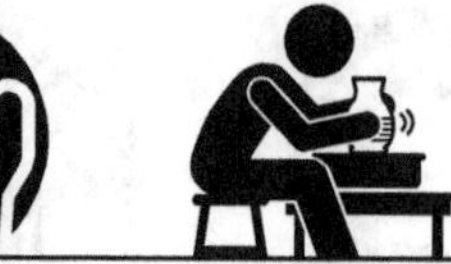
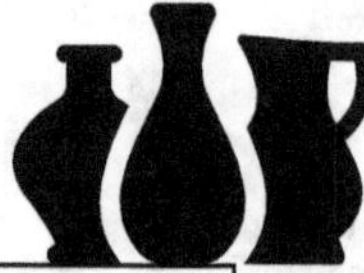

ORIGINE DU MOT CÉRAMIQUE

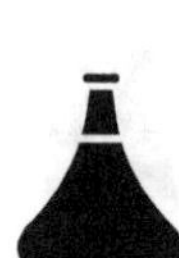

LE TERME "CÉRAMIQUE" DÉRIVE DU MOT GREC "KERAMOS", QUI SIGNIFIE ARGILE. CE MOT REFLÈTE L'IMPORTANCE HISTORIQUE ET CULTURELLE DE L'ARGILE COMME MATÉRIAU DE BASE DANS LA FABRICATION DES OBJETS EN CÉRAMIQUE. DANS L'ANTIQUITÉ GRECQUE, "KERAMOS" ÉTAIT ASSOCIÉ À LA POTERIE, UN ART PRISÉ POUR SA FONCTIONNALITÉ ET SA BEAUTÉ. AVEC LE TEMPS, LE TERME S'EST ÉLARGI POUR ENGLOBER DIVERSES FORMES D'ART FAITES À PARTIR D'ARGILE CUITE, Y COMPRIS LA POTERIE, LA FAÏENCE, LE GRÈS ET LA PORCELAINE. LA CÉRAMIQUE, DANS SON SENS MODERNE, INCLUT UNE VASTE GAMME DE PRATIQUES ARTISTIQUES ET TECHNIQUES, ALLANT DE LA POTERIE TRADITIONNELLE À L'ART CONTEMPORAIN ET À LA CÉRAMIQUE INDUSTRIELLE. CE TERME CAPTURE L'ESSENCE DE LA TRANSFORMATION DE L'ARGILE, UN MATÉRIAU HUMBLE ET MALLÉABLE, EN OBJETS DURABLES ET SOUVENT MAGNIFIQUES, METTANT EN LUMIÈRE LA CONNEXION INTEMPORELLE ENTRE L'HOMME, LA TERRE ET L'ART.

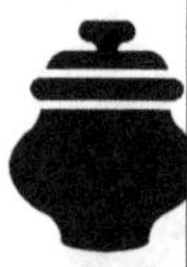
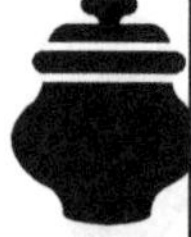
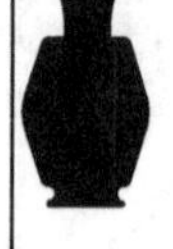
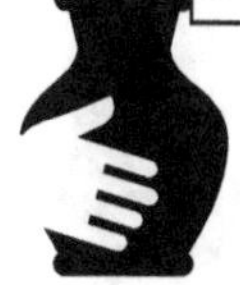

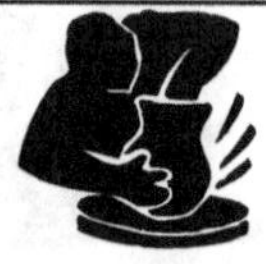
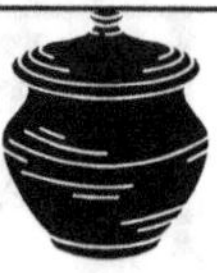
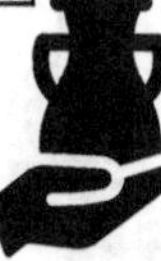

13

POTERIE MAIN OU TOUR

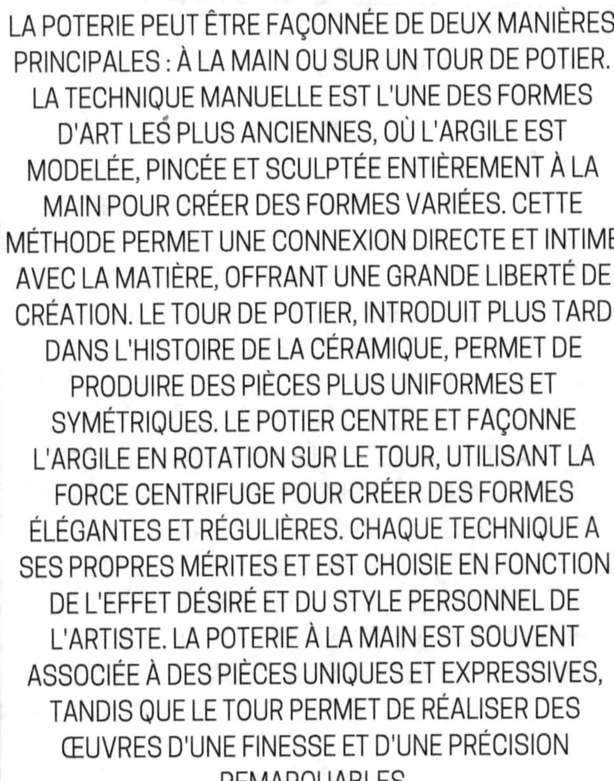

LA POTERIE PEUT ÊTRE FAÇONNÉE DE DEUX MANIÈRES PRINCIPALES : À LA MAIN OU SUR UN TOUR DE POTIER. LA TECHNIQUE MANUELLE EST L'UNE DES FORMES D'ART LES PLUS ANCIENNES, OÙ L'ARGILE EST MODELÉE, PINCÉE ET SCULPTÉE ENTIÈREMENT À LA MAIN POUR CRÉER DES FORMES VARIÉES. CETTE MÉTHODE PERMET UNE CONNEXION DIRECTE ET INTIME AVEC LA MATIÈRE, OFFRANT UNE GRANDE LIBERTÉ DE CRÉATION. LE TOUR DE POTIER, INTRODUIT PLUS TARD DANS L'HISTOIRE DE LA CÉRAMIQUE, PERMET DE PRODUIRE DES PIÈCES PLUS UNIFORMES ET SYMÉTRIQUES. LE POTIER CENTRE ET FAÇONNE L'ARGILE EN ROTATION SUR LE TOUR, UTILISANT LA FORCE CENTRIFUGE POUR CRÉER DES FORMES ÉLÉGANTES ET RÉGULIÈRES. CHAQUE TECHNIQUE A SES PROPRES MÉRITES ET EST CHOISIE EN FONCTION DE L'EFFET DÉSIRÉ ET DU STYLE PERSONNEL DE L'ARTISTE. LA POTERIE À LA MAIN EST SOUVENT ASSOCIÉE À DES PIÈCES UNIQUES ET EXPRESSIVES, TANDIS QUE LE TOUR PERMET DE RÉALISER DES ŒUVRES D'UNE FINESSE ET D'UNE PRÉCISION REMARQUABLES.

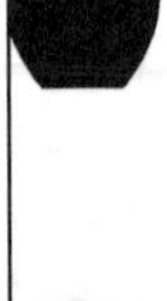
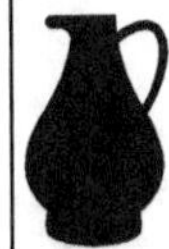
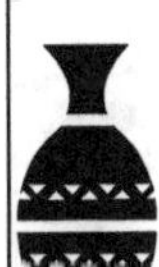
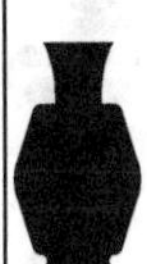
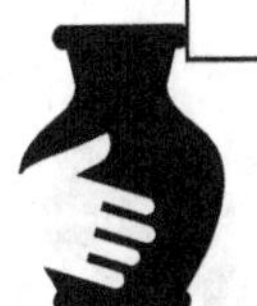

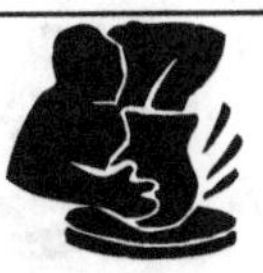
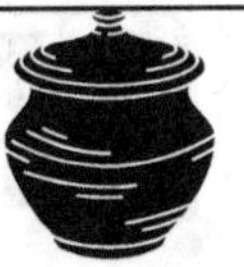
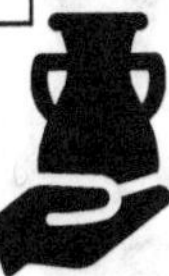

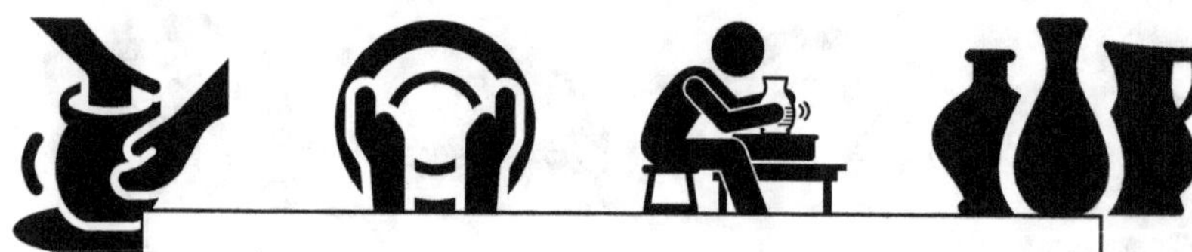

TECHNIQUE POTERIE À LA CORDE

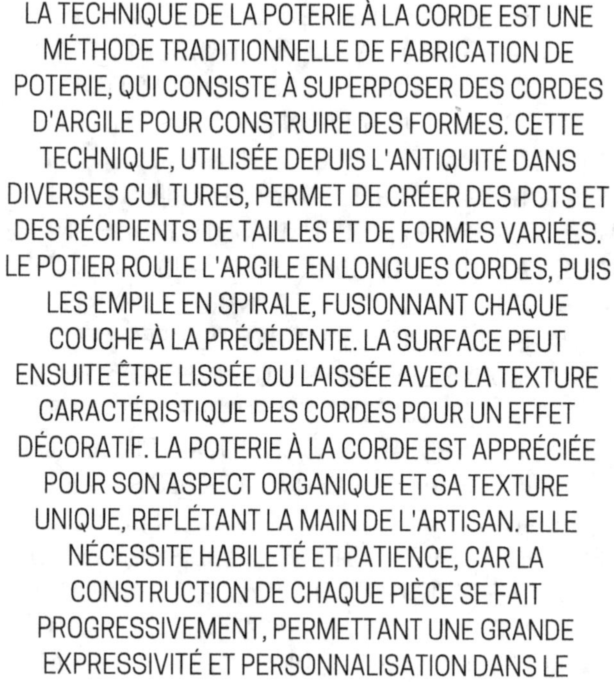

LA TECHNIQUE DE LA POTERIE À LA CORDE EST UNE MÉTHODE TRADITIONNELLE DE FABRICATION DE POTERIE, QUI CONSISTE À SUPERPOSER DES CORDES D'ARGILE POUR CONSTRUIRE DES FORMES. CETTE TECHNIQUE, UTILISÉE DEPUIS L'ANTIQUITÉ DANS DIVERSES CULTURES, PERMET DE CRÉER DES POTS ET DES RÉCIPIENTS DE TAILLES ET DE FORMES VARIÉES. LE POTIER ROULE L'ARGILE EN LONGUES CORDES, PUIS LES EMPILE EN SPIRALE, FUSIONNANT CHAQUE COUCHE À LA PRÉCÉDENTE. LA SURFACE PEUT ENSUITE ÊTRE LISSÉE OU LAISSÉE AVEC LA TEXTURE CARACTÉRISTIQUE DES CORDES POUR UN EFFET DÉCORATIF. LA POTERIE À LA CORDE EST APPRÉCIÉE POUR SON ASPECT ORGANIQUE ET SA TEXTURE UNIQUE, REFLÉTANT LA MAIN DE L'ARTISAN. ELLE NÉCESSITE HABILETÉ ET PATIENCE, CAR LA CONSTRUCTION DE CHAQUE PIÈCE SE FAIT PROGRESSIVEMENT, PERMETTANT UNE GRANDE EXPRESSIVITÉ ET PERSONNALISATION DANS LE DESIGN.

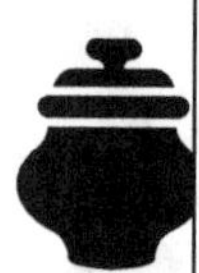
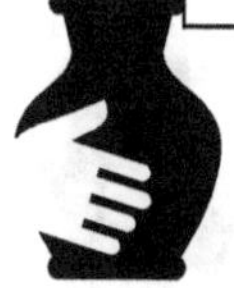

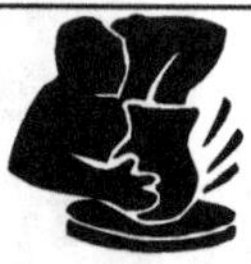
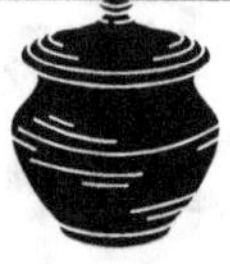
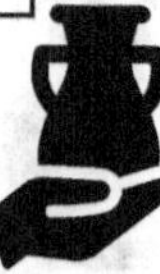

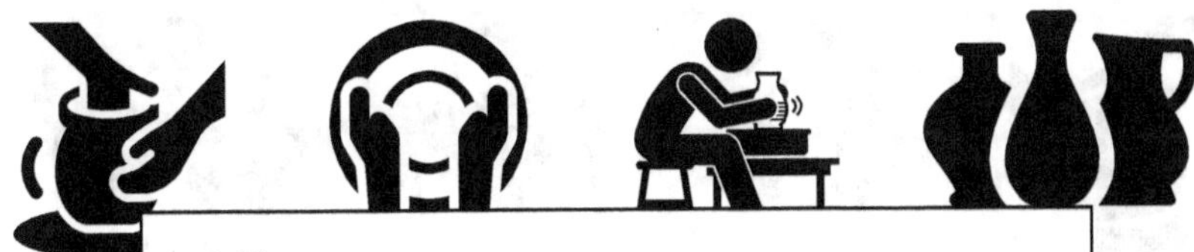

15

POTERIE DANS LES RITUELS

LA POTERIE JOUE UN RÔLE SIGNIFICATIF DANS LES RITUELS RELIGIEUX ET LES CÉRÉMONIES DE NOMBREUSES CULTURES À TRAVERS LE MONDE. LES RÉCIPIENTS EN CÉRAMIQUE SONT SOUVENT UTILISÉS POUR DES RITUELS SACRÉS, COMME LES OFFRANDES AUX DIEUX, LES RITES FUNÉRAIRES, OU LES CÉRÉMONIES DU THÉ. DANS CERTAINES TRADITIONS, LES POTS EN ARGILE SYMBOLISENT LA TERRE ET LA CRÉATION, ET SONT UTILISÉS POUR CONTENIR DE L'EAU, DES GRAINS, OU D'AUTRES ÉLÉMENTS NATURELS LORS DE CÉRÉMONIES. LES FORMES, LES MOTIFS ET LES COULEURS DES POTERIES RITUELLES SONT GÉNÉRALEMENT RICHES EN SYMBOLISME, REFLÉTANT LES CROYANCES ET LES VALEURS DE LA CULTURE. PAR EXEMPLE, DANS LA CULTURE HINDOUE, LES POTS EN ARGILE SONT ESSENTIELS LORS DES MARIAGES ET DES FESTIVALS, TANDIS QUE DANS LES TRADITIONS AUTOCHTONES AMÉRICAINES, LA POTERIE EST SOUVENT UTILISÉE POUR DES CÉRÉMONIES DE GUÉRISON OU DE PRIÈRE. CETTE UTILISATION RITUELLE DE LA POTERIE TÉMOIGNE DE SON IMPORTANCE NON SEULEMENT EN TANT QU'OBJET UTILITAIRE, MAIS AUSSI EN TANT QUE SUPPORT SPIRITUEL ET CULTUREL PROFONDÉMENT ENRACINÉ DANS LES TRADITIONS HUMAINES.

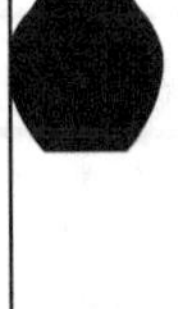
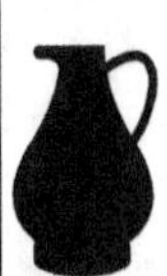
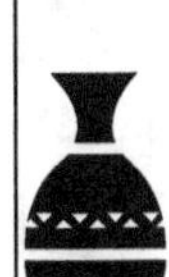
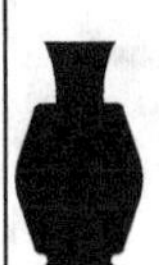
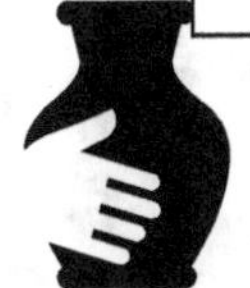
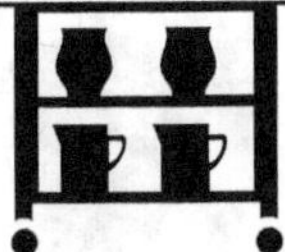
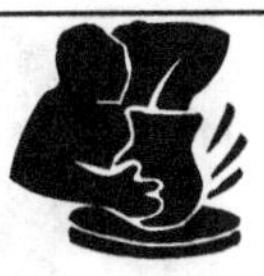
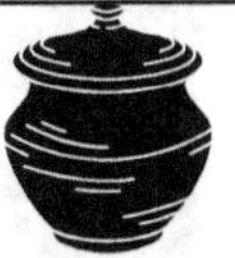
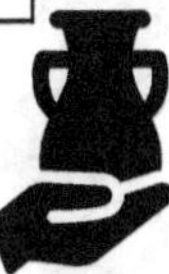

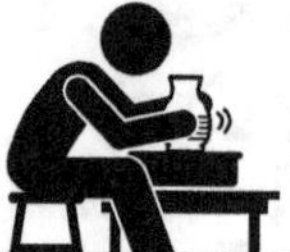
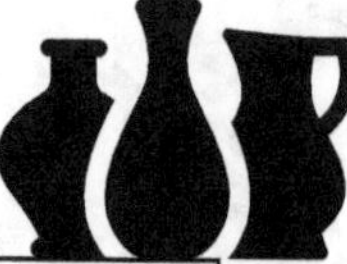

POTERIE GRECQUE ET ROMAINE

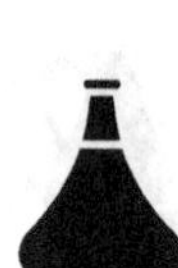
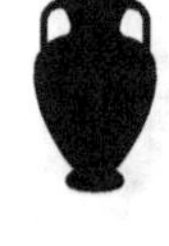
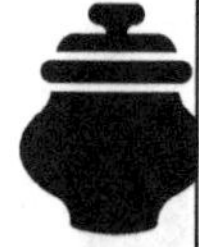

LES CIVILISATIONS ANCIENNES, NOTAMMENT LES GRECS ET LES ROMAINS, ÉTAIENT CÉLÈBRES POUR LEUR POTERIE FINEMENT DÉCORÉE, QUI CONSTITUAIT UNE PART IMPORTANTE DE LEUR HÉRITAGE CULTUREL ET ARTISTIQUE. EN GRÈCE, LA POTERIE ÉTAIT SOUVENT ORNÉE DE SCÈNES MYTHOLOGIQUES, DE FIGURES HUMAINES ET DE MOTIFS GÉOMÉTRIQUES, UTILISANT DES TECHNIQUES COMME LA PEINTURE EN FIGURES NOIRES ET EN FIGURES ROUGES. CES ŒUVRES D'ART OFFRENT UN APERÇU PRÉCIEUX DE LA VIE QUOTIDIENNE, DES CROYANCES ET DES TRADITIONS DE L'ÉPOQUE. LA POTERIE ROMAINE, QUANT À ELLE, ÉTAIT RECONNUE POUR SES FORMES DIVERSIFIÉES ET SES DÉCORATIONS ÉLABORÉES, Y COMPRIS DES RELIEFS ET DES PEINTURES DÉTAILLÉES. LES ROMAINS UTILISAIENT LA POTERIE NON SEULEMENT POUR DES FINS UTILITAIRES MAIS AUSSI COMME MOYEN D'EXPRESSION ARTISTIQUE. LES AMPHORES, LES URNES, ET LES MOSAÏQUES EN CÉRAMIQUE DE CES CIVILISATIONS TÉMOIGNENT DE L'EXPERTISE ET DE LA CRÉATIVITÉ DES ARTISANS DE L'ÉPOQUE, ET CONTINUENT D'INFLUENCER LES DESIGNS ET TECHNIQUES DE POTERIE CONTEMPORAINS.

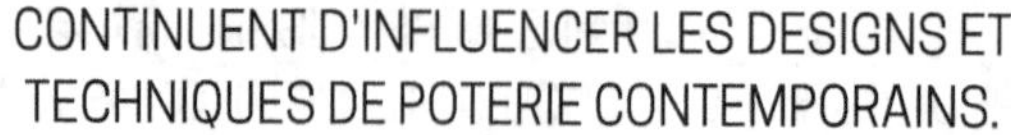
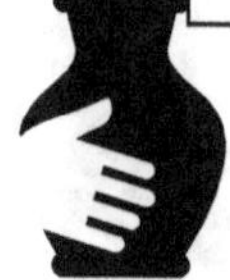
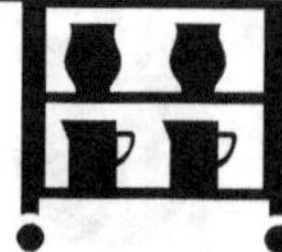
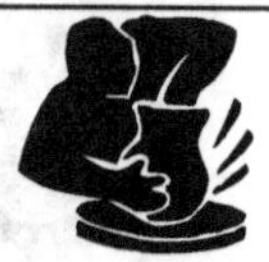
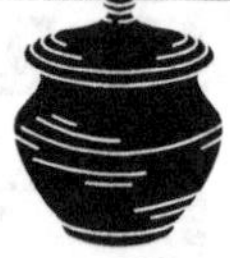
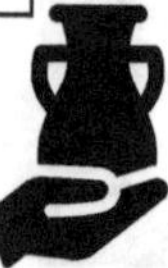

POTERIE POUR OBJETS FONCTIONNELS

LA POTERIE EST LARGEMENT UTILISÉE POUR CRÉER UNE VARIÉTÉ D'OBJETS FONCTIONNELS, ALLIANT UTILITÉ ET ESTHÉTIQUE. DES ARTICLES TELS QUE DES ASSIETTES, DES TASSES, DES VASES, ET DES POTS DE CUISINE EN CÉRAMIQUE SONT COURANTS DANS LA VIE QUOTIDIENNE. CES OBJETS ALLIENT LA ROBUSTESSE NÉCESSAIRE POUR UNE UTILISATION RÉGULIÈRE À LA BEAUTÉ DE L'ARTISANAT FAIT MAIN. LA POTERIE UTILITAIRE N'EST PAS SEULEMENT FONCTIONNELLE; ELLE PEUT ÉGALEMENT ÊTRE UN MOYEN D'EXPRESSION ARTISTIQUE, AVEC DES COULEURS, DES MOTIFS ET DES FORMES QUI REFLÈTENT LE STYLE PERSONNEL DU POTIER OU LES TRADITIONS CULTURELLES. LES OBJETS EN CÉRAMIQUE POUR LA MAISON, TELS QUE DES BOLS ET DES PLATS, PEUVENT VARIER DE SIMPLES DESIGNS UTILITAIRES À DES PIÈCES D'ART DÉCORATIVES, MONTRANT LA POLYVALENCE DE LA POTERIE COMME FORME D'ART.

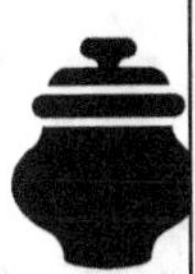
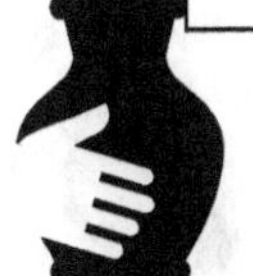

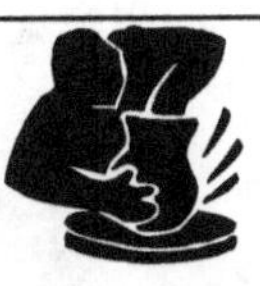
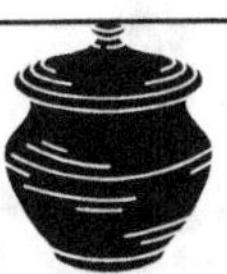
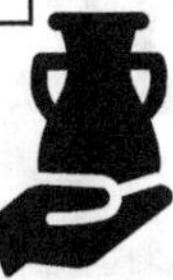

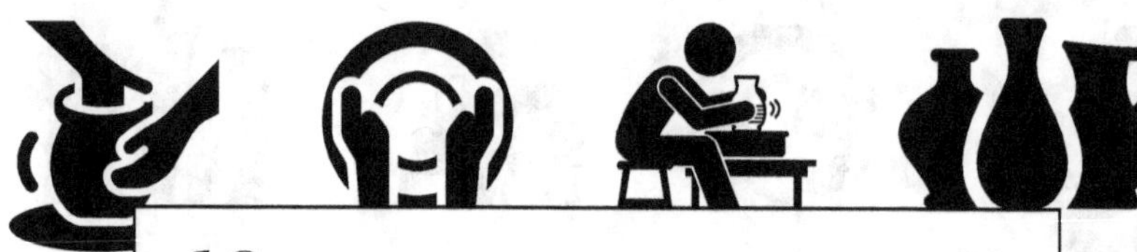

DÉCORATIONS EN POTERIE

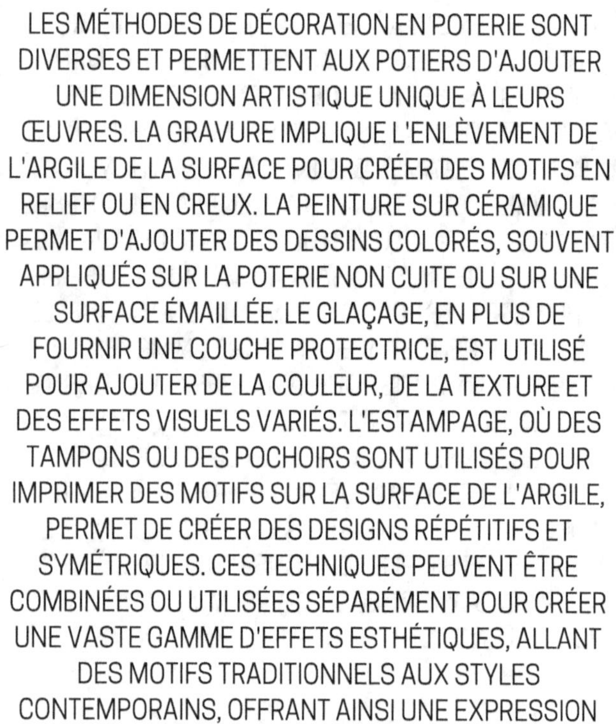

LES MÉTHODES DE DÉCORATION EN POTERIE SONT DIVERSES ET PERMETTENT AUX POTIERS D'AJOUTER UNE DIMENSION ARTISTIQUE UNIQUE À LEURS ŒUVRES. LA GRAVURE IMPLIQUE L'ENLÈVEMENT DE L'ARGILE DE LA SURFACE POUR CRÉER DES MOTIFS EN RELIEF OU EN CREUX. LA PEINTURE SUR CÉRAMIQUE PERMET D'AJOUTER DES DESSINS COLORÉS, SOUVENT APPLIQUÉS SUR LA POTERIE NON CUITE OU SUR UNE SURFACE ÉMAILLÉE. LE GLAÇAGE, EN PLUS DE FOURNIR UNE COUCHE PROTECTRICE, EST UTILISÉ POUR AJOUTER DE LA COULEUR, DE LA TEXTURE ET DES EFFETS VISUELS VARIÉS. L'ESTAMPAGE, OÙ DES TAMPONS OU DES POCHOIRS SONT UTILISÉS POUR IMPRIMER DES MOTIFS SUR LA SURFACE DE L'ARGILE, PERMET DE CRÉER DES DESIGNS RÉPÉTITIFS ET SYMÉTRIQUES. CES TECHNIQUES PEUVENT ÊTRE COMBINÉES OU UTILISÉES SÉPARÉMENT POUR CRÉER UNE VASTE GAMME D'EFFETS ESTHÉTIQUES, ALLANT DES MOTIFS TRADITIONNELS AUX STYLES CONTEMPORAINS, OFFRANT AINSI UNE EXPRESSION ILLIMITÉE DANS L'ART DE LA POTERIE.

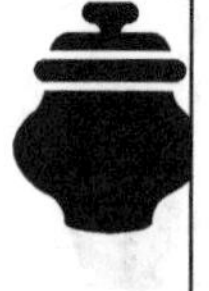
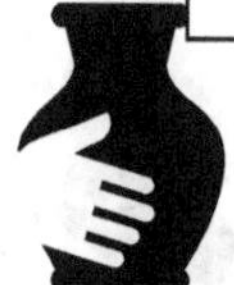
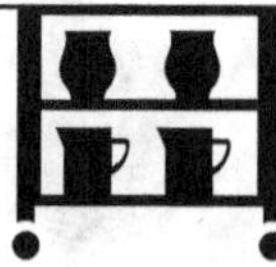
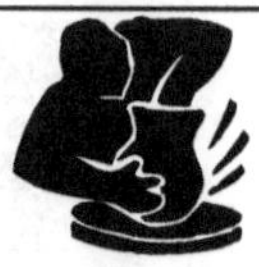
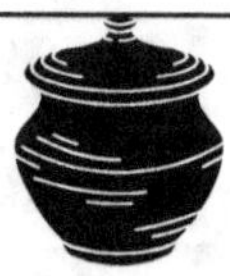
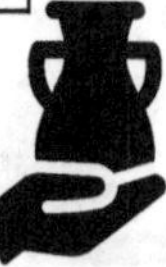

19

POTERIE EN ARCHÉOLOGIE

LA POTERIE JOUE UN RÔLE INDISPENSABLE EN ARCHÉOLOGIE, SERVANT DE CLÉ POUR COMPRENDRE LES CULTURES ANCIENNES. EN RAISON DE SA DURABILITÉ, LA POTERIE SURVIT SOUVENT LÀ OÙ D'AUTRES ARTEFACTS ORGANIQUES SE DÉCOMPOSENT, OFFRANT DES INDICES PRÉCIEUX SUR LES ÉPOQUES RÉVOLUES. LES ARCHÉOLOGUES ÉTUDIENT LES FORMES, LES MOTIFS ET LES MATÉRIAUX DES POTERIES POUR DÉDUIRE DES INFORMATIONS SUR LES PRATIQUES QUOTIDIENNES, LES CROYANCES RELIGIEUSES, ET LES INTERACTIONS COMMERCIALES DES CIVILISATIONS ANCIENNES. LA POTERIE PEUT RÉVÉLER L'ÉTENDUE DES RÉSEAUX COMMERCIAUX, LES INFLUENCES CULTURELLES, ET MÊME LES CHANGEMENTS DANS LES TECHNOLOGIES DE FABRICATION. LES FRAGMENTS DE POTERIE, OU TESSONS, SONT PARMI LES ARTEFACTS LES PLUS COURAMMENT TROUVÉS LORS DES FOUILLES ARCHÉOLOGIQUES, FOURNISSANT DES INFORMATIONS VITALES SUR L'ÂGE DES SITES, LES MODES DE VIE ET LES TRADITIONS ARTISTIQUES DES PEUPLES ANCIENS. EN SOMME, LA POTERIE EST UN TÉMOIN SILENCIEUX MAIS PUISSANT DE L'HISTOIRE HUMAINE.

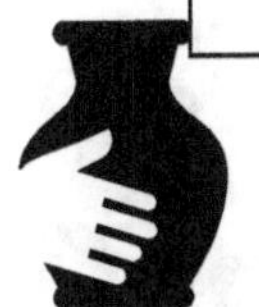
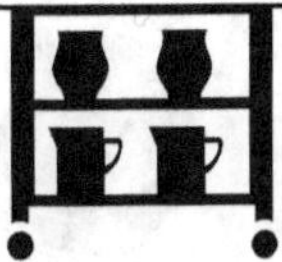
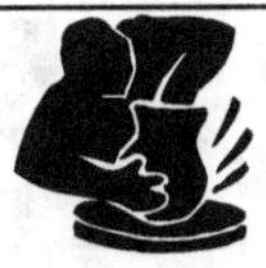
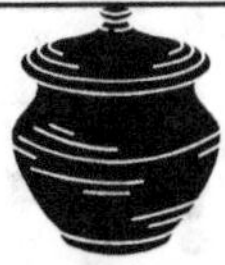
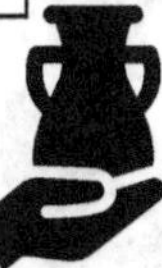

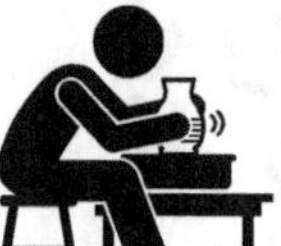
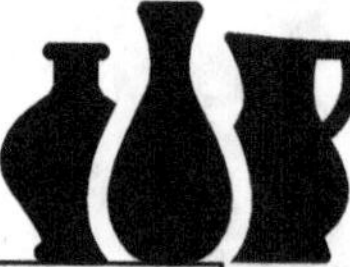
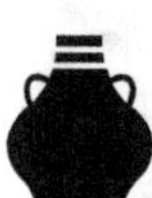

20

POTERIE EN ART THÉRAPEUTIQUE

LA POTERIE EST SOUVENT INTÉGRÉE DANS L'ART THÉRAPEUTIQUE EN RAISON DE SON PROCESSUS MÉDITATIF ET RELAXANT. TRAVAILLER AVEC L'ARGILE OFFRE UNE EXPÉRIENCE SENSORIELLE UNIQUE, AIDANT À RÉDUIRE LE STRESS ET À FAVORISER LA PLEINE CONSCIENCE. LE PROCESSUS DE FAÇONNAGE DE L'ARGILE PEUT ÊTRE THÉRAPEUTIQUE, CAR IL PERMET AUX INDIVIDUS D'EXPRIMER LEURS ÉMOTIONS ET LEURS PENSÉES DE MANIÈRE CRÉATIVE ET TANGIBLE. LA CONCENTRATION REQUISE POUR MODELER LA POTERIE AIDE À FOCALISER L'ESPRIT, ÉLOIGNANT LES PRÉOCCUPATIONS QUOTIDIENNES ET FAVORISANT UN ÉTAT DE CALME MENTAL. DE PLUS, LA POTERIE OFFRE UN SENTIMENT D'ACCOMPLISSEMENT ET D'AUTO-EFFICACITÉ LORSQUE L'ON CRÉE UN OBJET DE SES PROPRES MAINS. L'ART THÉRAPEUTIQUE DE LA POTERIE EST UTILISÉ DANS DIVERS CONTEXTES, NOTAMMENT EN THÉRAPIE INDIVIDUELLE, EN GROUPES DE SOUTIEN, ET MÊME EN RÉÉDUCATION, AIDANT LES INDIVIDUS À DÉVELOPPER DES COMPÉTENCES MOTRICES FINES ET À AMÉLIORER LEUR BIEN-ÊTRE ÉMOTIONNEL.

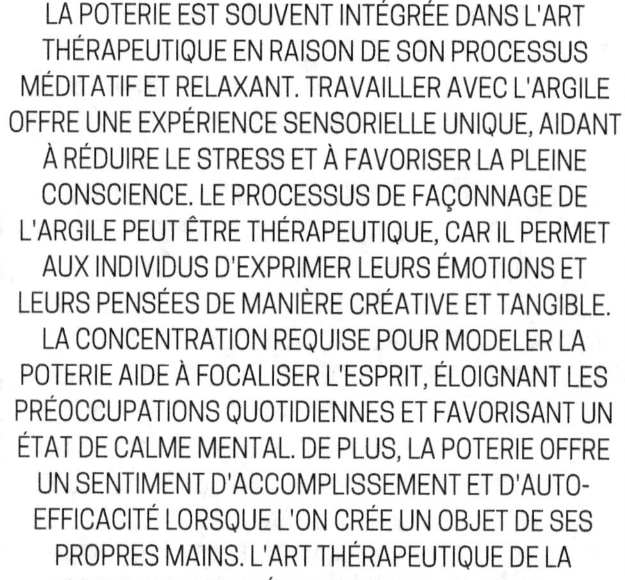
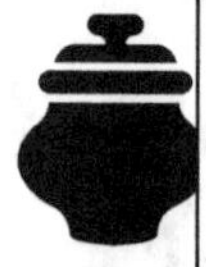
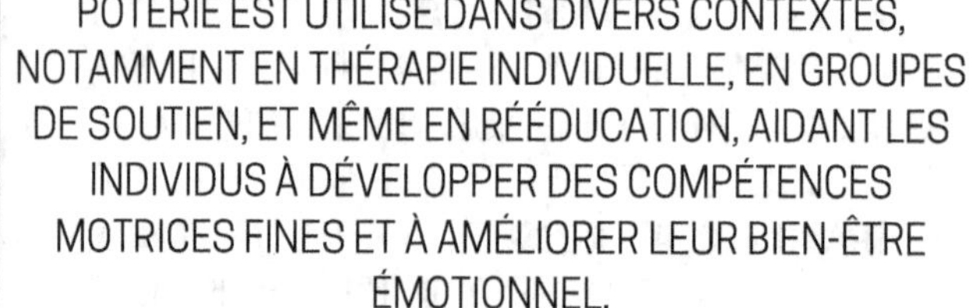
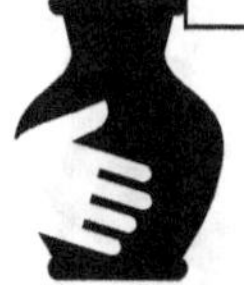

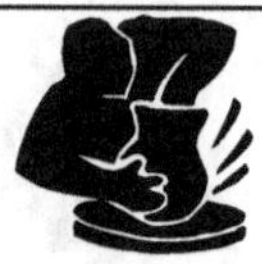
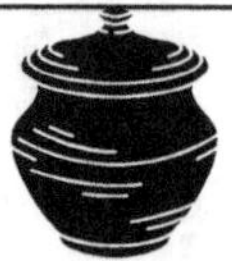
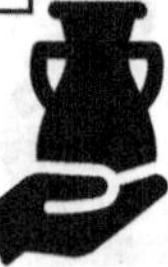

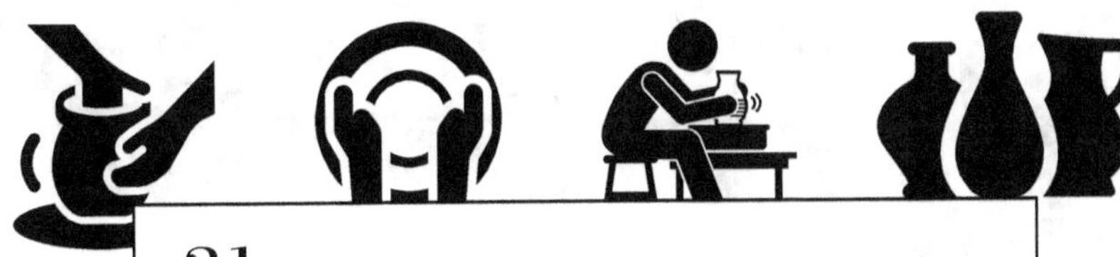

21

POTERIE PÉRUVIENNE MOCHICA

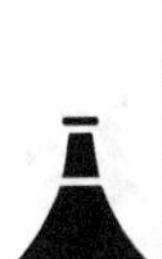

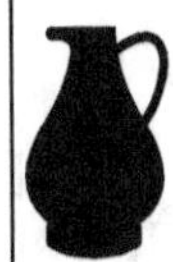
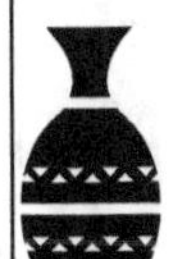

LA CULTURE MOCHICA, UNE ANCIENNE CIVILISATION PÉRUVIENNE, EST RENOMMÉE POUR SES POTERIES DÉTAILLÉES REPRÉSENTANT DES SCÈNES DE LA VIE QUOTIDIENNE. CES POTERIES, SOUVENT EN FORME DE PERSONNAGES HUMAINS, D'ANIMAUX, OU DE SCÈNES MYTHOLOGIQUES, OFFRENT UN APERÇU FASCINANT DANS LE MONDE DES MOCHICAS, QUI A PROSPÉRÉ ENTRE 100 ET 800 APRÈS J.-C. SUR LA CÔTE NORD DU PÉROU. LES ARTISANS MOCHICA UTILISAIENT DES TECHNIQUES AVANCÉES POUR CRÉER DES POTERIES EN RELIEF ET PEINTES, DÉPEIGNANT DES ACTIVITÉS TELLES QUE LA CHASSE, LA PÊCHE, L'AGRICULTURE ET LES RITUELS RELIGIEUX. CES ŒUVRES SONT REMARQUABLES NON SEULEMENT POUR LEUR QUALITÉ ARTISTIQUE MAIS AUSSI POUR LEUR VALEUR HISTORIQUE, CAR ELLES SERVENT DE DOCUMENTS VISUELS PRÉCIEUX POUR COMPRENDRE LES ASPECTS SOCIAUX, ÉCONOMIQUES ET RELIGIEUX DE CETTE CULTURE PRÉCOLOMBIENNE. LA POTERIE MOCHICA EST UN EXEMPLE ÉLOQUENT DE LA FAÇON DONT L'ART PEUT SERVIR DE FENÊTRE SUR LE PASSÉ, CAPTURANT LES DÉTAILS DE LA VIE D'UNE CIVILISATION DISPARUE.

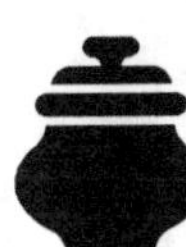
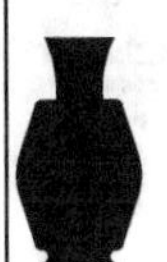
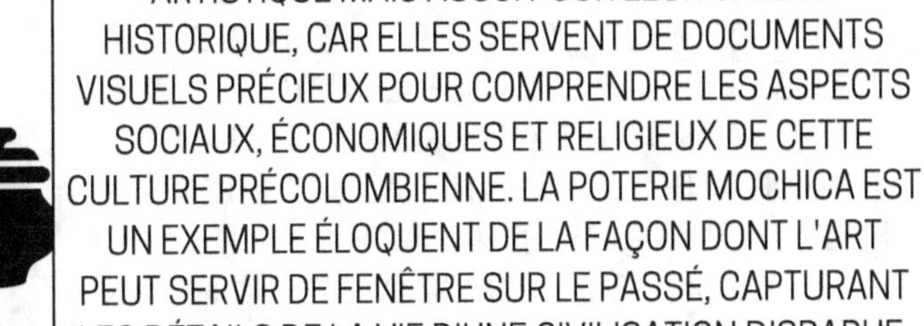
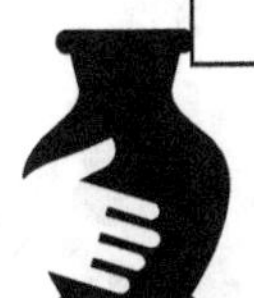
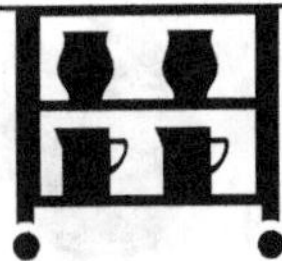
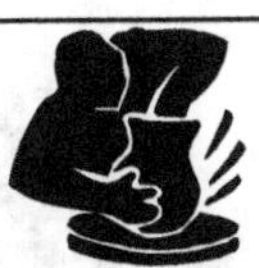
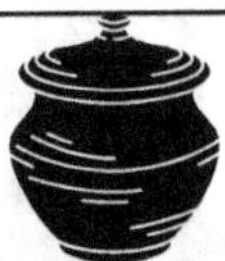
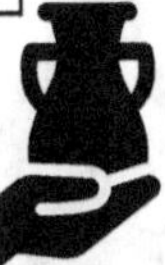

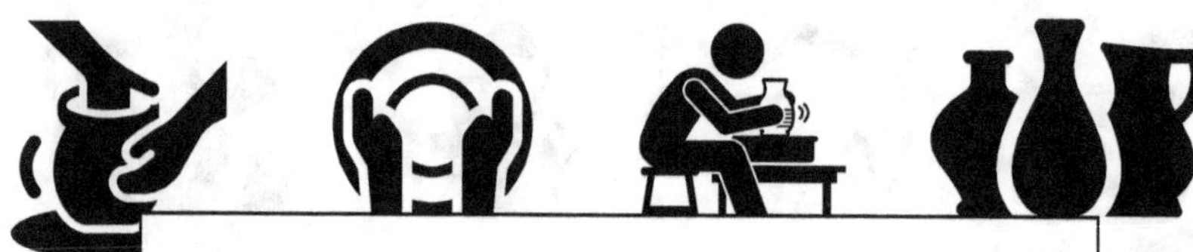

TRADITIONS POTIÈRES INDIENNES

EN INDE, LA POTERIE EST UN ART ANCIEN PRATIQUÉ DEPUIS DES MILLÉNAIRES, AVEC DES TECHNIQUES ET DES STYLES QUI SE SONT TRANSMIS DE GÉNÉRATION EN GÉNÉRATION. CHAQUE RÉGION DE L'INDE POSSÈDE SES PROPRES TRADITIONS DE POTERIE, REFLÉTANT LA DIVERSITÉ CULTURELLE DU PAYS. DES TECHNIQUES TELLES QUE LE TOURNAGE AU TOUR, LA POTERIE À LA CORDE, ET LA POTERIE À MAIN SONT COURAMMENT UTILISÉES. LES ARTISANS INDIENS UTILISENT SOUVENT DES ARGILES LOCALES POUR CRÉER DES OBJETS À LA FOIS FONCTIONNELS ET ARTISTIQUES, TELS QUE DES POTS DE CUISSON, DES RÉCIPIENTS POUR L'EAU, DES LAMPES À HUILE, ET DES ARTICLES DÉCORATIFS. LES MOTIFS ET LES DESIGNS VARIENT D'UNE RÉGION À L'AUTRE, ALLANT DES FORMES SIMPLES ET ÉLÉGANTES AUX ORNEMENTS COMPLEXES ET COLORÉS. LA POTERIE EN INDE N'EST PAS SEULEMENT UN MÉTIER, MAIS AUSSI UNE EXPRESSION CULTURELLE IMPORTANTE, SOUVENT LIÉE AUX TRADITIONS RELIGIEUSES ET AUX FESTIVITÉS. CETTE RICHESSE ET CETTE CONTINUITÉ DES TRADITIONS DE POTERIE EN INDE TÉMOIGNENT DE L'IMPORTANCE DE CET ART DANS LE PATRIMOINE ET L'IDENTITÉ CULTURELS DU PAYS.

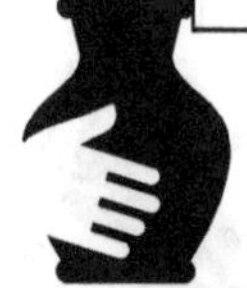
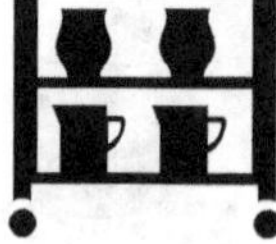
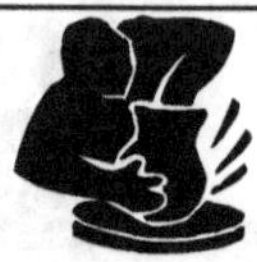
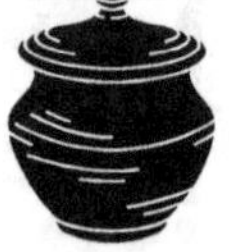
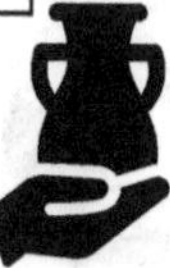

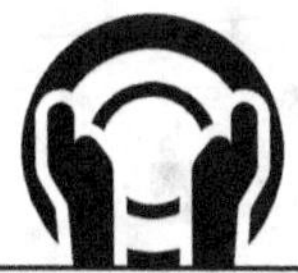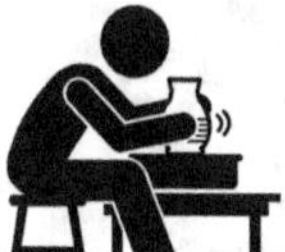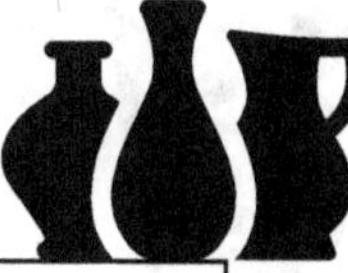

23

POTERIE BLUE AND WHITE

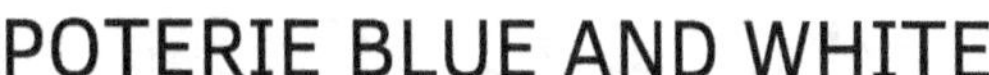

LE "BLUE AND WHITE POTTERY" CHINOIS, CÉLÈBRE DANS LE MONDE ENTIER, EST UNE FORME DE CÉRAMIQUE QUI A COMMENCÉ À PROSPÉRER SOUS LA DYNASTIE MING (1368-1644). CARACTÉRISÉE PAR SES MOTIFS BLEUS SUR FOND BLANC, CETTE POTERIE EST DEVENUE UN SYMBOLE DE L'ART CÉRAMIQUE CHINOIS. LES DESIGNS VARIENT DE SCÈNES FLORALES ET PAYSAGÈRES À DES REPRÉSENTATIONS DE LA VIE QUOTIDIENNE ET DE LA MYTHOLOGIE CHINOISE. LA COULEUR BLEUE EST OBTENUE À PARTIR D'OXYDE DE COBALT, QUI EST APPLIQUÉ SUR LA POTERIE NON CUITE AVANT D'ÊTRE RECOUVERTE D'UNE GLAÇURE TRANSPARENTE ET CUITE À HAUTE TEMPÉRATURE. CETTE TECHNIQUE PERMET AUX MOTIFS DE FUSIONNER SOUS LA GLAÇURE, CRÉANT UN EFFET À LA FOIS DÉLICAT ET DURABLE. LE "BLUE AND WHITE POTTERY" CHINOIS A NON SEULEMENT INFLUENCÉ L'ART DE LA CÉRAMIQUE EN CHINE MAIS AUSSI DANS LE MONDE ENTIER, INSPIRANT DES ARTISANS ET DES COLLECTIONNEURS GRÂCE À SA BEAUTÉ INTEMPORELLE ET SON ÉLÉGANCE.

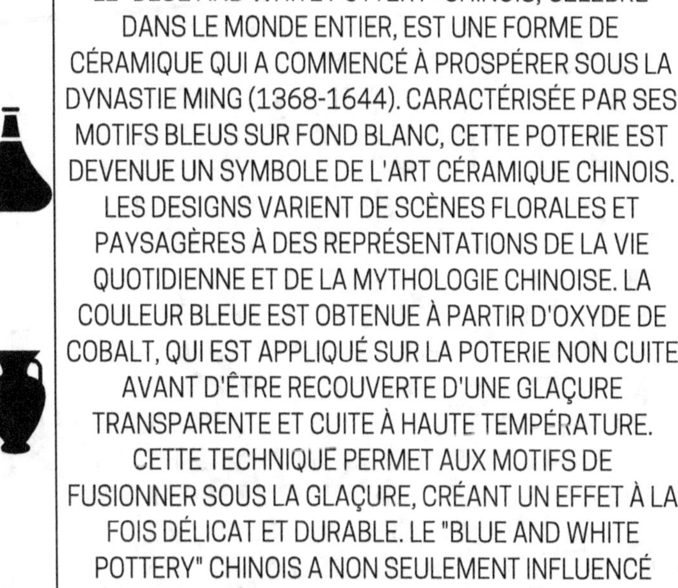
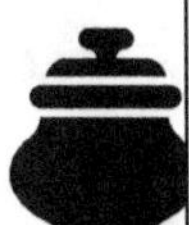
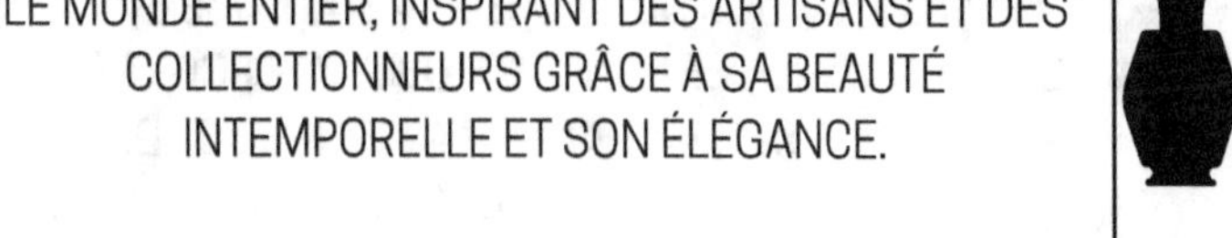
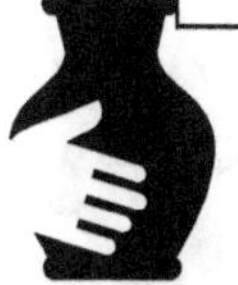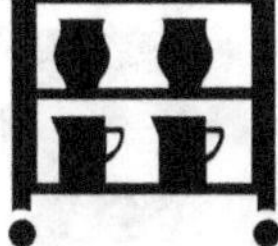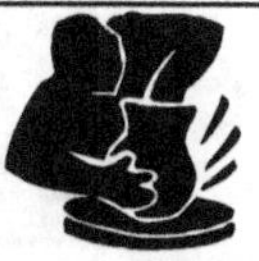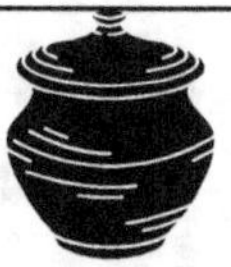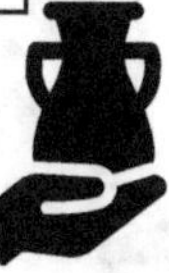

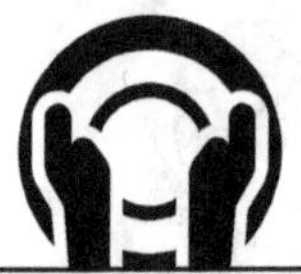
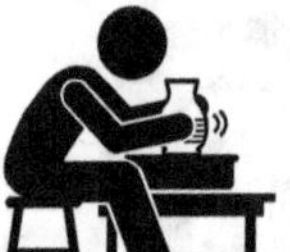
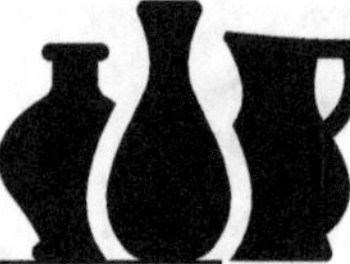
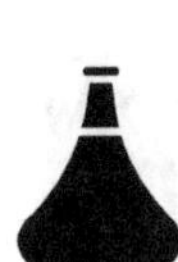

24

FAÏENCE: GLAÇURE BLANCHE

LA FAÏENCE EST UNE FORME DE POTERIE QUI SE DISTINGUE PAR SON GLAÇAGE BLANC OPAQUE, SOUVENT DÉCORÉE DE MOTIFS COLORÉS. CETTE TECHNIQUE A ÉTÉ DÉVELOPPÉE AU MOYEN-ORIENT AU IXE SIÈCLE AVANT DE SE RÉPANDRE EN EUROPE. LA FAÏENCE EST TYPIQUEMENT FABRIQUÉE À PARTIR D'UNE ARGILE POREUSE ET RECOUVERTE D'UN GLAÇAGE COMPOSÉ DE PLOMB ET D'ÉTAIN, CRÉANT UNE SURFACE LISSE ET BLANCHE PARFAITE POUR LA PEINTURE. LES ARTISANS UTILISENT DES COULEURS VIVES POUR CRÉER DES MOTIFS FLORAUX, GÉOMÉTRIQUES, OU FIGURATIFS. LES PIÈCES DE FAÏENCE PEUVENT VARIER DE SIMPLES OBJETS UTILITAIRES À DES ŒUVRES D'ART ÉLABORÉES. EN EUROPE, LA FAÏENCE A CONNU UN PIC DE POPULARITÉ DU XVIE AU XVIIIE SIÈCLE, AVEC DES CENTRES DE PRODUCTION CÉLÈBRES COMME DELFT AUX PAYS-BAS ET STAFFORDSHIRE EN ANGLETERRE. LA FAÏENCE EST APPRÉCIÉE POUR SON ASPECT ARTISTIQUE ET EST SOUVENT UTILISÉE POUR DES OBJETS DÉCORATIFS, TELS QUE DES VASES, DES ASSIETTES ET DES CARREAUX.

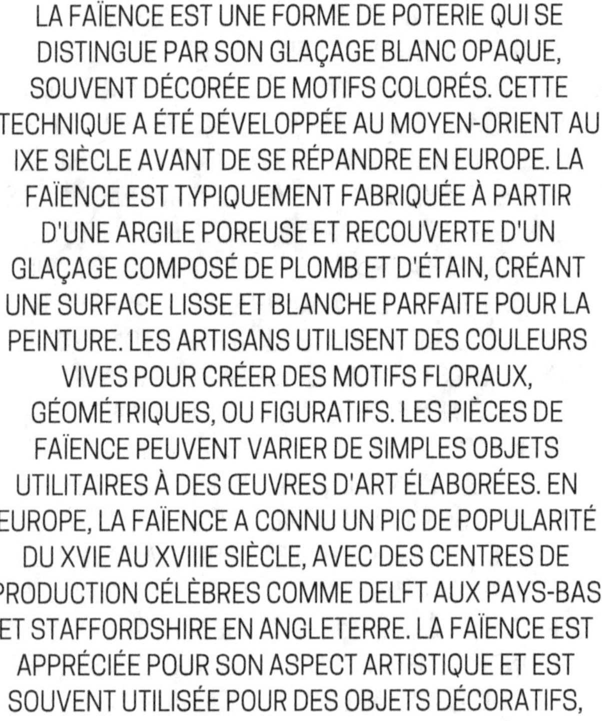
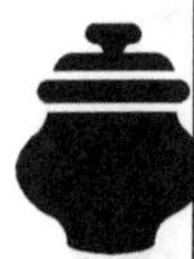
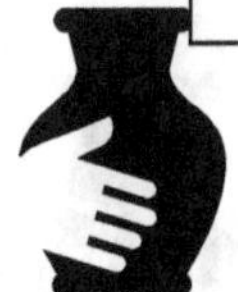

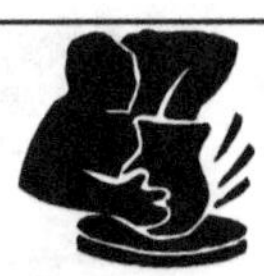
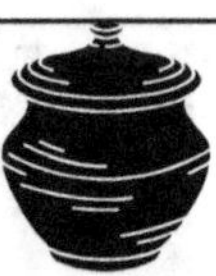
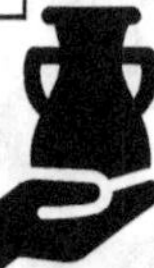

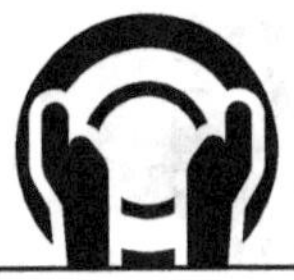
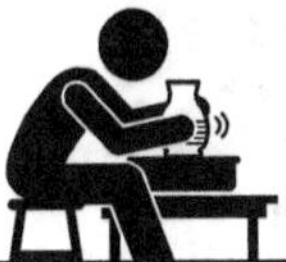
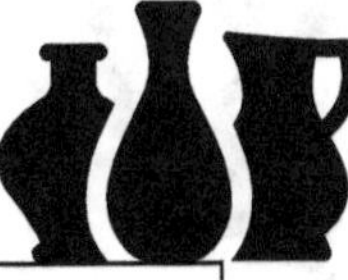

25

POTERIE BISQUE NON-ÉMAILLÉE

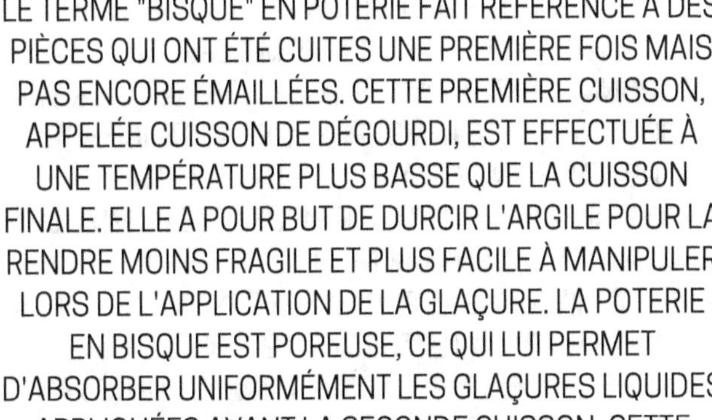

LE TERME "BISQUE" EN POTERIE FAIT RÉFÉRENCE À DES
PIÈCES QUI ONT ÉTÉ CUITES UNE PREMIÈRE FOIS MAIS
PAS ENCORE ÉMAILLÉES. CETTE PREMIÈRE CUISSON,
APPELÉE CUISSON DE DÉGOURDI, EST EFFECTUÉE À
UNE TEMPÉRATURE PLUS BASSE QUE LA CUISSON
FINALE. ELLE A POUR BUT DE DURCIR L'ARGILE POUR LA
RENDRE MOINS FRAGILE ET PLUS FACILE À MANIPULER
LORS DE L'APPLICATION DE LA GLAÇURE. LA POTERIE
EN BISQUE EST POREUSE, CE QUI LUI PERMET
D'ABSORBER UNIFORMÉMENT LES GLAÇURES LIQUIDES
APPLIQUÉES AVANT LA SECONDE CUISSON. CETTE
ÉTAPE INTERMÉDIAIRE EST ESSENTIELLE DANS LE
PROCESSUS DE CRÉATION DE LA POTERIE, CAR ELLE
PRÉPARE LA PIÈCE POUR LA DÉCORATION ET ASSURE
UNE MEILLEURE ADHÉRENCE ET UN MEILLEUR RENDU
DE LA GLAÇURE FINALE. LA POTERIE EN BISQUE EST
SOUVENT PLUS CLAIRE EN COULEUR COMPARÉE À SON
ÉTAT APRÈS LA CUISSON FINALE, OFFRANT UNE TOILE
DE FOND IDÉALE POUR LES POTIERS POUR EXPRIMER
LEUR CRÉATIVITÉ AVEC DES GLAÇURES ET DES
PEINTURES.

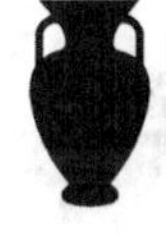
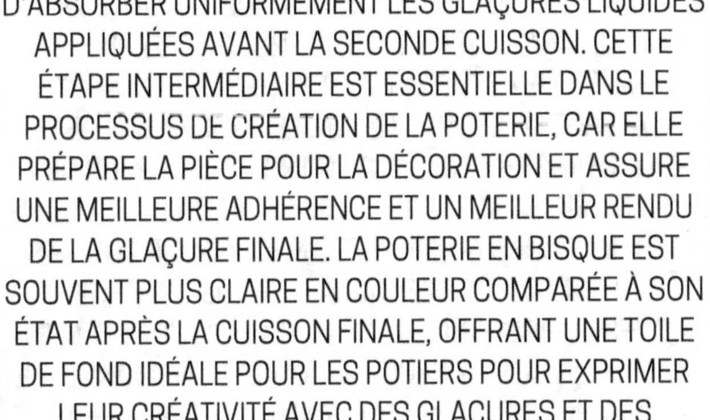
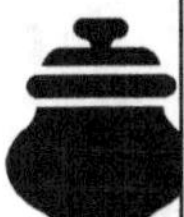
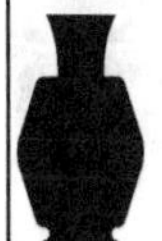
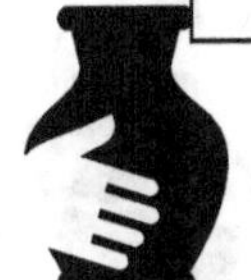
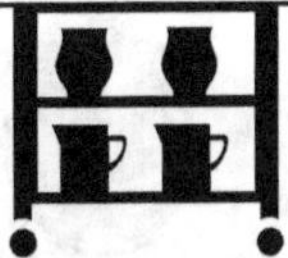
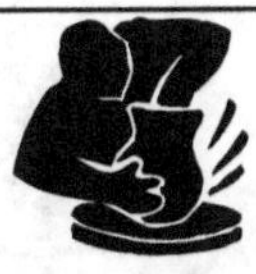
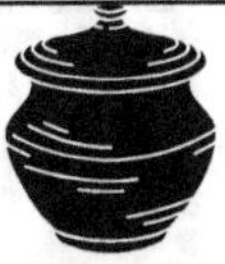
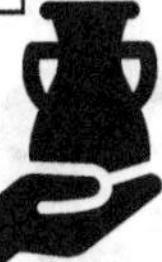

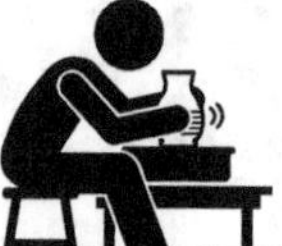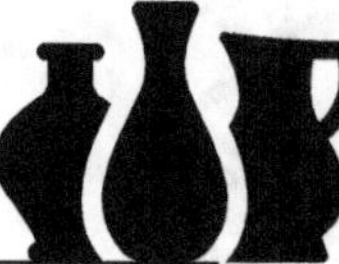
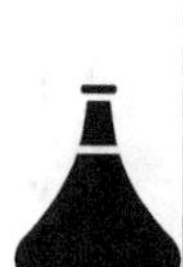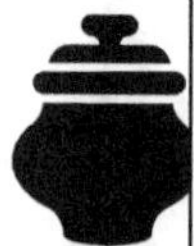

26

RÉDUCTION EN POTERIE

LE PROCESSUS DE RÉDUCTION EN POTERIE EST UNE TECHNIQUE DE CUISSON QUI CRÉE UN ENVIRONNEMENT PAUVRE EN OXYGÈNE À L'INTÉRIEUR DU FOUR. CETTE ATMOSPHÈRE RÉDUCTRICE EST OBTENUE EN LIMITANT L'APPORT D'AIR OU EN AJOUTANT UN MATÉRIAU COMBUSTIBLE COMME LE GAZ OU LE BOIS. EN ABSENCE D'OXYGÈNE, CERTAINS EFFETS CHIMIQUES SE PRODUISENT, INFLUENÇANT LA COULEUR ET LA TEXTURE DES GLAÇURES ET DE L'ARGILE. PAR EXEMPLE, LES GLAÇURES CONTENANT DU CUIVRE PEUVENT VIRER AU ROUGE OU AU VERT, TANDIS QUE LE FER PEUT PRODUIRE DES NUANCES ALLANT DU VERT AU BRUN. LE PROCESSUS DE RÉDUCTION EST SOUVENT UTILISÉ POUR CRÉER DES EFFETS CÉRAMIQUES SPÉCIAUX ET UNIQUES, TELS QUE DES GLAÇURES AUX REFLETS MÉTALLIQUES OU DES FINITIONS AVEC DES VARIATIONS DE COULEURS RICHES ET PROFONDES. CETTE TECHNIQUE REQUIERT UN CONTRÔLE PRÉCIS DU FOUR ET UNE BONNE COMPRÉHENSION DES MATÉRIAUX, RENDANT CHAQUE CUISSON EN RÉDUCTION UN PROCESSUS DÉLICAT ET FASCINANT POUR LES CÉRAMISTES.

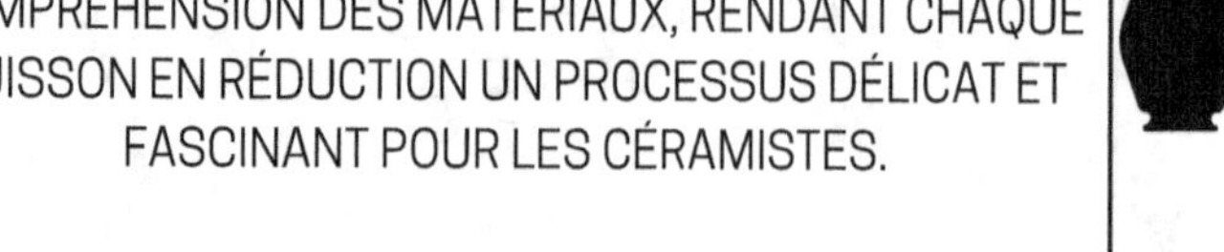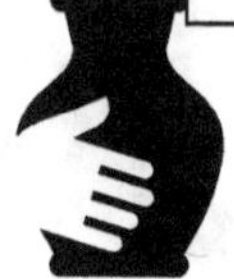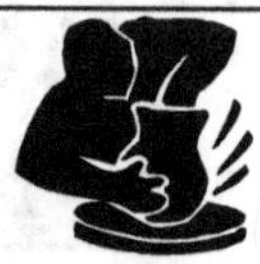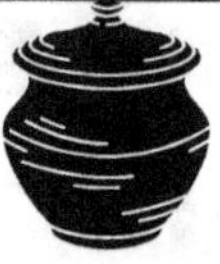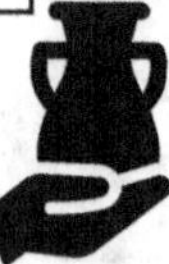

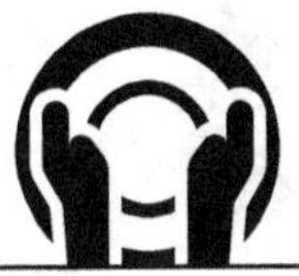
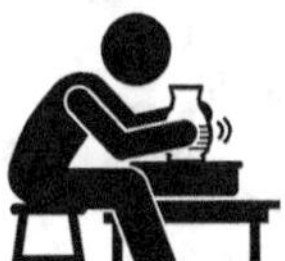
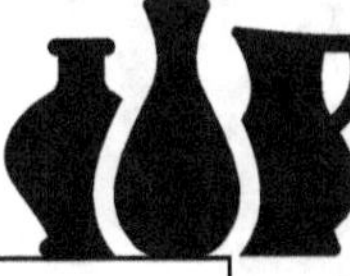

27

DÉCORATION SGRAFFITO

LA TECHNIQUE "SGRAFFITO" EN POTERIE EST UN PROCESSUS DE DÉCORATION OÙ L'ARTISTE GRATTE LA SURFACE D'UNE PIÈCE POUR RÉVÉLER UNE COUCHE D'ARGILE DE COULEUR DIFFÉRENTE EN DESSOUS. CETTE MÉTHODE COMMENCE GÉNÉRALEMENT PAR L'APPLICATION D'UNE BARBOTINE COLORÉE OU D'UN ENGOBE (ARGILE LIQUIDE COLORÉE) SUR UNE PIÈCE EN BISQUE. UNE FOIS QUE CETTE COUCHE SUPERFICIELLE A LÉGÈREMENT SÉCHÉ, L'ARTISTE UTILISE UN OUTIL POUR GRATTER ET CRÉER DES MOTIFS, EXPOSANT AINSI LA COULEUR DE L'ARGILE EN DESSOUS. LE SGRAFFITO PERMET DE CRÉER DES MOTIFS DÉTAILLÉS ET DES TEXTURES COMPLEXES, OFFRANT UN CONTRASTE FRAPPANT ENTRE LES DEUX COUCHES DE COULEURS. CETTE TECHNIQUE EST SOUVENT UTILISÉE POUR CRÉER DES DESIGNS GRAPHIQUES, DES MOTIFS FLORAUX OU DES SCÈNES FIGURATIVES. LE SGRAFFITO EST APPRÉCIÉ POUR SA CAPACITÉ À FUSIONNER L'ART DE LA SCULPTURE AVEC LA PEINTURE, CRÉANT DES ŒUVRES D'ART EN CÉRAMIQUE QUI SONT À LA FOIS VISUELLEMENT CAPTIVANTES ET TEXTURÉES.

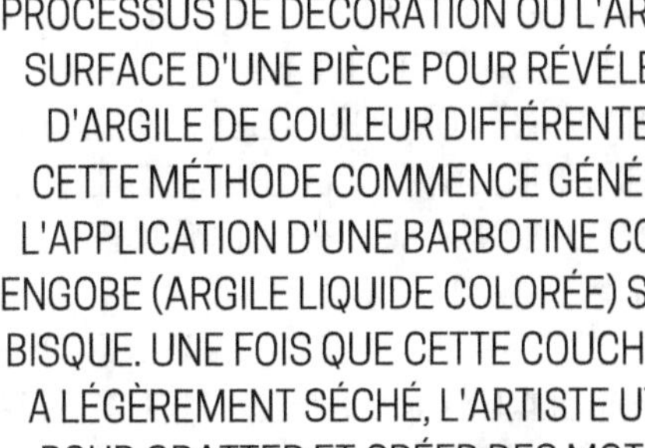
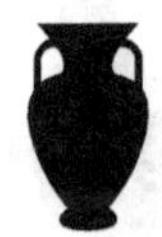
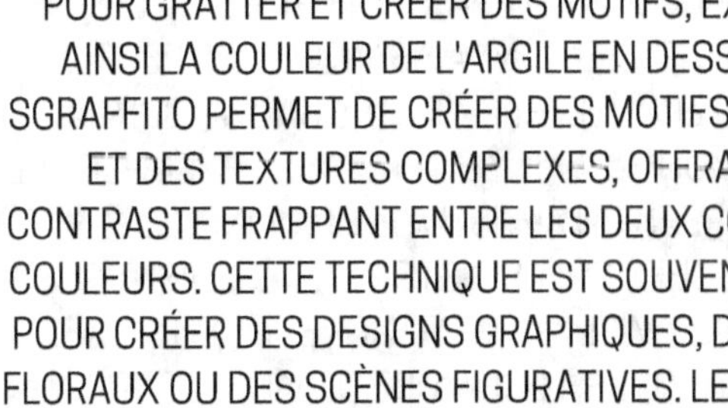
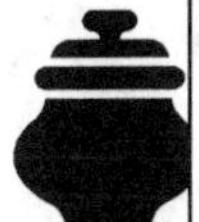
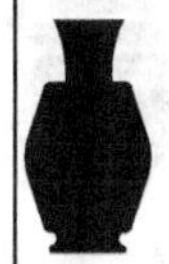
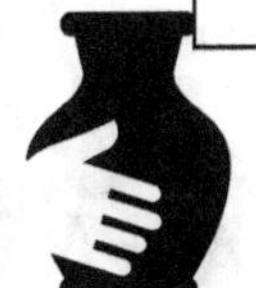
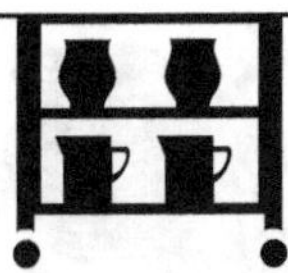
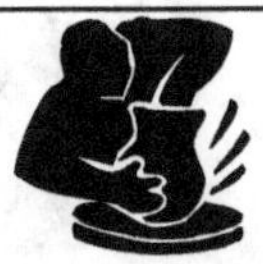
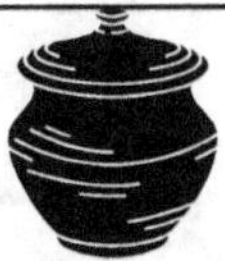
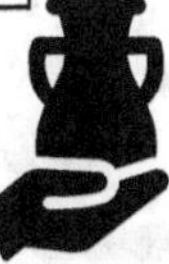

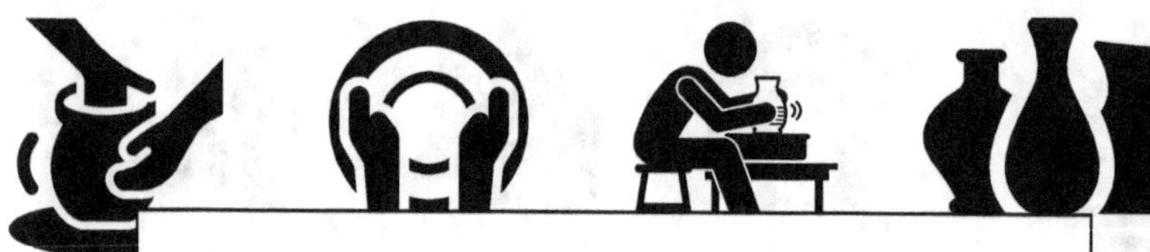

POTERIE NÉOLITHIQUE GÉOMÉTRIQUE

LA POTERIE DU NÉOLITHIQUE, CARACTÉRISTIQUE DES PREMIÈRES SOCIÉTÉS AGRICOLES, ÉTAIT SOUVENT ORNÉE DE MOTIFS GÉOMÉTRIQUES SIMPLES. CES MOTIFS, GÉNÉRALEMENT COMPOSÉS DE LIGNES, DE SPIRALES, DE CHEVRONS, ET DE CERCLES, ÉTAIENT INCISÉS, IMPRIMÉS OU PEINTS SUR LES SURFACES DES POTERIES. CETTE DÉCORATION N'ÉTAIT PAS SEULEMENT ESTHÉTIQUE, MAIS AVAIT SOUVENT UNE SIGNIFICATION SYMBOLIQUE OU RITUELLE. LES MOTIFS GÉOMÉTRIQUES SIMPLES REFLÉTAIENT LES CROYANCES ET LES CONNAISSANCES DES PEUPLES DE CETTE ÉPOQUE, ET LEUR UTILISATION SUR LA POTERIE DÉMONTRE L'UN DES PREMIERS EXEMPLES DE L'EXPRESSION ARTISTIQUE HUMAINE. LES ARCHÉOLOGUES ET LES HISTORIENS ÉTUDIENT CES MOTIFS POUR MIEUX COMPRENDRE LES CULTURES NÉOLITHIQUES, LEUR MODE DE VIE ET LEUR PERCEPTION DU MONDE. LA POTERIE NÉOLITHIQUE, AVEC SES MOTIFS DÉCORATIFS, EST UN TÉMOIGNAGE PRÉCIEUX DE L'ÉVOLUTION DE L'ART ET DE L'ARTISANAT À L'AUBE DES CIVILISATIONS SÉDENTAIRES.

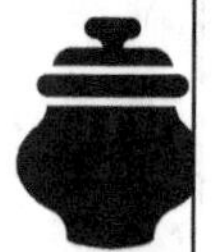
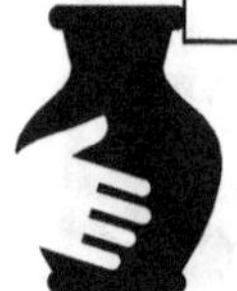
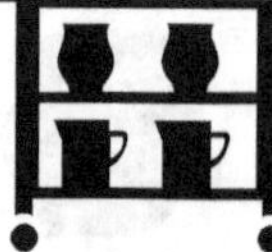
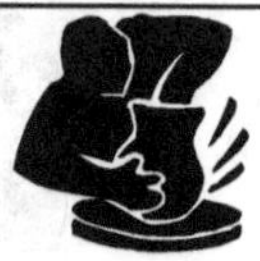
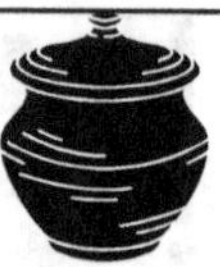
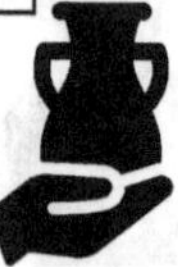

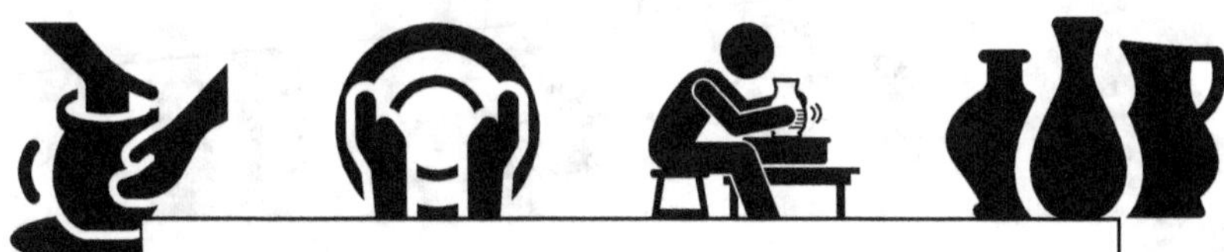

POTERIE PRÉCOLOMBIENNE RITUELLE

LES POTERIES PRÉCOLOMBIENNES D'AMÉRIQUE, CRÉÉES AVANT L'ARRIVÉE DES EUROPÉENS, ÉTAIENT SOUVENT UTILISÉES POUR DES OBJETS RITUELS ET CÉRÉMONIELS. CES POTERIES, FABRIQUÉES PAR DIVERSES CULTURES AUTOCHTONES, TELLES QUE LES MAYAS, LES INCAS, ET LES PEUPLES DE LA CULTURE MISSISSIPPIAN, ÉTAIENT REMARQUABLES POUR LEURS FORMES COMPLEXES ET LEURS MOTIFS DÉCORATIFS. ELLES SERVAIENT DANS DIVERS RITUELS, TELS QUE DES CÉRÉMONIES RELIGIEUSES, DES OFFRANDES AUX DIEUX, ET DES RITES FUNÉRAIRES. LES OBJETS RITUELS EN POTERIE COMPRENAIENT DES URNES, DES FIGURINES, ET DES RÉCIPIENTS SYMBOLIQUES, SOUVENT DÉCORÉS DE MOTIFS REPRÉSENTANT DES DIVINITÉS, DES ANIMAUX MYTHIQUES, ET DES SCÈNES DE LA MYTHOLOGIE. CES POTERIES NE SONT PAS SEULEMENT DES ŒUVRES D'ART; ELLES OFFRENT UN APERÇU DANS LES CROYANCES SPIRITUELLES, LES PRATIQUES RITUELLES, ET LA VIE QUOTIDIENNE DES PEUPLES PRÉCOLOMBIENS, CONTRIBUANT DE MANIÈRE SIGNIFICATIVE À NOTRE COMPRÉHENSION DES CIVILISATIONS ANCIENNES DES AMÉRIQUES.

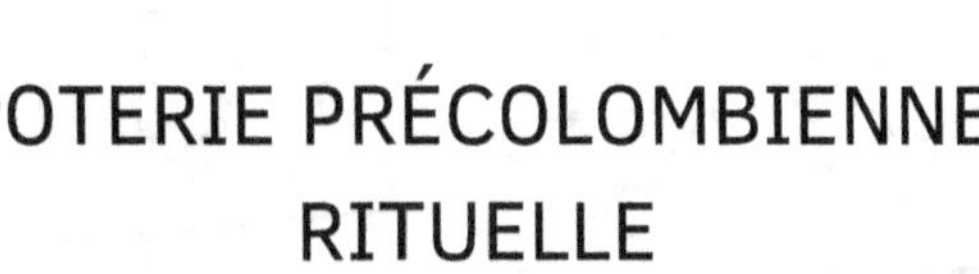
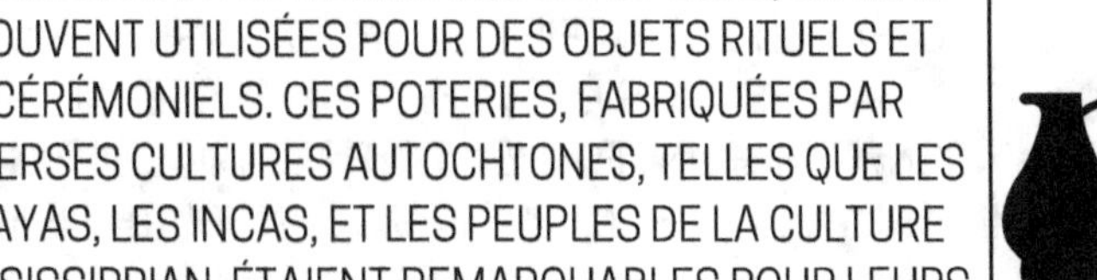
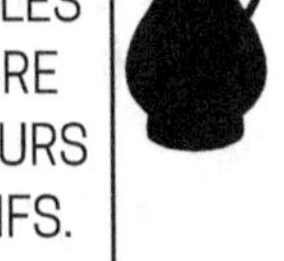
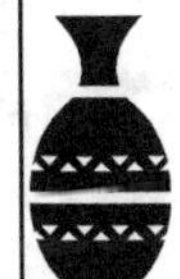
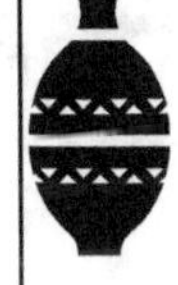
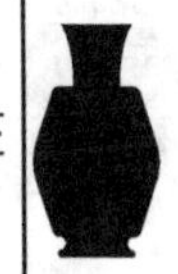
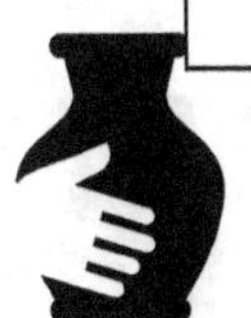

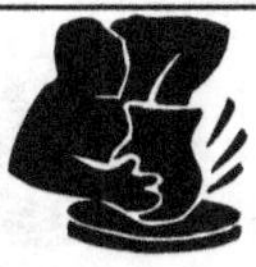
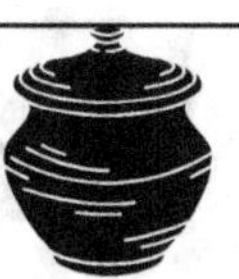
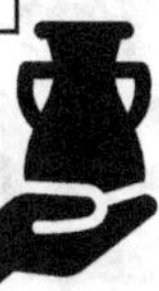

TECHNIQUE POTERIE COILING

LA TECHNIQUE DE "COILING", OU FAÇONNAGE EN COLOMBINS, EST UNE MÉTHODE TRADITIONNELLE DE CRÉATION DE POTERIE QUI CONSISTE À ROULER DES BANDES D'ARGILE ET À LES SUPERPOSER POUR CONSTRUIRE UNE FORME. CETTE TECHNIQUE, UTILISÉE DANS LE MONDE ENTIER DEPUIS L'ANTIQUITÉ, PERMET DE CRÉER DES POTS, DES VASES, ET D'AUTRES FORMES SANS L'AIDE D'UN TOUR DE POTIER. LE POTIER ROULE L'ARGILE EN LONGS CORDONS, PUIS LES EMPILE EN SPIRALE, EN LISSANT LES JOINTS ENTRE CHAQUE COUCHE POUR FORMER UNE SURFACE UNIFORME. LE "COILING" EST PARTICULIÈREMENT ADAPTÉ POUR CRÉER DES PIÈCES DE GRANDE TAILLE OU AVEC DES FORMES COMPLEXES. CETTE MÉTHODE OFFRE UNE GRANDE LIBERTÉ CRÉATIVE, CAR ELLE PERMET DE VARIER LES ÉPAISSEURS, LES TEXTURES ET LES FORMES. LES PIÈCES RÉALISÉES EN "COILING" ONT SOUVENT UN CARACTÈRE DISTINCTIF ET UNE QUALITÉ ARTISANALE, REFLÉTANT LA TOUCHE PERSONNELLE DE L'ARTISTE ET LA NATURE ORGANIQUE DE L'ARGILE.

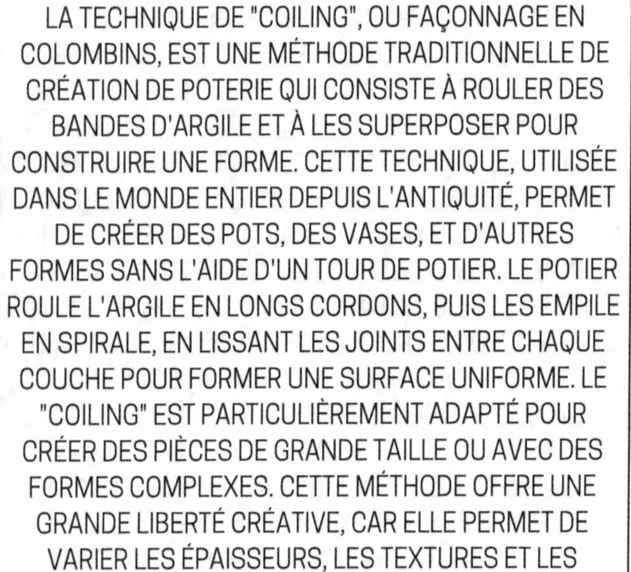
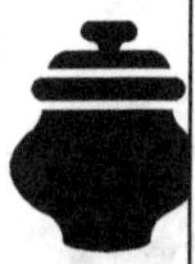
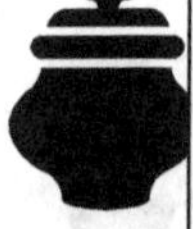
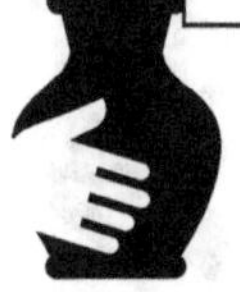

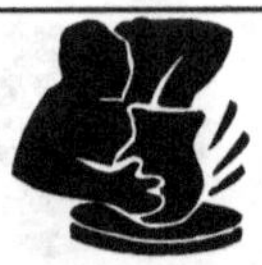
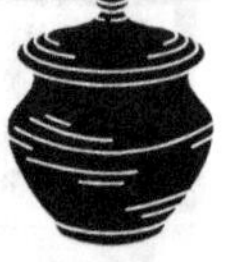
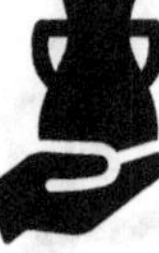

MAJOLIQUE ITALIENNE COLORÉE

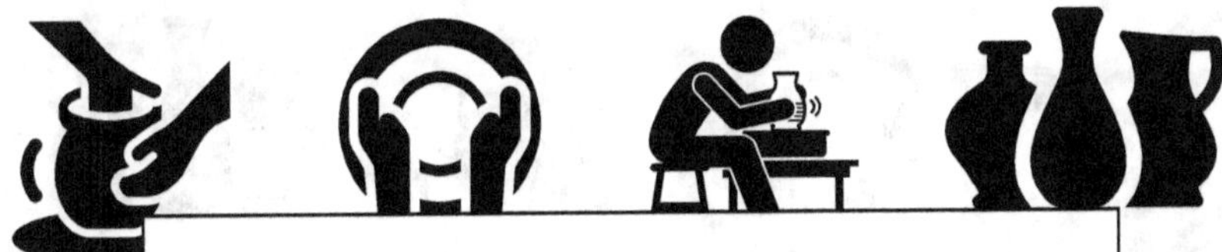

LA POTERIE DE MAJOLIQUE, ORIGINAIRE D'ITALIE, EST RENOMMÉE POUR SES COULEURS VIVES ET SES MOTIFS COMPLEXES. CETTE FORME DE CÉRAMIQUE, QUI A ATTEINT SON APOGÉE ENTRE LE 15ÈME ET LE 17ÈME SIÈCLE, SE DISTINGUE PAR SON GLAÇAGE STANNIFÈRE, QUI CRÉE UNE SURFACE BLANCHE ET BRILLANTE, IDÉALE POUR LA PEINTURE. LES ARTISTES DE MAJOLIQUE UTILISAIENT UNE PALETTE DE COULEURS RICHES, NOTAMMENT DES BLEUS PROFONDS, DES VERTS ÉMERAUDE, DES JAUNES VIFS ET DES ROUGES INTENSES, POUR CRÉER DES SCÈNES DÉTAILLÉES, DES MOTIFS FLORAUX ET GÉOMÉTRIQUES, AINSI QUE DES REPRÉSENTATIONS DE FIGURES HISTORIQUES ET MYTHOLOGIQUES. LES PIÈCES DE MAJOLIQUE ÉTAIENT SOUVENT DES OBJETS D'ART LUXUEUX, UTILISÉS POUR LA DÉCORATION OU COMME VAISSELLE DE PRESTIGE DANS LES DEMEURES ARISTOCRATIQUES. AUJOURD'HUI, LA MAJOLIQUE EST APPRÉCIÉE POUR SON IMPORTANCE HISTORIQUE ET SON ESTHÉTIQUE DISTINCTIVE, REPRÉSENTATIVE DE L'ARTISANAT ET DU STYLE ARTISTIQUE DE LA RENAISSANCE ITALIENNE.

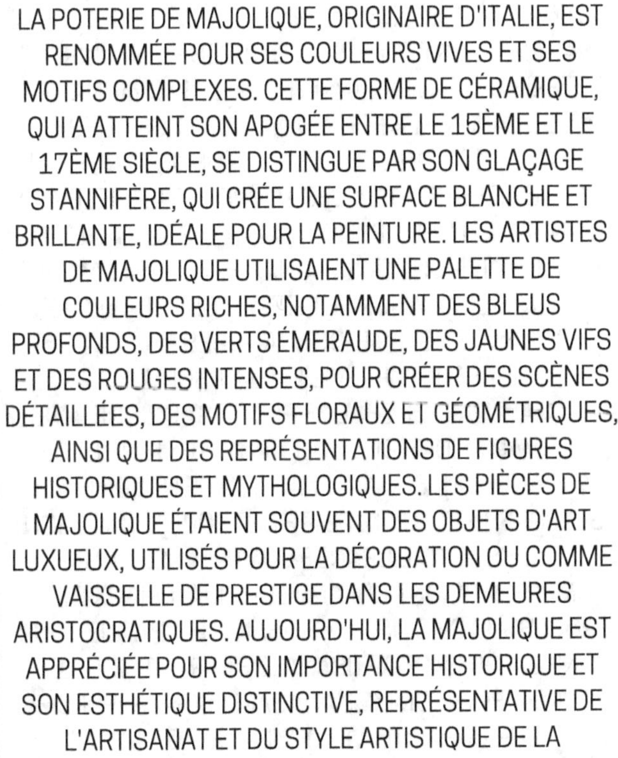
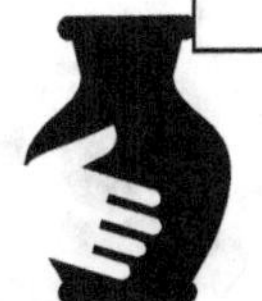
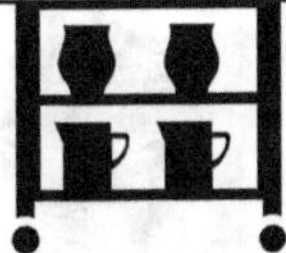
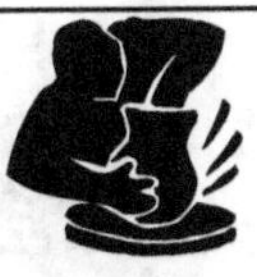
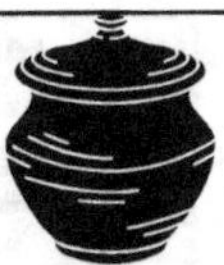
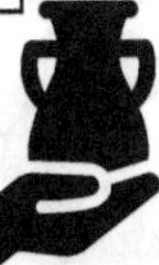

FOURS À BOIS TRADITIONNELS

LES FOURS À BOIS TRADITIONNELS, COMME LES FOURS ANAGAMA, SONT TOUJOURS UTILISÉS POUR CUIRE LA POTERIE DE MANIÈRE TRADITIONNELLE. ORIGINAIRES DU JAPON, LES FOURS ANAGAMA SONT DES STRUCTURES LONGUES ET EN FORME DE TUNNEL, OÙ LA POTERIE EST CUITE À DES TEMPÉRATURES ÉLEVÉES PENDANT PLUSIEURS JOURS. LA CUISSON AU BOIS CRÉE UN ENVIRONNEMENT UNIQUE, OÙ LES FLAMMES, LA CENDRE ET LA FUMÉE INTERAGISSENT AVEC LES PIÈCES DE POTERIE, DONNANT DES EFFETS DE SURFACE IMPRÉVISIBLES ET SOUVENT SPECTACULAIRES. CHAQUE PIÈCE EST UNIQUE, AVEC DES VARIATIONS DE COULEUR, DE TEXTURE ET DE BRILLANCE DUES À L'INTERACTION DE L'ARGILE, DES GLAÇURES ET DU FEU. CETTE MÉTHODE DE CUISSON NÉCESSITE UNE GRANDE COMPÉTENCE ET UNE COMPRÉHENSION PROFONDE DES MATÉRIAUX ET DU PROCESSUS DE CUISSON, FAISANT DE CHAQUE FOUR UNE EXPÉRIENCE ARTISANALE ET ARTISTIQUE. LES FOURS À BOIS COMME L'ANAGAMA SONT APPRÉCIÉS POUR LEUR CAPACITÉ À PRODUIRE DES ŒUVRES D'ART CÉRAMIQUE EXCEPTIONNELLES, UNISSANT L'ARTISTE, L'ARGILE ET LES ÉLÉMENTS NATURELS.

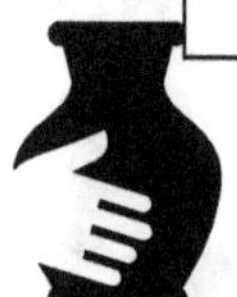

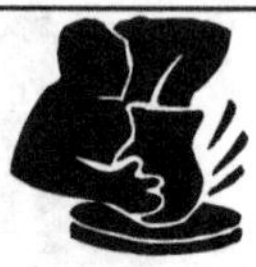
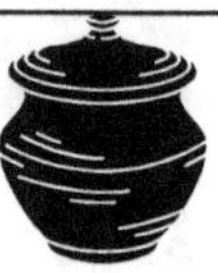
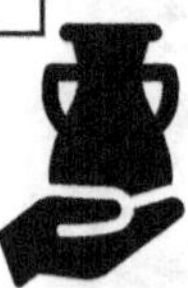

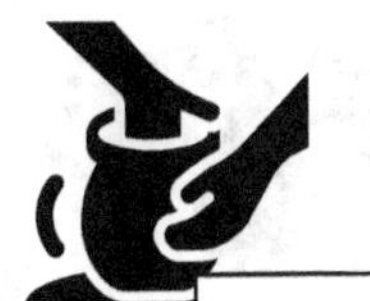
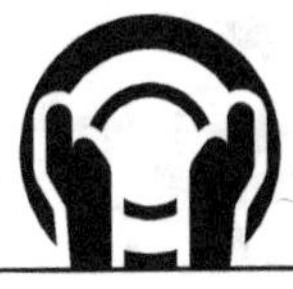
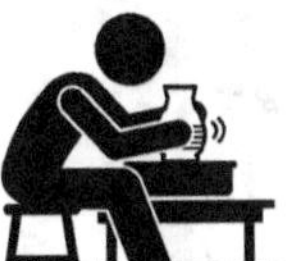
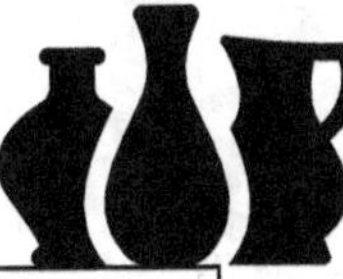

POTERIE DE DELFT

LA POTERIE DE DELFT, ORIGINAIRE DES PAYS-BAS, EST MONDIALEMENT CONNUE POUR SES MOTIFS BLEUS DISTINCTIFS SUR FOND BLANC. DÉVELOPPÉE AU 17ÈME SIÈCLE À DELFT, CETTE CÉRAMIQUE ÉTAIT LA RÉPONSE EUROPÉENNE À LA PORCELAINE BLEUE ET BLANCHE IMPORTÉE DE CHINE. LES ARTISANS DE DELFT ONT ADOPTÉ ET ADAPTÉ CES MOTIFS ASIATIQUES, CRÉANT UN STYLE UNIQUE QUI EST DEVENU EMBLÉMATIQUE DE LA POTERIE NÉERLANDAISE. LES DESIGNS CLASSIQUES DE DELFT COMPRENNENT DES SCÈNES PASTORALES, DES PAYSAGES, DES MOTIFS FLORAUX, ET DES REPRÉSENTATIONS DE LA VIE QUOTIDIENNE, TOUS PEINTS EN BLEU COBALT DISTINCTIF SUR UNE GLAÇURE BLANCHE. LES PIÈCES DE DELFT VARIAIENT DES PLAQUES ET DES VASES AUX CARREAUX DÉCORATIFS. CE STYLE DE POTERIE EST NON SEULEMENT UN SYMBOLE IMPORTANT DE L'HÉRITAGE CULTUREL NÉERLANDAIS MAIS A ÉGALEMENT EU UN IMPACT SIGNIFICATIF SUR LES ARTS DÉCORATIFS EN EUROPE ET AU-DELÀ. AUJOURD'HUI, LA POTERIE DE DELFT EST RECHERCHÉE PAR LES COLLECTIONNEURS ET CONTINUE D'ÊTRE PRODUITE, PERPÉTUANT LA TRADITION DE CET ARTISANAT HISTORIQUE.

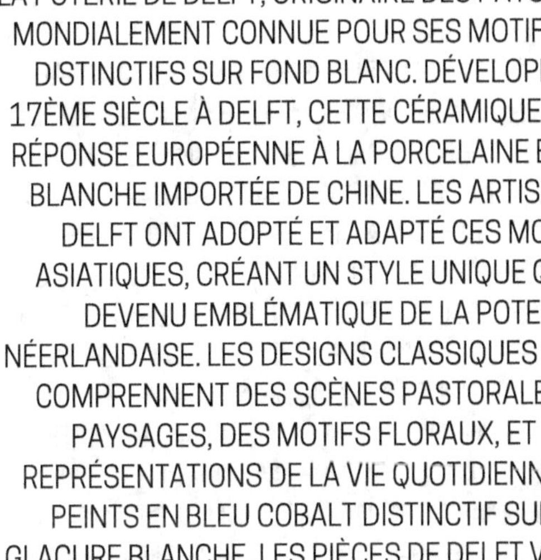
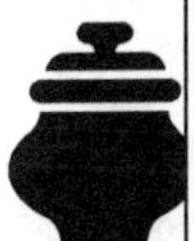
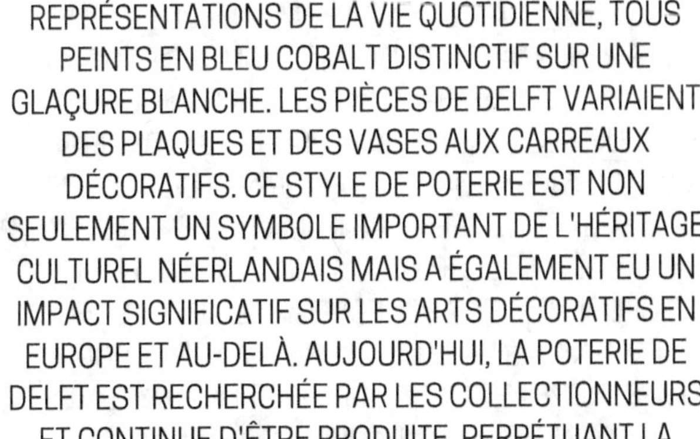
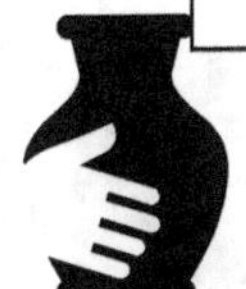
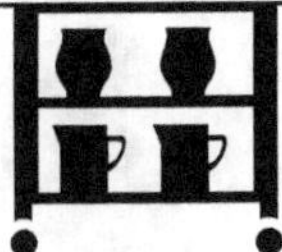
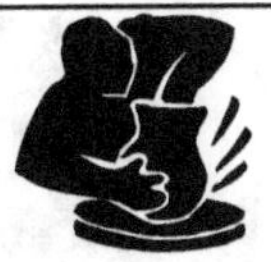
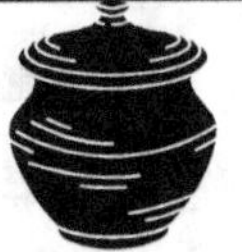
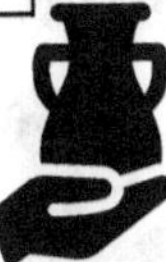

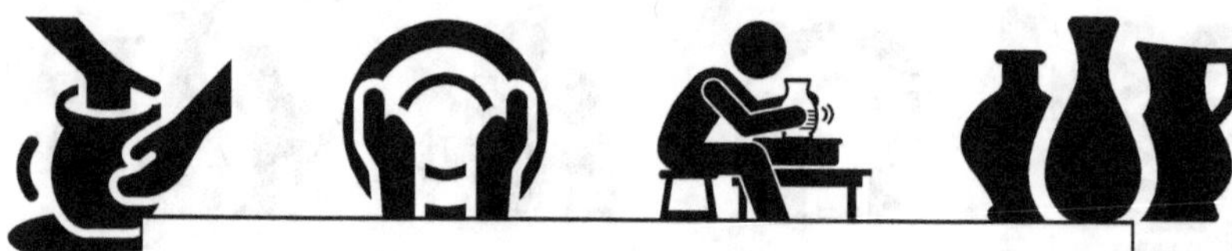
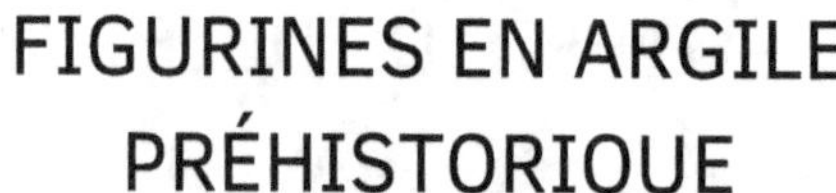

FIGURINES EN ARGILE PRÉHISTORIQUE

LES CIVILISATIONS PRÉHISTORIQUES AVAIENT UNE PRATIQUE COURANTE DE FABRICATION DE FIGURINES EN ARGILE, SOUVENT REPRÉSENTANT DES ANIMAUX, DES DIVINITÉS OU DES FIGURES HUMAINES. CES FIGURINES, DATANT DE MILLIERS D'ANNÉES, OFFRENT UN APERÇU PRÉCIEUX DANS LA SPIRITUALITÉ, LES CROYANCES ET LES PRATIQUES ARTISTIQUES DE CES SOCIÉTÉS ANCIENNES. FABRIQUÉES À PARTIR D'ARGILE NATURELLE, CES STATUETTES ÉTAIENT SOIT MODELÉES À LA MAIN, SOIT CRÉÉES À L'AIDE DE MOULES SIMPLES. LES FIGURINES D'ANIMAUX POUVAIENT SYMBOLISER LA CHASSE, LA FERTILITÉ OU LES ESPRITS DE LA NATURE, TANDIS QUE CELLES REPRÉSENTANT DES DIVINITÉS OU DES FIGURES HUMAINES AVAIENT SOUVENT DES SIGNIFICATIONS RITUELLES OU SPIRITUELLES. EN PLUS DE LEUR VALEUR SYMBOLIQUE, CES FIGURINES DÉMONTRENT LA CAPACITÉ DES PREMIERS HUMAINS À REPRÉSENTER LEUR MONDE ET LEURS CROYANCES À TRAVERS L'ART. LES DÉCOUVERTES ARCHÉOLOGIQUES DE CES OBJETS FOURNISSENT DES INDICES ESSENTIELS POUR COMPRENDRE LES MODES DE VIE ET LES SYSTÈMES DE CROYANCES DES CULTURES PRÉHISTORIQUES.

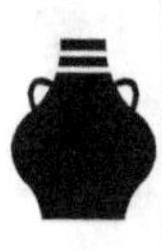
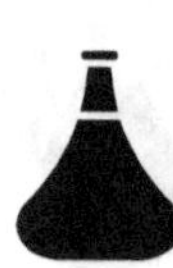
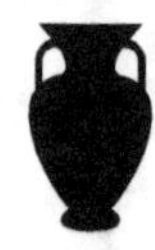
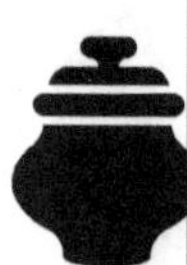
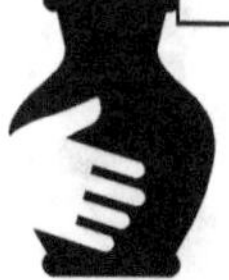
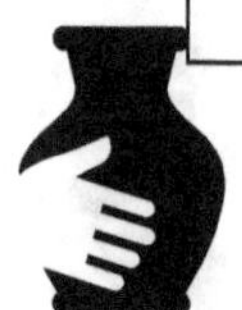
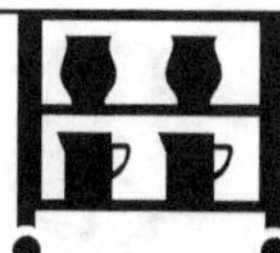
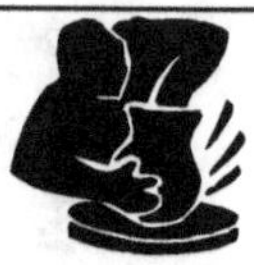
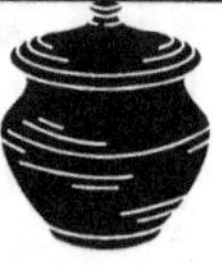
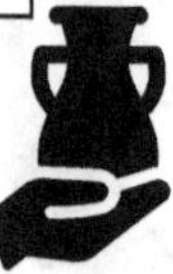

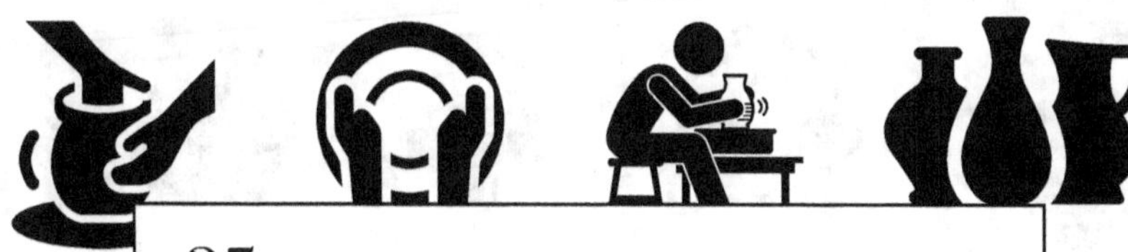

POTERIE SLIPWARE DÉCORATIVE

35

LA POTERIE "SLIPWARE" EST UNE TECHNIQUE DÉCORATIVE UTILISANT UN MÉLANGE LIQUIDE D'ARGILE ET D'EAU, CONNU SOUS LE NOM DE BARBOTINE, POUR DÉCORER LES SURFACES DES CÉRAMIQUES. CETTE MÉTHODE PERMET AUX POTIERS DE CRÉER DES DESIGNS DÉTAILLÉS EN COULEURS CONTRASTANTES SUR LA SURFACE DE LEURS ŒUVRES. LA BARBOTINE PEUT ÊTRE APPLIQUÉE AVEC DES PINCEAUX, DES PLUMES OU D'AUTRES OUTILS POUR DESSINER DES MOTIFS, OU ELLE PEUT ÊTRE VERSÉE OU ASPERGÉE POUR CRÉER DES EFFETS TEXTURÉS. APRÈS L'APPLICATION DE LA BARBOTINE, LA PIÈCE EST GÉNÉRALEMENT RECOUVERTE D'UNE GLAÇURE TRANSPARENTE ET CUITE, FIXANT LE MOTIF EN PLACE. LE "SLIPWARE" EST POPULAIRE POUR SA CAPACITÉ À CRÉER DES DESIGNS VIBRANTS ET EXPRESSIFS, ALLANT DES MOTIFS GÉOMÉTRIQUES SIMPLES AUX SCÈNES DÉTAILLÉES. CETTE TECHNIQUE EST UTILISÉE DEPUIS L'ANTIQUITÉ ET RESTE POPULAIRE DANS LA POTERIE CONTEMPORAINE POUR SA FLEXIBILITÉ ET SON ESTHÉTIQUE DISTINCTIVE.

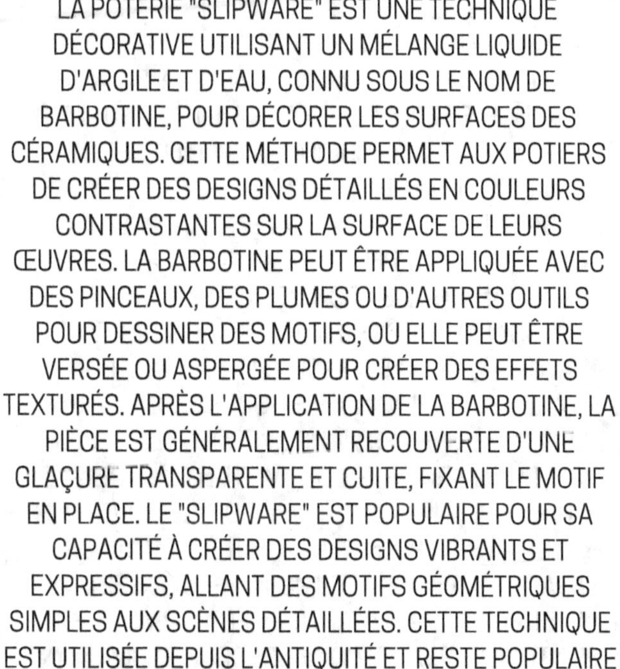
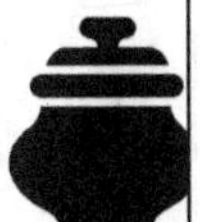
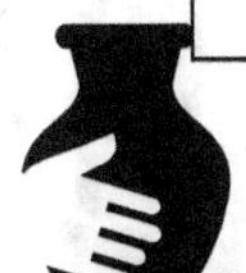
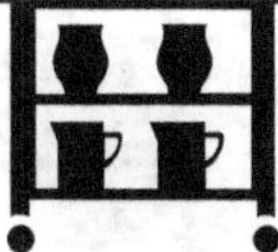
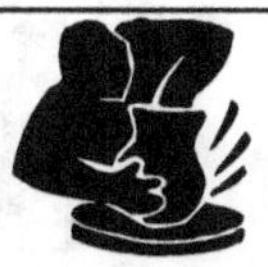
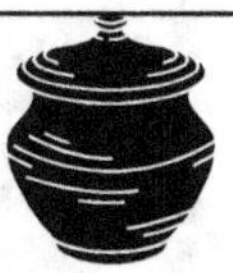
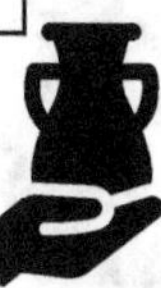

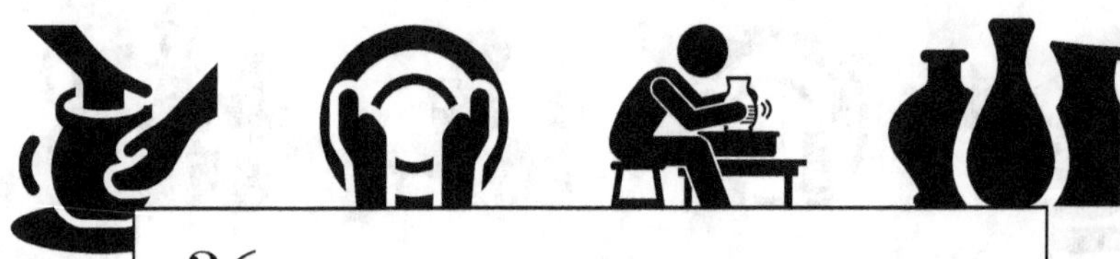

PALETTE DES POTIERS GRECS

LES POTIERS DE LA GRÈCE ANTIQUE ÉTAIENT CONNUS POUR LEUR UTILISATION LIMITÉE MAIS EFFICACE DE COULEURS, PRINCIPALEMENT LE NOIR, LE BLANC ET LE ROUGE. CETTE PALETTE RESTREINTE ÉTAIT LE RÉSULTAT DE TECHNIQUES SPÉCIFIQUES DE FABRICATION DE POTERIE ET DES MATÉRIAUX DISPONIBLES À L'ÉPOQUE. LA TECHNIQUE DE FIGURES NOIRES, DÉVELOPPÉE AU 7ÈME SIÈCLE AVANT J.-C., IMPLIQUAIT L'UTILISATION DE GLAÇURE NOIRE POUR DESSINER DES SILHOUETTES SUR LA SURFACE NATURELLEMENT ROUGE DE L'ARGILE CUITE. PLUS TARD, LA TECHNIQUE DE FIGURES ROUGES A ÉTÉ DÉVELOPPÉE, OÙ LES FIGURES ÉTAIENT LAISSÉES EN COULEUR D'ARGILE ROUGE AVEC UN FOND PEINT EN NOIR. LE BLANC ÉTAIT UTILISÉ POUR AJOUTER DES DÉTAILS OU POUR REPRÉSENTER CERTAINES CARACTÉRISTIQUES, COMME LA PEAU DES FEMMES. CES TROIS COULEURS FORMAIENT LA BASE DE LA PEINTURE SUR CÉRAMIQUE GRECQUE, PERMETTANT UNE EXPRESSION ARTISTIQUE REMARQUABLE MALGRÉ LA PALETTE LIMITÉE. LES VASES GRECS ANTIQUES SONT HAUTEMENT APPRÉCIÉS POUR LEUR BEAUTÉ, LEUR SYMÉTRIE ET LES SCÈNES MYTHOLOGIQUES ET QUOTIDIENNES QU'ILS REPRÉSENTENT.

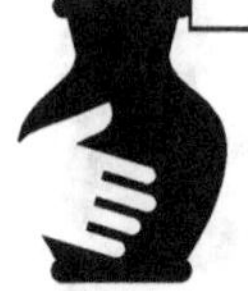

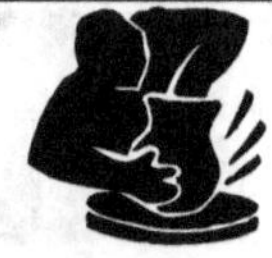
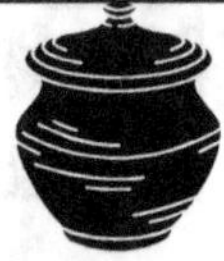
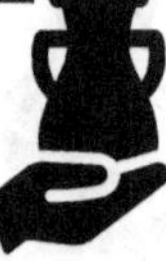

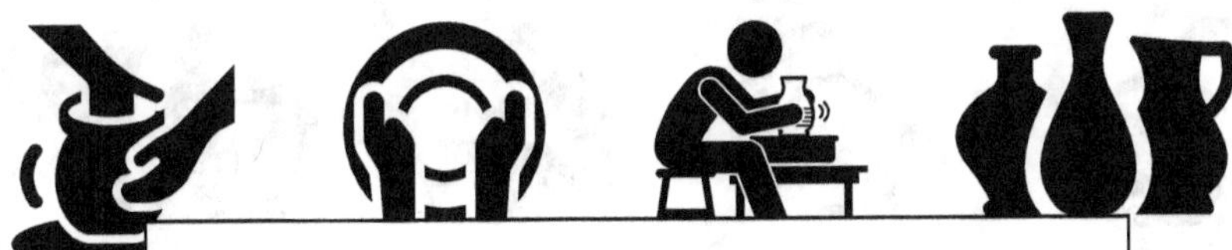

DURABILITÉ DE LA POTERIE GRÈS

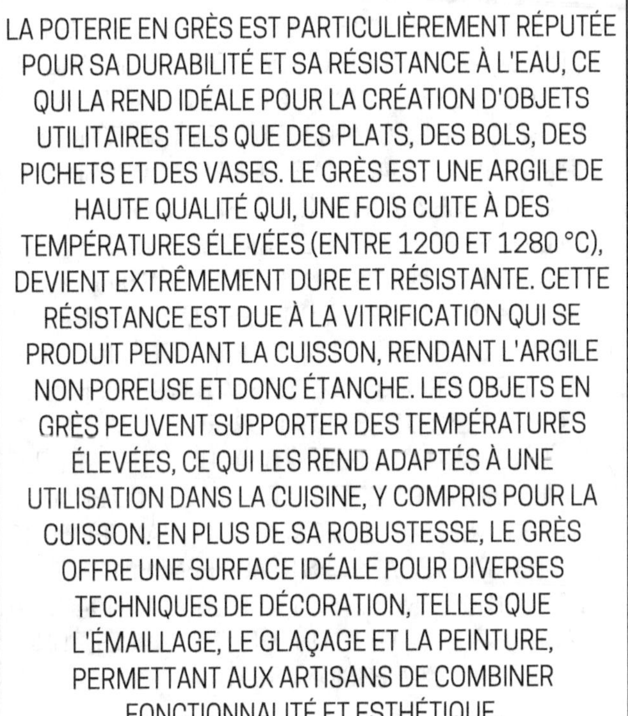

LA POTERIE EN GRÈS EST PARTICULIÈREMENT RÉPUTÉE POUR SA DURABILITÉ ET SA RÉSISTANCE À L'EAU, CE QUI LA REND IDÉALE POUR LA CRÉATION D'OBJETS UTILITAIRES TELS QUE DES PLATS, DES BOLS, DES PICHETS ET DES VASES. LE GRÈS EST UNE ARGILE DE HAUTE QUALITÉ QUI, UNE FOIS CUITE À DES TEMPÉRATURES ÉLEVÉES (ENTRE 1200 ET 1280 °C), DEVIENT EXTRÊMEMENT DURE ET RÉSISTANTE. CETTE RÉSISTANCE EST DUE À LA VITRIFICATION QUI SE PRODUIT PENDANT LA CUISSON, RENDANT L'ARGILE NON POREUSE ET DONC ÉTANCHE. LES OBJETS EN GRÈS PEUVENT SUPPORTER DES TEMPÉRATURES ÉLEVÉES, CE QUI LES REND ADAPTÉS À UNE UTILISATION DANS LA CUISINE, Y COMPRIS POUR LA CUISSON. EN PLUS DE SA ROBUSTESSE, LE GRÈS OFFRE UNE SURFACE IDÉALE POUR DIVERSES TECHNIQUES DE DÉCORATION, TELLES QUE L'ÉMAILLAGE, LE GLAÇAGE ET LA PEINTURE, PERMETTANT AUX ARTISANS DE COMBINER FONCTIONNALITÉ ET ESTHÉTIQUE.

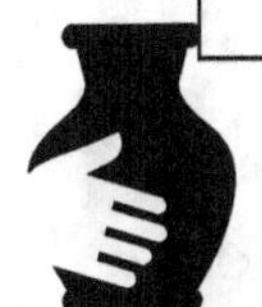

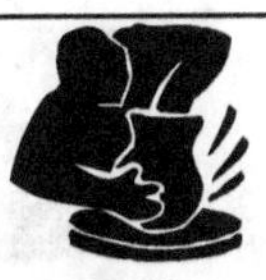
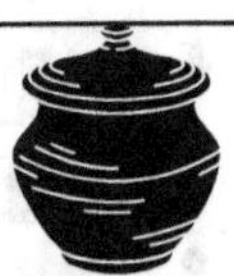
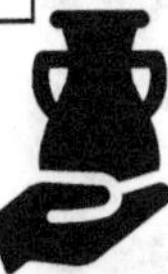

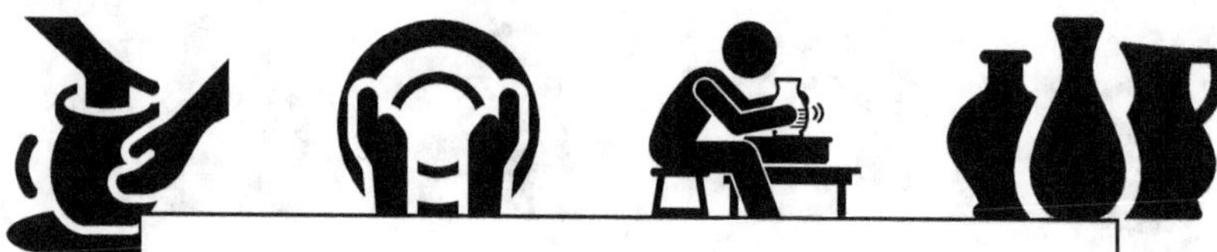

EFFET MARBRÉ NÉRIAGE

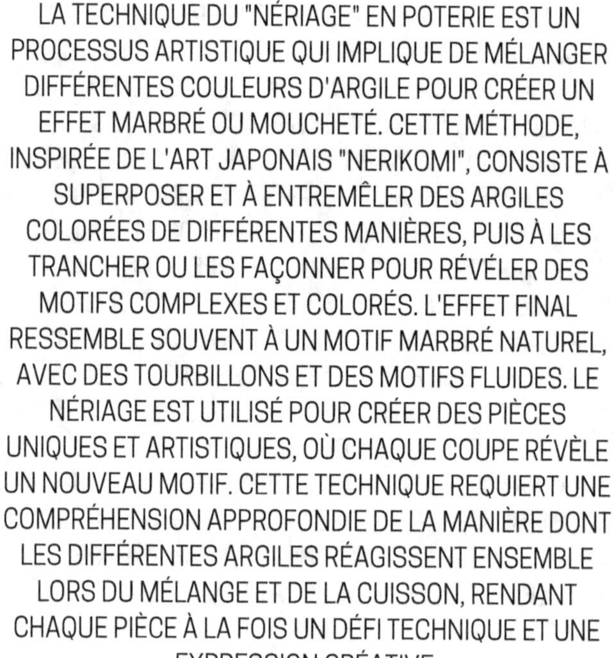

LA TECHNIQUE DU "NÉRIAGE" EN POTERIE EST UN PROCESSUS ARTISTIQUE QUI IMPLIQUE DE MÉLANGER DIFFÉRENTES COULEURS D'ARGILE POUR CRÉER UN EFFET MARBRÉ OU MOUCHETÉ. CETTE MÉTHODE, INSPIRÉE DE L'ART JAPONAIS "NERIKOMI", CONSISTE À SUPERPOSER ET À ENTREMÊLER DES ARGILES COLORÉES DE DIFFÉRENTES MANIÈRES, PUIS À LES TRANCHER OU LES FAÇONNER POUR RÉVÉLER DES MOTIFS COMPLEXES ET COLORÉS. L'EFFET FINAL RESSEMBLE SOUVENT À UN MOTIF MARBRÉ NATUREL, AVEC DES TOURBILLONS ET DES MOTIFS FLUIDES. LE NÉRIAGE EST UTILISÉ POUR CRÉER DES PIÈCES UNIQUES ET ARTISTIQUES, OÙ CHAQUE COUPE RÉVÈLE UN NOUVEAU MOTIF. CETTE TECHNIQUE REQUIERT UNE COMPRÉHENSION APPROFONDIE DE LA MANIÈRE DONT LES DIFFÉRENTES ARGILES RÉAGISSENT ENSEMBLE LORS DU MÉLANGE ET DE LA CUISSON, RENDANT CHAQUE PIÈCE À LA FOIS UN DÉFI TECHNIQUE ET UNE EXPRESSION CRÉATIVE.

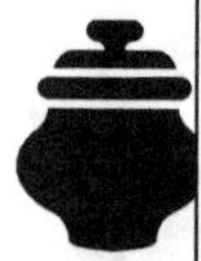
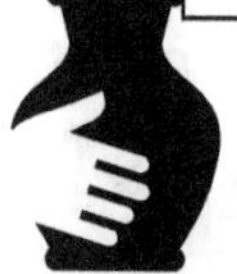

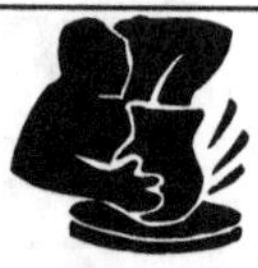
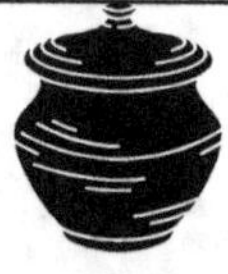
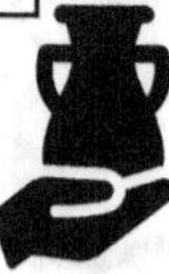

POTERIE AFRICAINE SYMÉTRIQUE

LES POTERIES AFRICAINES, PRODUITES À TRAVERS LE VASTE CONTINENT, SONT SOUVENT CARACTÉRISÉES PAR DES FORMES SYMÉTRIQUES ET DES MOTIFS GÉOMÉTRIQUES. CES MOTIFS REFLÈTENT LES DIVERSES CULTURES ET TRADITIONS ARTISTIQUES AFRICAINES, ALLANT DES FORMES ÉLÉMENTAIRES AUX DESIGNS EXTRÊMEMENT COMPLEXES. LES POTIERS AFRICAINS UTILISENT DES TECHNIQUES TRADITIONNELLES TRANSMISES DE GÉNÉRATION EN GÉNÉRATION, SOUVENT EN UTILISANT DES ROULEAUX D'ARGILE À LA MAIN POUR CONSTRUIRE DES POTS ET DES RÉCIPIENTS. LES MOTIFS GÉOMÉTRIQUES, GRAVÉS OU PEINTS, ONT SOUVENT UNE SIGNIFICATION CULTURELLE OU SYMBOLIQUE, REPRÉSENTANT DES CROYANCES, DES HISTOIRES OU DES IDENTITÉS TRIBALES. LES POTERIES AFRICAINES NE SONT PAS SEULEMENT DES OBJETS UTILITAIRES; ELLES SONT AUSSI DES ŒUVRES D'ART EXPRIMANT L'IDENTITÉ CULTURELLE, LA SPIRITUALITÉ ET L'HISTOIRE. L'ART DE LA POTERIE EN AFRIQUE EST UN MÉLANGE DYNAMIQUE DE FONCTIONNALITÉ ET DE SYMBOLISME, REFLÉTANT LA RICHESSE ET LA DIVERSITÉ DE CE CONTINENT.

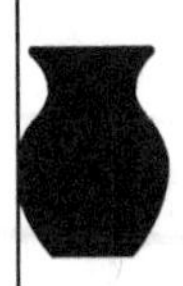
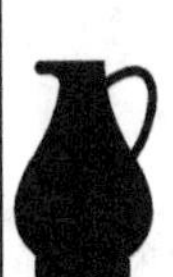
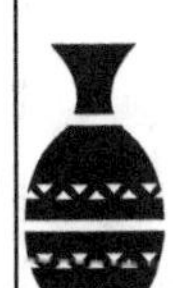
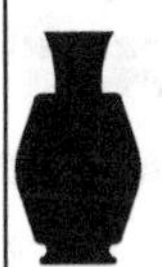
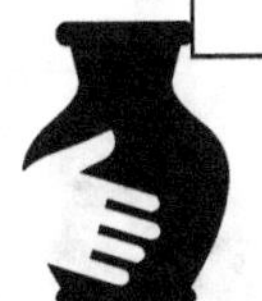

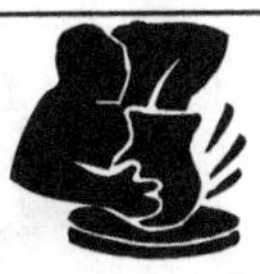
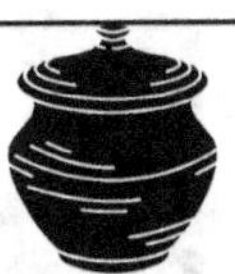
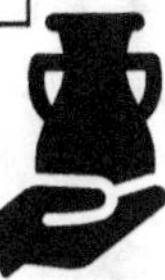

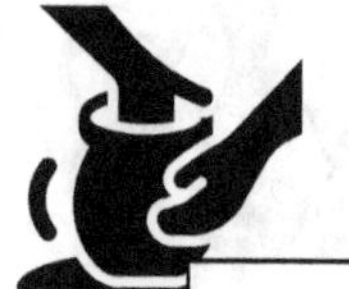
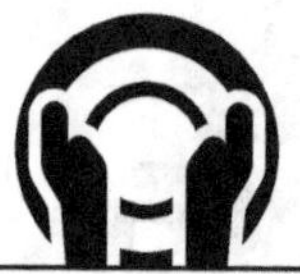
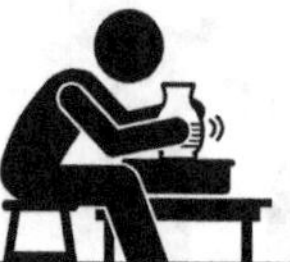
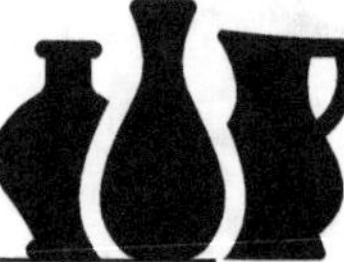
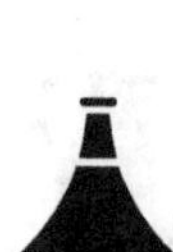
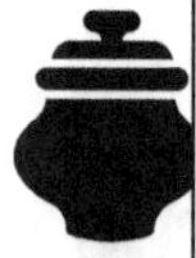

40

CÉLADON CORÉEN NUANCÉ

LA POTERIE CORÉENNE EST MONDIALEMENT CÉLÈBRE POUR SES GLAÇURES DE CÉLADON, UNE TECHNIQUE RAFFINÉE QUI PRODUIT DES NUANCES SUBTILES DE VERT ET DE BLEU. LE CÉLADON CORÉEN, DÉVELOPPÉ PENDANT LA PÉRIODE GORYEO (918-1392), EST ADMIRÉ POUR SA COULEUR DÉLICATE, SOUVENT COMPARÉE À CELLE DE LA JADE. CETTE COULEUR UNIQUE EST OBTENUE GRÂCE À UN GLAÇAGE CONTENANT DE L'OXYDE DE FER, QUI, LORSQU'IL EST CUIT DANS UN ENVIRONNEMENT RÉDUCTEUR, SE TRANSFORME EN UNE TEINTE VERT PÂLE OU BLEU-GRIS. LES PIÈCES EN CÉLADON SONT GÉNÉRALEMENT DÉCORÉES DE MOTIFS INCISÉS OU EN RELIEF, REPRÉSENTANT SOUVENT LA NATURE, COMME DES FLEURS, DES OISEAUX OU DES NUAGES. LA FINESSE ET LA SUBTILITÉ DES GLAÇURES DE CÉLADON REFLÈTENT L'ESTHÉTIQUE ET LES VALEURS DE LA SOCIÉTÉ CORÉENNE DE CETTE ÉPOQUE, OÙ L'ÉLÉGANCE ET LA RETENUE ÉTAIENT HAUTEMENT ESTIMÉES. CES POTERIES SONT NON SEULEMENT DES OBJETS D'ART PRÉCIEUX MAIS AUSSI DES TÉMOIGNAGES DE L'HISTOIRE ET DE LA CULTURE CORÉENNES.

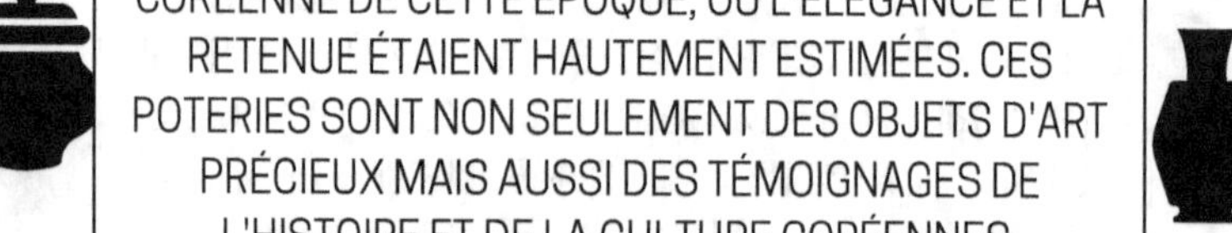
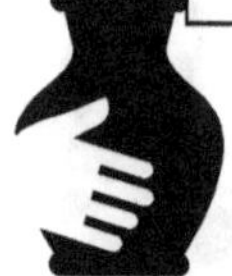

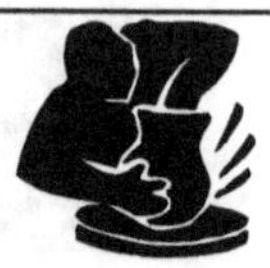
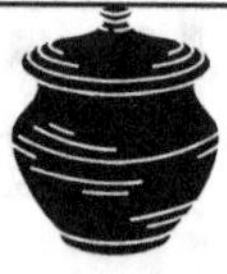
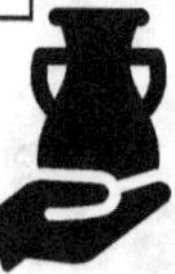

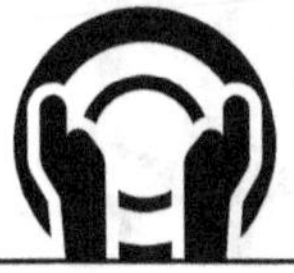
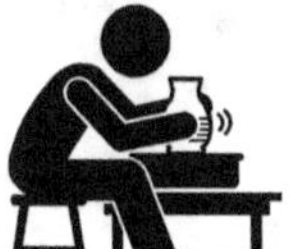
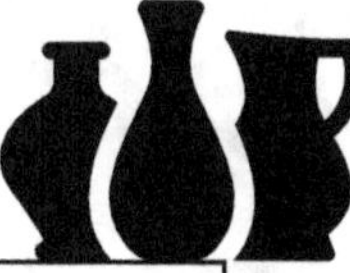

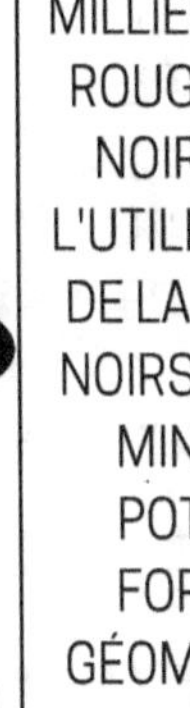

41

ROUGE ÉGYPTIEN EN POTERIE

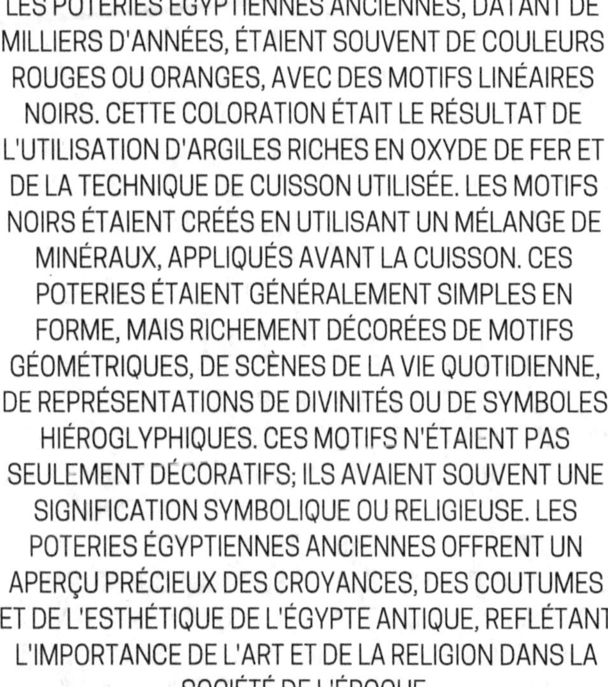

LES POTERIES ÉGYPTIENNES ANCIENNES, DATANT DE MILLIERS D'ANNÉES, ÉTAIENT SOUVENT DE COULEURS ROUGES OU ORANGES, AVEC DES MOTIFS LINÉAIRES NOIRS. CETTE COLORATION ÉTAIT LE RÉSULTAT DE L'UTILISATION D'ARGILES RICHES EN OXYDE DE FER ET DE LA TECHNIQUE DE CUISSON UTILISÉE. LES MOTIFS NOIRS ÉTAIENT CRÉÉS EN UTILISANT UN MÉLANGE DE MINÉRAUX, APPLIQUÉS AVANT LA CUISSON. CES POTERIES ÉTAIENT GÉNÉRALEMENT SIMPLES EN FORME, MAIS RICHEMENT DÉCORÉES DE MOTIFS GÉOMÉTRIQUES, DE SCÈNES DE LA VIE QUOTIDIENNE, DE REPRÉSENTATIONS DE DIVINITÉS OU DE SYMBOLES HIÉROGLYPHIQUES. CES MOTIFS N'ÉTAIENT PAS SEULEMENT DÉCORATIFS; ILS AVAIENT SOUVENT UNE SIGNIFICATION SYMBOLIQUE OU RELIGIEUSE. LES POTERIES ÉGYPTIENNES ANCIENNES OFFRENT UN APERÇU PRÉCIEUX DES CROYANCES, DES COUTUMES ET DE L'ESTHÉTIQUE DE L'ÉGYPTE ANTIQUE, REFLÉTANT L'IMPORTANCE DE L'ART ET DE LA RELIGION DANS LA SOCIÉTÉ DE L'ÉPOQUE.

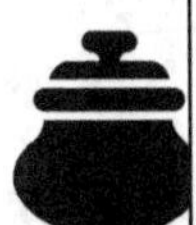
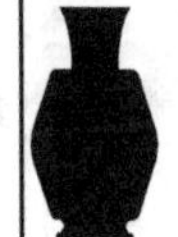
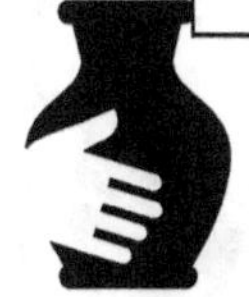

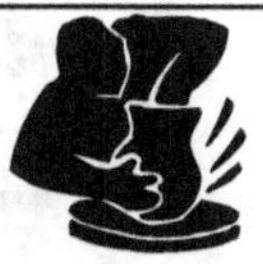
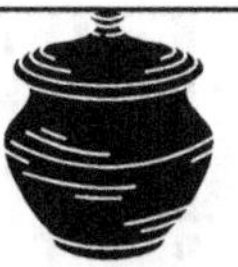
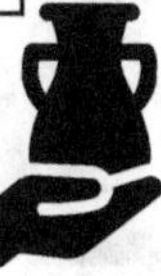

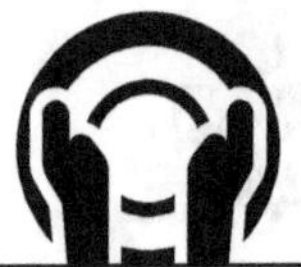
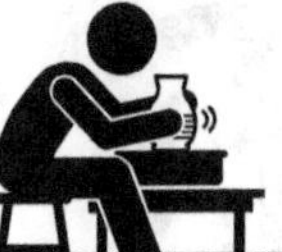
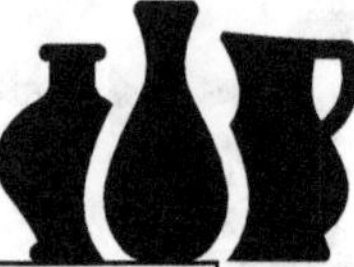
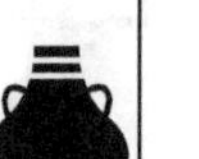

42

TECHNIQUE POTERIE AU COLOMBIN

LA TECHNIQUE DE POTERIE AU COLOMBIN EST UNE MÉTHODE DE CONSTRUCTION MANUELLE QUI IMPLIQUE L'ASSEMBLAGE DE ROULEAUX D'ARGILE POUR CRÉER DES FORMES VARIÉES. CETTE TECHNIQUE EST UTILISÉE DEPUIS L'ANTIQUITÉ ET EST PARTICULIÈREMENT POPULAIRE POUR LA FABRICATION DE PIÈCES DE GRANDE TAILLE OU DE FORMES COMPLEXES QUI SERAIENT DIFFICILES À RÉALISER SUR UN TOUR DE POTIER. LES COLOMBINS, DE LONGS ROULEAUX D'ARGILE, SONT SOIGNEUSEMENT SUPERPOSÉS ET LISSÉS POUR FORMER LES PAROIS DE L'OBJET. CETTE MÉTHODE PERMET UNE GRANDE LIBERTÉ DE CONCEPTION, OFFRANT LA POSSIBILITÉ DE CRÉER DES FORMES ORGANIQUES ET UNIQUES. LA CONSTRUCTION AU COLOMBIN EST SOUVENT UNE TECHNIQUE DE CHOIX POUR LES ARTISTES CÉRAMISTES QUI SOUHAITENT EXPLORER DES FORMES SCULPTURALES OU EXPÉRIMENTALES. LES PIÈCES RÉALISÉES AVEC CETTE TECHNIQUE ONT UNE QUALITÉ DISTINCTIVE ET UNE TEXTURE QUI REFLÈTE LE PROCESSUS MANUEL DE LEUR CRÉATION.

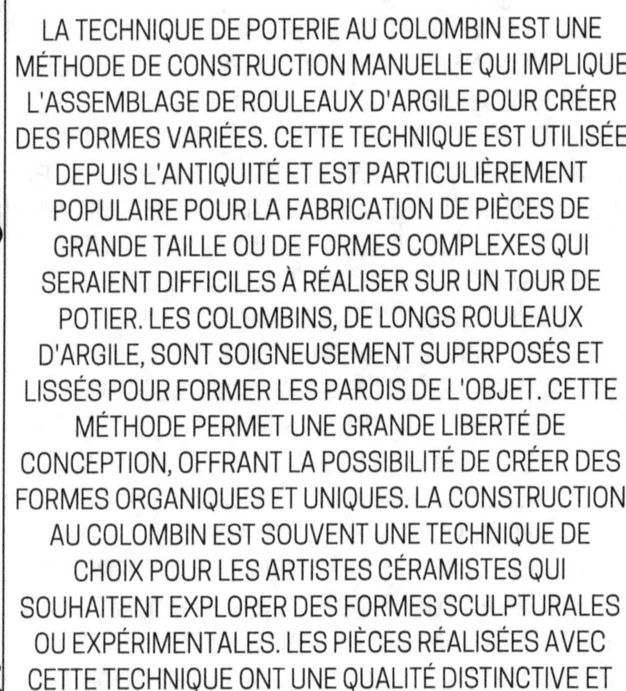
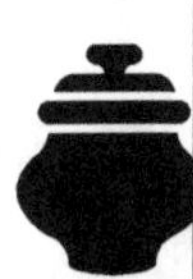
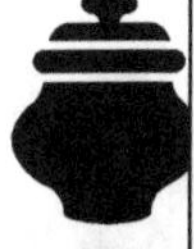
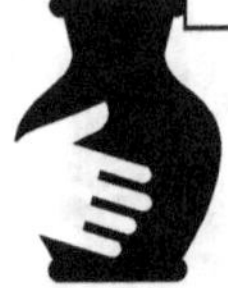

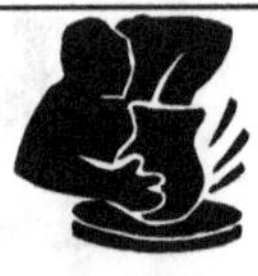
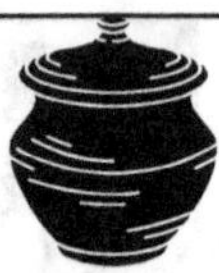
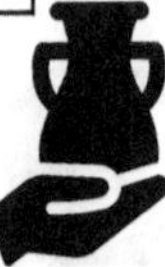

43

ANCIENNETÉ POTERIE JOMON

LA POTERIE DE LA CULTURE JOMON, DATANT DE 14 000 AVANT NOTRE ÈRE, EST PARMI LES PLUS ANCIENNES DU MONDE ET REPRÉSENTE UN JALON IMPORTANT DANS L'HISTOIRE DE LA CÉRAMIQUE. ORIGINAIRE DU JAPON, LA POTERIE JOMON EST CÉLÈBRE POUR SES MOTIFS CORDÉS ET SES FORMES ORGANIQUES, SOUVENT FABRIQUÉES SANS L'UTILISATION D'UN TOUR DE POTIER. LE TERME "JOMON" LUI-MÊME SIGNIFIE « CORDES MARQUÉES », UNE RÉFÉRENCE DIRECTE AUX MOTIFS IMPRIMÉS DANS L'ARGILE FRAÎCHE AVEC DES CORDES OU DES BÂTONS. CES POTERIES ÉTAIENT TYPIQUEMENT UTILISÉES POUR LA CUISSON, LE STOCKAGE DES ALIMENTS ET LES RITUELS. LEURS FORMES VARIAIENT DE SIMPLES POTS À DES FIGURINES ET DES VASES ÉLABORÉS. LA COMPLEXITÉ ET LA CRÉATIVITÉ DES POTERIES JOMON TÉMOIGNENT DE L'AVANCÉE DES COMPÉTENCES TECHNIQUES ET ARTISTIQUES DES PEUPLES DE CETTE ÉPOQUE, OFFRANT UN APERÇU FASCINANT DANS LA CULTURE PRÉHISTORIQUE DU JAPON.X

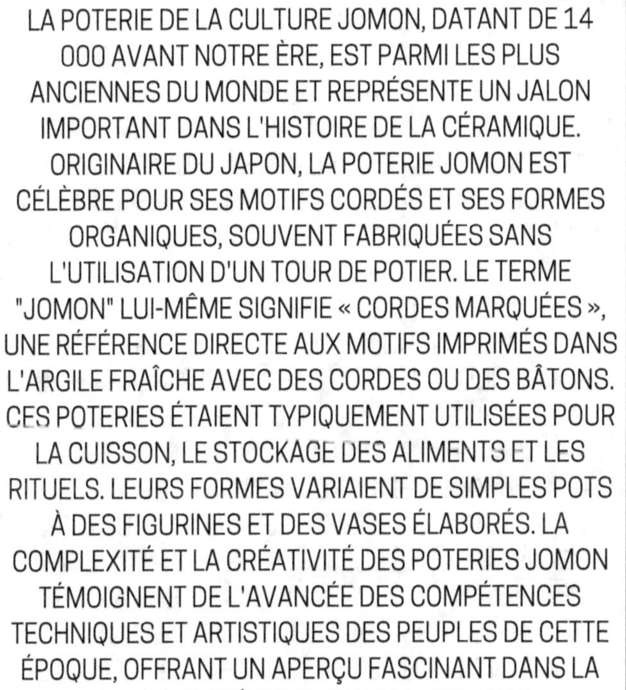
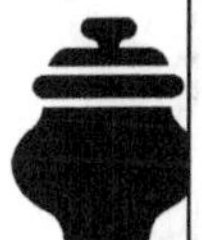
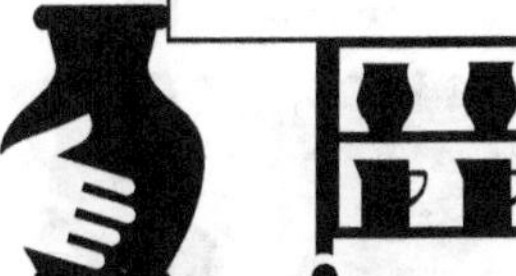
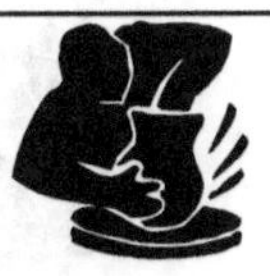
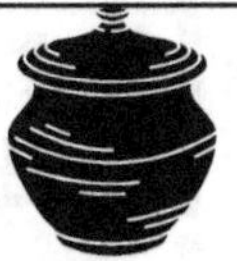
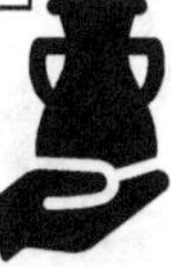

FIGURES MESOAMÉRICAINES

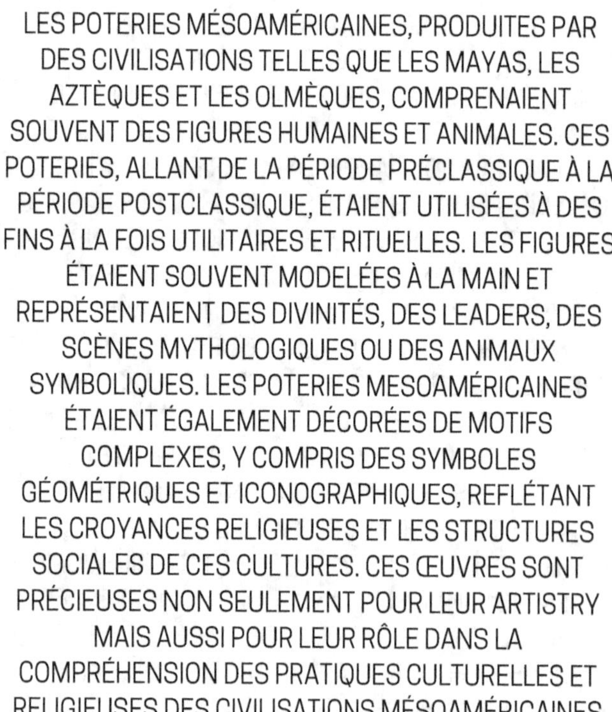

LES POTERIES MÉSOAMÉRICAINES, PRODUITES PAR DES CIVILISATIONS TELLES QUE LES MAYAS, LES AZTÈQUES ET LES OLMÈQUES, COMPRENAIENT SOUVENT DES FIGURES HUMAINES ET ANIMALES. CES POTERIES, ALLANT DE LA PÉRIODE PRÉCLASSIQUE À LA PÉRIODE POSTCLASSIQUE, ÉTAIENT UTILISÉES À DES FINS À LA FOIS UTILITAIRES ET RITUELLES. LES FIGURES ÉTAIENT SOUVENT MODELÉES À LA MAIN ET REPRÉSENTAIENT DES DIVINITÉS, DES LEADERS, DES SCÈNES MYTHOLOGIQUES OU DES ANIMAUX SYMBOLIQUES. LES POTERIES MESOAMÉRICAINES ÉTAIENT ÉGALEMENT DÉCORÉES DE MOTIFS COMPLEXES, Y COMPRIS DES SYMBOLES GÉOMÉTRIQUES ET ICONOGRAPHIQUES, REFLÉTANT LES CROYANCES RELIGIEUSES ET LES STRUCTURES SOCIALES DE CES CULTURES. CES ŒUVRES SONT PRÉCIEUSES NON SEULEMENT POUR LEUR ARTISTRY MAIS AUSSI POUR LEUR RÔLE DANS LA COMPRÉHENSION DES PRATIQUES CULTURELLES ET RELIGIEUSES DES CIVILISATIONS MÉSOAMÉRICAINES ANCIENNES.

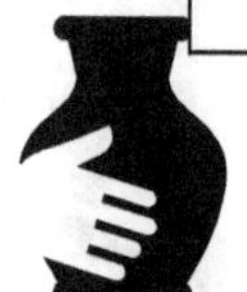

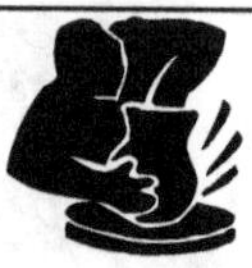
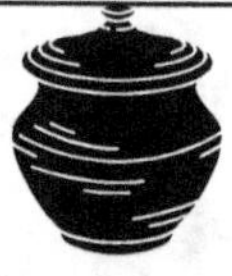
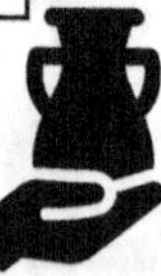

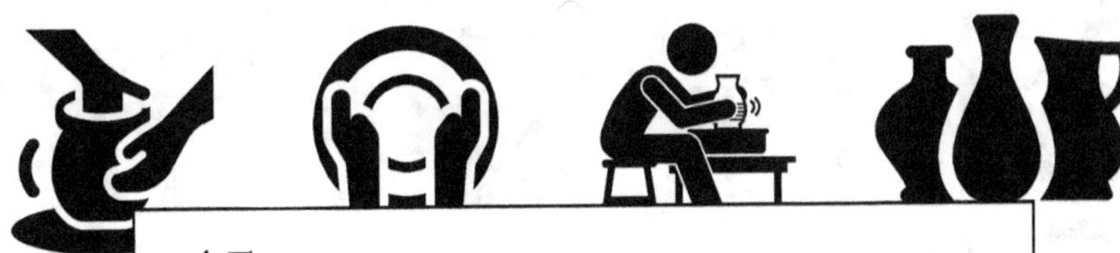

45

TERRA SIGILLATA ROMAINE

LA POTERIE "TERRA SIGILLATA", POPULAIRE DANS L'EMPIRE ROMAIN, ÉTAIT UNE CÉRAMIQUE FINE ET LISSE, SOUVENT DE COULEUR ROUGEÂTRE, APPRÉCIÉE POUR SA FINITION BRILLANTE ET SON ASPECT ÉLÉGANT. CETTE TECHNIQUE, DÉVELOPPÉE À L'ORIGINE DANS LES RÉGIONS DE LA GRÈCE ANTIQUE, A ÉTÉ PERFECTIONNÉE PAR LES ROMAINS. LE "TERRA SIGILLATA" ÉTAIT FABRIQUÉ EN APPLIQUANT UNE FINE COUCHE D'ARGILE LIQUIDE (SLIP) SUR UNE CÉRAMIQUE STANDARD, QUI, UNE FOIS CUITE, DONNAIT UNE SURFACE LISSE ET BRILLANTE. LES PIÈCES ÉTAIENT SOUVENT MOULÉES, PERMETTANT UNE PRODUCTION EN SÉRIE DE VAISSELLE ET D'AUTRES OBJETS AVEC DES MOTIFS ET DES RELIEFS UNIFORMES. LA POPULARITÉ DE LA "TERRA SIGILLATA" EST DUE À SON UTILITÉ AUTANT QU'À SA BEAUTÉ; ELLE ÉTAIT UTILISÉE POUR LA VAISSELLE, LES PLATS DE CUISSON ET COMME OBJET DÉCORATIF. LES POTERIES "TERRA SIGILLATA" SONT IMPORTANTES POUR LES ARCHÉOLOGUES EN TANT QU'INDICATEURS CHRONOLOGIQUES ET CULTURELS DANS LES SITES ROMAINS.

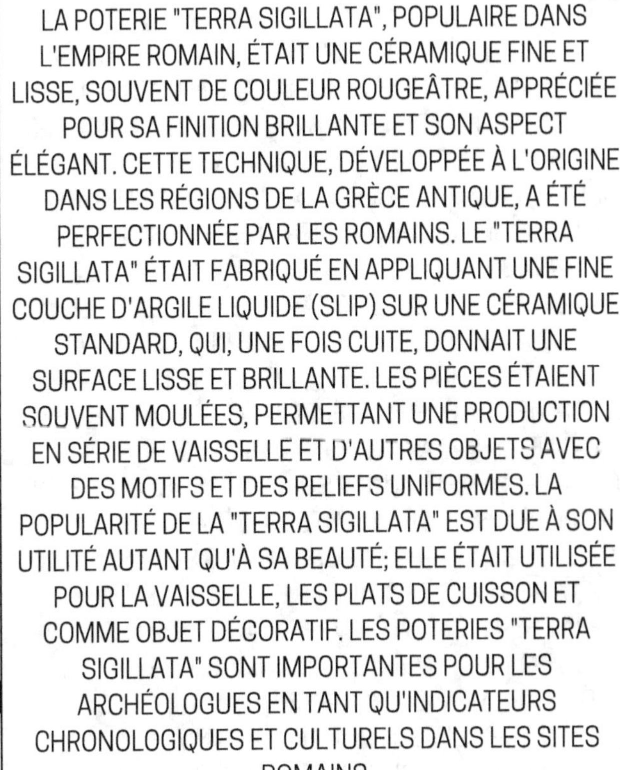
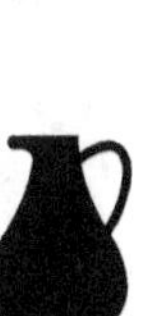
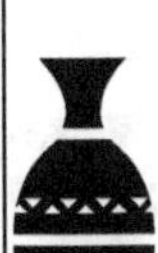
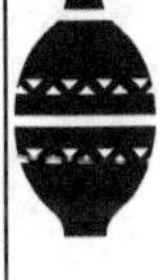
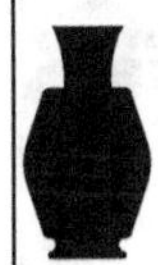
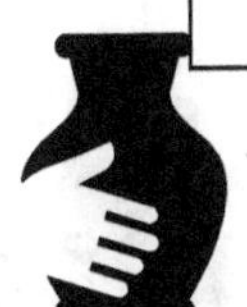

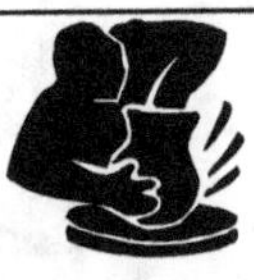
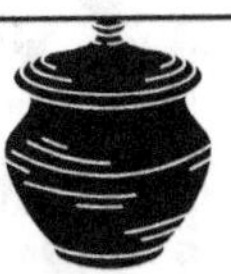
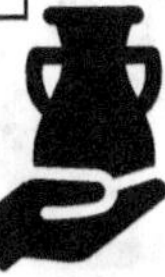

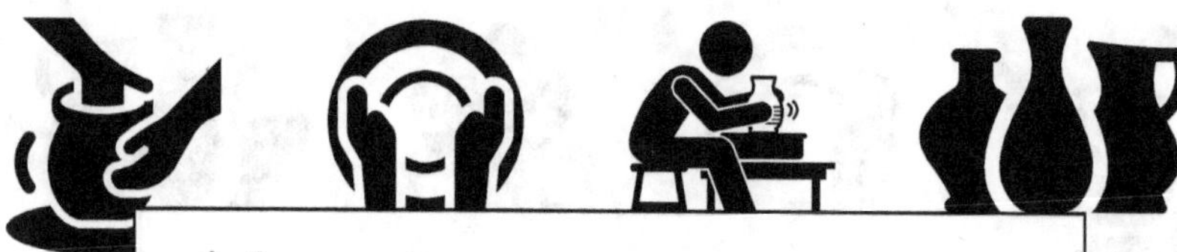

POTERIE POUR MUSIQUE

LA POTERIE EST UN MATÉRIAU POLYVALENT QUI PEUT ÊTRE UTILISÉ POUR CRÉER DES INSTRUMENTS DE MUSIQUE UNIQUES, TELS QUE DES FLÛTES ET DES TAMBOURS EN ARGILE. CES INSTRUMENTS, TROUVÉS DANS DIVERSES CULTURES À TRAVERS LE MONDE, SONT FABRIQUÉS EN MODELANT L'ARGILE EN FORMES SPÉCIFIQUES QUI PRODUISENT DES SONS DISTINCTS LORSQU'ILS SONT JOUÉS. LES FLÛTES EN ARGILE, SOUVENT APPELÉES OCARINAS, PEUVENT ÊTRE FAÇONNÉES DANS UNE VARIÉTÉ DE TAILLES ET DE FORMES, CHACUNE OFFRANT UN TIMBRE ET UNE GAMME DE NOTES DIFFÉRENTS. LES TAMBOURS EN ARGILE, QUANT À EUX, SONT FABRIQUÉS EN CRÉANT DES CORPS CREUX QUI RÉSONNENT LORSQU'ILS SONT FRAPPÉS. CES INSTRUMENTS EN CÉRAMIQUE NE SONT PAS SEULEMENT FONCTIONNELS; ILS SONT SOUVENT DÉCORÉS AVEC DES MOTIFS ET DES COULEURS, LES TRANSFORMANT EN ŒUVRES D'ART VISUELLES AINSI QU'EN INSTRUMENTS DE MUSIQUE. LA CRÉATION D'INSTRUMENTS DE MUSIQUE EN POTERIE EST UN EXEMPLE FASCINANT DE LA MANIÈRE DONT L'ARTISANAT TRADITIONNEL PEUT SE CROISER AVEC LES EXPRESSIONS CULTURELLES COMME LA MUSIQUE.

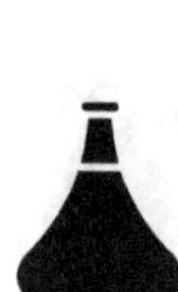
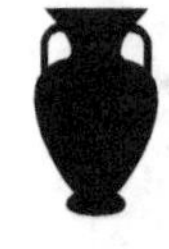
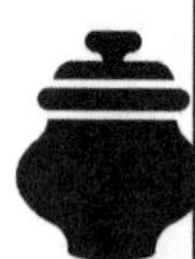
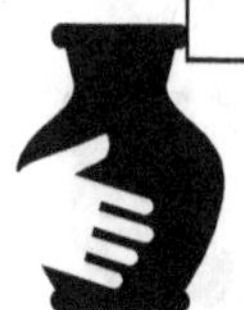

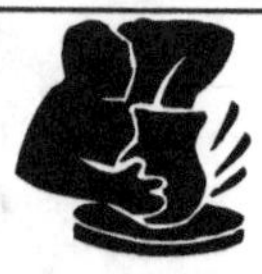
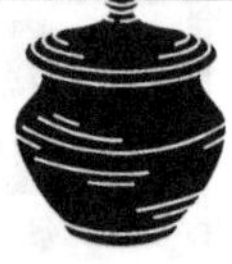
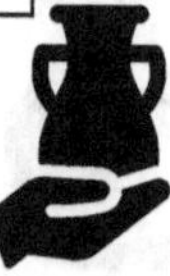

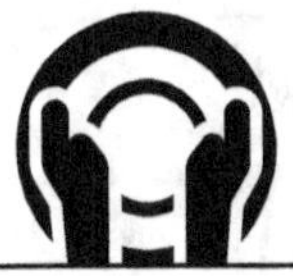
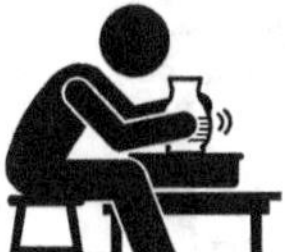
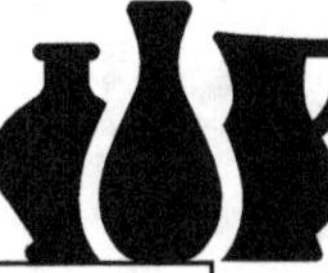

ART NOUVEAU EN POTERIE

LA POTERIE DE STYLE ART NOUVEAU, QUI A GAGNÉ EN POPULARITÉ À LA FIN DU 19ÈME ET AU DÉBUT DU 20ÈME SIÈCLE, SE CARACTÉRISE PAR SES FORMES ORGANIQUES ET SES MOTIFS INSPIRÉS DE LA NATURE. CE STYLE ARTISTIQUE MET L'ACCENT SUR LES LIGNES COURBES, LES MOTIFS FLORAUX ET LES FORMES INSPIRÉES PAR LES PLANTES, LES ANIMAUX ET LES ÉLÉMENTS NATURELS. LES POTERIES ART NOUVEAU REFLÈTENT UNE ESTHÉTIQUE QUI CHERCHE À BRISER AVEC LES FORMES TRADITIONNELLES ET RIGIDES, FAVORISANT PLUTÔT UN DESIGN FLUIDE ET DYNAMIQUE. LES COULEURS SONT SOUVENT SUBTILES ET HARMONIEUSES, AVEC UNE UTILISATION FRÉQUENTE DE TEINTES PASTEL ET DE GLAÇURES IRIDESCENTES. CETTE FORME D'ART ÉTAIT UNE RÉACTION CONTRE L'INDUSTRIALISATION ET CÉLÉBRAIT L'ARTISANAT ET LA BEAUTÉ NATURELLE. LES POTERIES DE STYLE ART NOUVEAU NE SONT PAS SEULEMENT DES OBJETS UTILITAIRES, MAIS SONT CONSIDÉRÉES COMME DES PIÈCES D'ART DÉCORATIF, REFLÉTANT L'ESPRIT CRÉATIF ET L'INNOVATION DE L'ÉPOQUE.

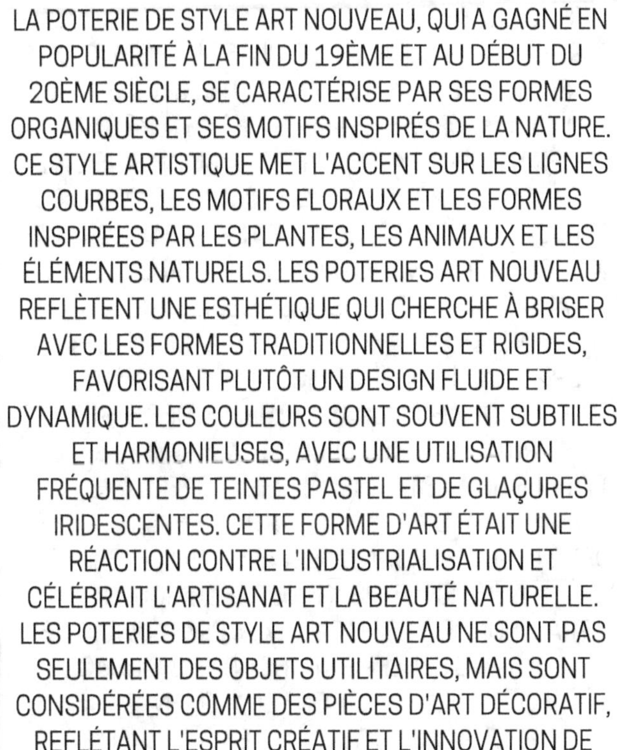
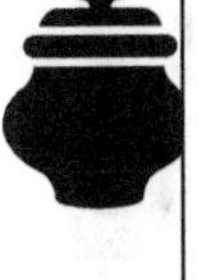
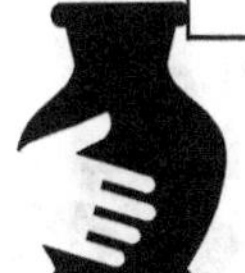
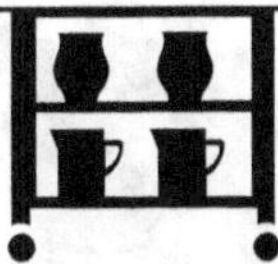
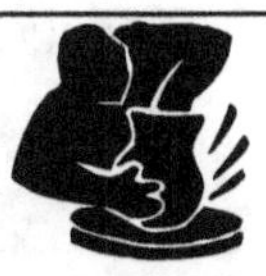
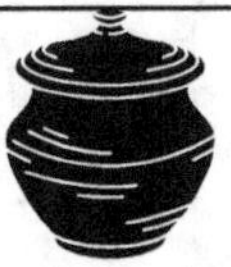
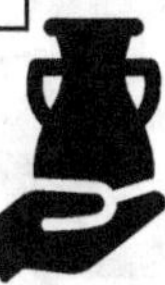

48

POTERIE HOPI SYMBOLIQUE

LES POTERIES TRADITIONNELLES HOPI, FABRIQUÉES PAR LE PEUPLE HOPI DU SUD-OUEST DES ÉTATS-UNIS, SONT CÉLÈBRES POUR LEURS MOTIFS GÉOMÉTRIQUES ET LEURS FORMES ÉPURÉES. CES POTERIES SONT GÉNÉRALEMENT FABRIQUÉES À LA MAIN SANS L'AIDE D'UN TOUR DE POTIER ET SONT CONNUES POUR LEUR FINESSE ET LEUR LÉGÈRETÉ. LES MOTIFS DÉCORATIFS, QUI COMPRENNENT DES LIGNES, DES TRIANGLES, DES SPIRALES ET D'AUTRES FORMES GÉOMÉTRIQUES, SONT PROFONDÉMENT ANCRÉS DANS LA CULTURE ET LA SPIRITUALITÉ HOPI. CES MOTIFS REPRÉSENTENT SOUVENT DES ÉLÉMENTS NATURELS, DES SYMBOLES SPIRITUELS ET DES RÉCITS TRADITIONNELS. LA POTERIE HOPI EST GÉNÉRALEMENT CRÉÉE AVEC DES ARGILES NATURELLES ET DES PIGMENTS TROUVÉS DANS LEUR ENVIRONNEMENT RÉGIONAL, ET ELLE EST CUITE EN UTILISANT DES TECHNIQUES TRADITIONNELLES EN PLEIN AIR. CES ŒUVRES NE SONT PAS SEULEMENT DES OBJETS D'USAGE QUOTIDIEN, MAIS SONT ÉGALEMENT DES EXPRESSIONS ARTISTIQUES ET CULTURELLES IMPORTANTES POUR LE PEUPLE HOPI.

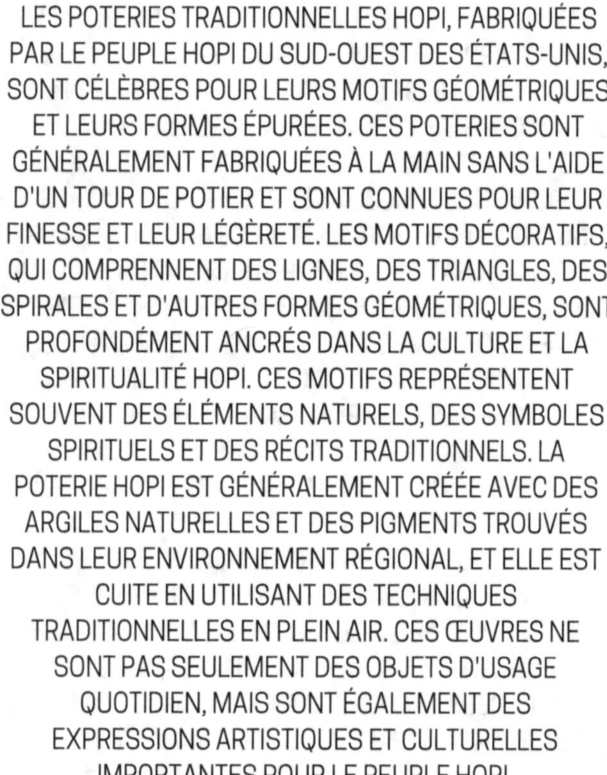
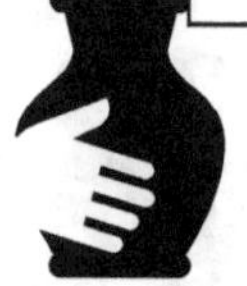

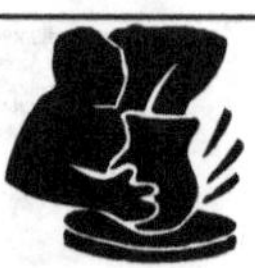
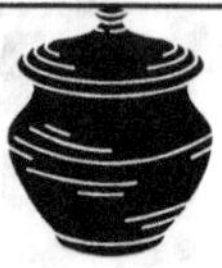
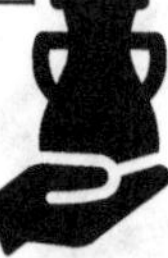

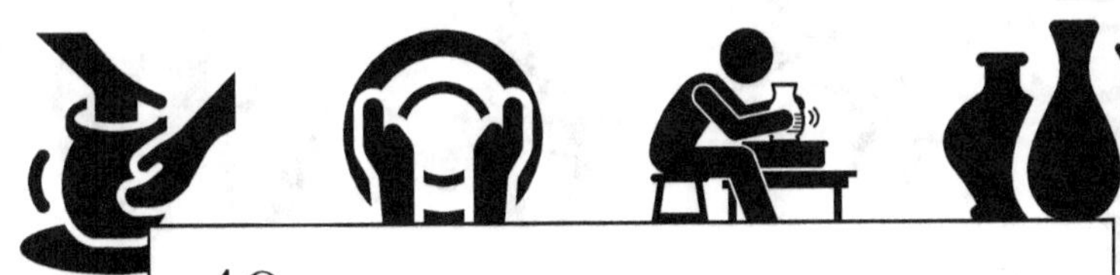

TECHNIQUE CRAQUELÉ

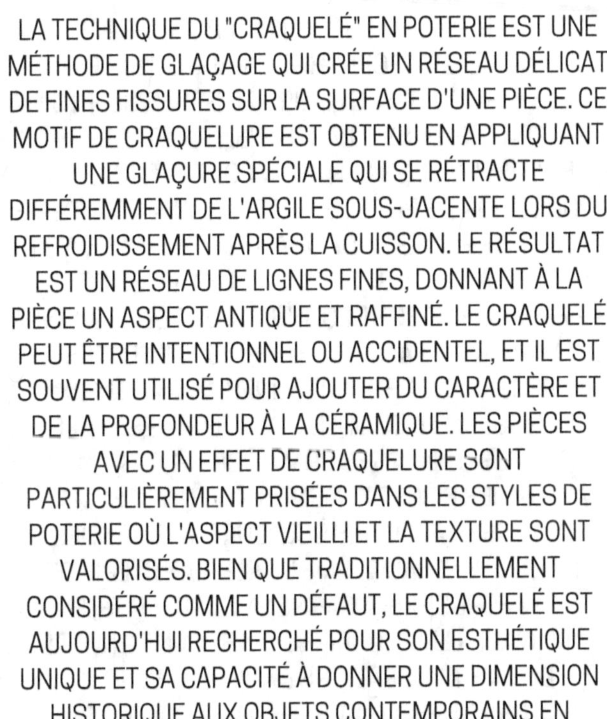

LA TECHNIQUE DU "CRAQUELÉ" EN POTERIE EST UNE MÉTHODE DE GLAÇAGE QUI CRÉE UN RÉSEAU DÉLICAT DE FINES FISSURES SUR LA SURFACE D'UNE PIÈCE. CE MOTIF DE CRAQUELURE EST OBTENU EN APPLIQUANT UNE GLAÇURE SPÉCIALE QUI SE RÉTRACTE DIFFÉREMMENT DE L'ARGILE SOUS-JACENTE LORS DU REFROIDISSEMENT APRÈS LA CUISSON. LE RÉSULTAT EST UN RÉSEAU DE LIGNES FINES, DONNANT À LA PIÈCE UN ASPECT ANTIQUE ET RAFFINÉ. LE CRAQUELÉ PEUT ÊTRE INTENTIONNEL OU ACCIDENTEL, ET IL EST SOUVENT UTILISÉ POUR AJOUTER DU CARACTÈRE ET DE LA PROFONDEUR À LA CÉRAMIQUE. LES PIÈCES AVEC UN EFFET DE CRAQUELURE SONT PARTICULIÈREMENT PRISÉES DANS LES STYLES DE POTERIE OÙ L'ASPECT VIEILLI ET LA TEXTURE SONT VALORISÉS. BIEN QUE TRADITIONNELLEMENT CONSIDÉRÉ COMME UN DÉFAUT, LE CRAQUELÉ EST AUJOURD'HUI RECHERCHÉ POUR SON ESTHÉTIQUE UNIQUE ET SA CAPACITÉ À DONNER UNE DIMENSION HISTORIQUE AUX OBJETS CONTEMPORAINS EN CÉRAMIQUE.

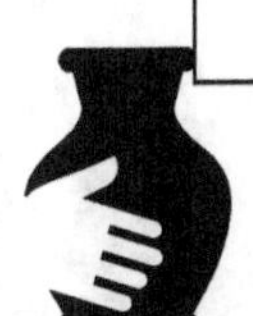

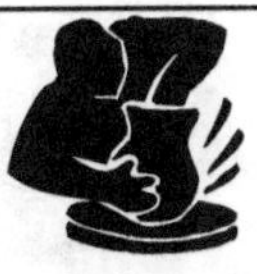
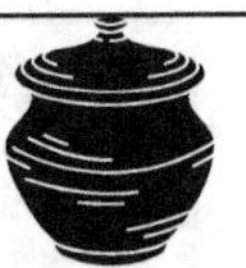
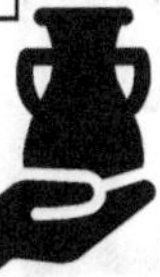

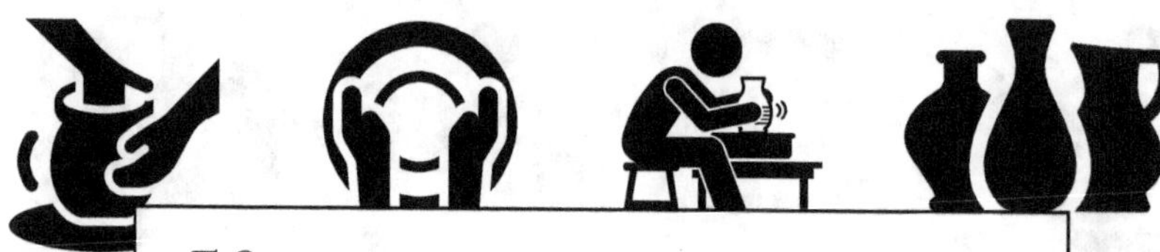

STAFFORDSHIRE: FIGURINES ET DÉCOR

LA POTERIE DE STAFFORDSHIRE, PRODUITE DANS LA RÉGION DU STAFFORDSHIRE EN ANGLETERRE, EST CÉLÈBRE POUR SES FIGURINES ET SES OBJETS DÉCORATIFS. DÈS LE 17ÈME SIÈCLE, CETTE RÉGION EST DEVENUE UN CENTRE IMPORTANT POUR LA PRODUCTION DE POTERIE, GRÂCE À L'ABONDANCE DE MATIÈRES PREMIÈRES DE QUALITÉ ET À L'INNOVATION DES ARTISANS LOCAUX. LES POTERIES DE STAFFORDSHIRE SONT CONNUES POUR LEUR GRANDE VARIÉTÉ, ALLANT DES FIGURINES DÉLICATES REPRÉSENTANT DES PERSONNES, DES ANIMAUX ET DES SCÈNES BIBLIQUES OU LITTÉRAIRES, À DES ARTICLES UTILITAIRES COMME DES PLATS ET DES VASES. CES PIÈCES ÉTAIENT SOUVENT RICHEMENT DÉCORÉES AVEC DES COULEURS VIVES ET DES DÉTAILS FINS. AU 19ÈME SIÈCLE, LA POTERIE DE STAFFORDSHIRE A GAGNÉ EN POPULARITÉ, EN PARTICULIER LES FIGURINES QUI ÉTAIENT UTILISÉES COMME DÉCORATIONS DANS LES MAISONS VICTORIENNES. AUJOURD'HUI, LES POTERIES DE STAFFORDSHIRE SONT APPRÉCIÉES TANT POUR LEUR VALEUR HISTORIQUE QUE POUR LEUR BEAUTÉ ET LEUR ARTISTRY, REPRÉSENTANT UN CHAPITRE IMPORTANT DE L'HISTOIRE DE LA CÉRAMIQUE BRITANNIQUE.

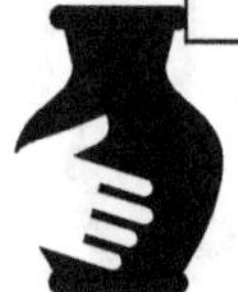
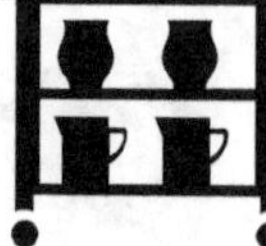
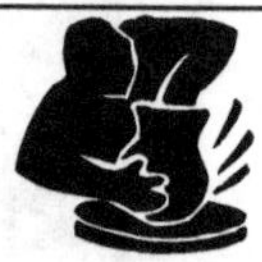
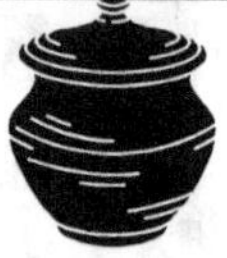
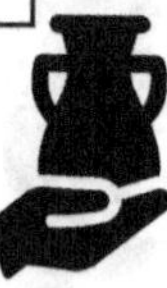

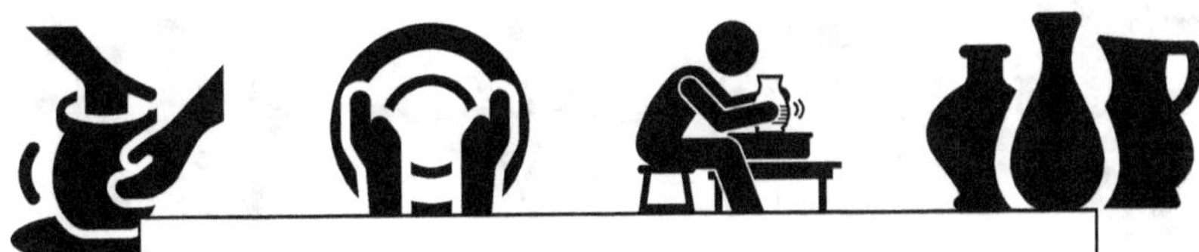

51

HISTOIRES SUR VASES GRECS

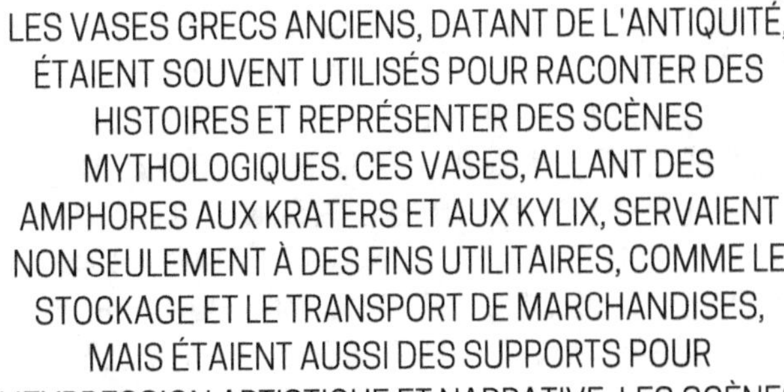

LES VASES GRECS ANCIENS, DATANT DE L'ANTIQUITÉ, ÉTAIENT SOUVENT UTILISÉS POUR RACONTER DES HISTOIRES ET REPRÉSENTER DES SCÈNES MYTHOLOGIQUES. CES VASES, ALLANT DES AMPHORES AUX KRATERS ET AUX KYLIX, SERVAIENT NON SEULEMENT À DES FINS UTILITAIRES, COMME LE STOCKAGE ET LE TRANSPORT DE MARCHANDISES, MAIS ÉTAIENT AUSSI DES SUPPORTS POUR L'EXPRESSION ARTISTIQUE ET NARRATIVE. LES SCÈNES PEINTES SUR CES VASES DÉPEIGNAIENT DES RÉCITS TIRÉS DE LA MYTHOLOGIE GRECQUE, DES EXPLOITS DES HÉROS, DES DIEUX ET DES DÉESSES, AINSI QUE DES SCÈNES DE LA VIE QUOTIDIENNE. LES TECHNIQUES DE PEINTURE EN FIGURES NOIRES ET EN FIGURES ROUGES ÉTAIENT LES PLUS COURAMMENT UTILISÉES POUR CES ILLUSTRATIONS. CHAQUE VASE RACONTAIT UNE HISTOIRE, TRANSMETTANT DES VALEURS CULTURELLES, DES CROYANCES RELIGIEUSES ET DES IDÉAUX ESTHÉTIQUES DE LA GRÈCE ANTIQUE. LES VASES GRECS ANCIENS SONT AUJOURD'HUI ÉTUDIÉS POUR LEUR IMPORTANCE ARTISTIQUE ET HISTORIQUE, OFFRANT DES APERÇUS INESTIMABLES DANS LA CIVILISATION ET LA CULTURE DE L'ÉPOQUE.

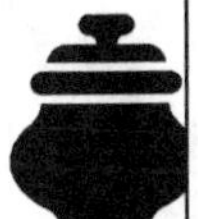
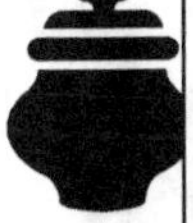
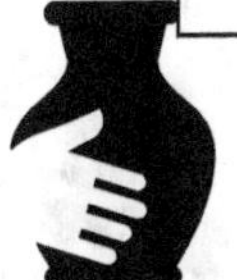

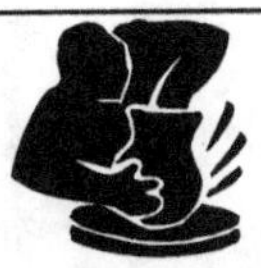
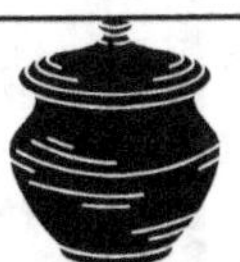
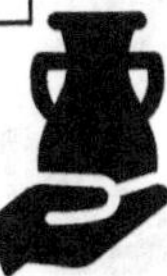
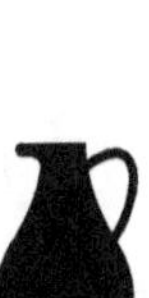
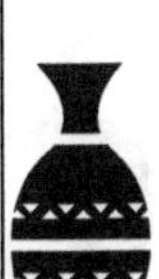
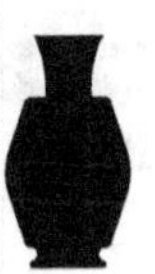

BUNCHEONG CORÉEN MIXTE

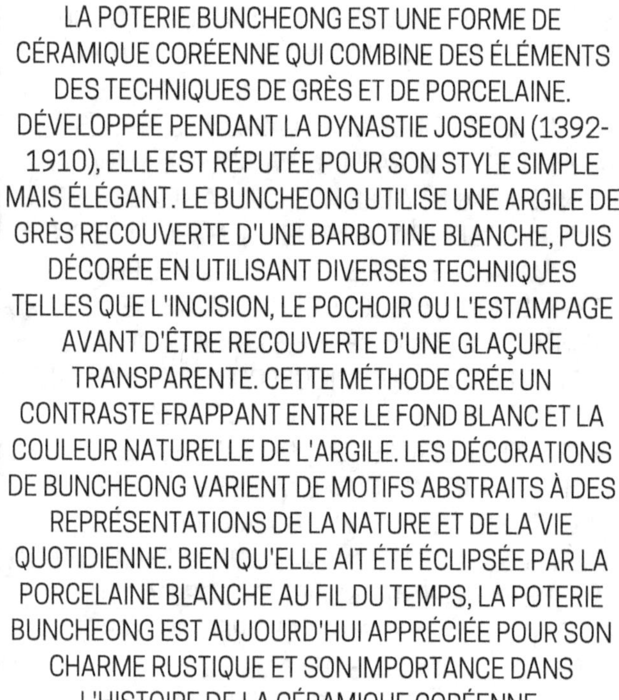

LA POTERIE BUNCHEONG EST UNE FORME DE CÉRAMIQUE CORÉENNE QUI COMBINE DES ÉLÉMENTS DES TECHNIQUES DE GRÈS ET DE PORCELAINE. DÉVELOPPÉE PENDANT LA DYNASTIE JOSEON (1392-1910), ELLE EST RÉPUTÉE POUR SON STYLE SIMPLE MAIS ÉLÉGANT. LE BUNCHEONG UTILISE UNE ARGILE DE GRÈS RECOUVERTE D'UNE BARBOTINE BLANCHE, PUIS DÉCORÉE EN UTILISANT DIVERSES TECHNIQUES TELLES QUE L'INCISION, LE POCHOIR OU L'ESTAMPAGE AVANT D'ÊTRE RECOUVERTE D'UNE GLAÇURE TRANSPARENTE. CETTE MÉTHODE CRÉE UN CONTRASTE FRAPPANT ENTRE LE FOND BLANC ET LA COULEUR NATURELLE DE L'ARGILE. LES DÉCORATIONS DE BUNCHEONG VARIENT DE MOTIFS ABSTRAITS À DES REPRÉSENTATIONS DE LA NATURE ET DE LA VIE QUOTIDIENNE. BIEN QU'ELLE AIT ÉTÉ ÉCLIPSÉE PAR LA PORCELAINE BLANCHE AU FIL DU TEMPS, LA POTERIE BUNCHEONG EST AUJOURD'HUI APPRÉCIÉE POUR SON CHARME RUSTIQUE ET SON IMPORTANCE DANS L'HISTOIRE DE LA CÉRAMIQUE CORÉENNE.

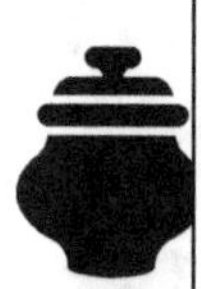
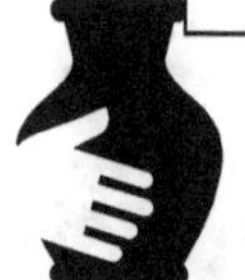

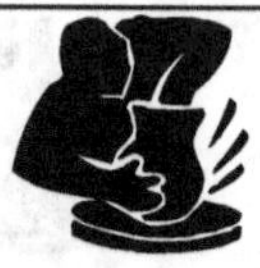
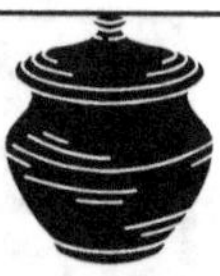
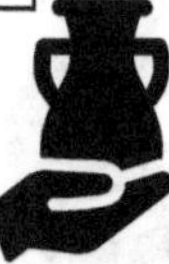

POTERIE MAROCAINE COLORÉE

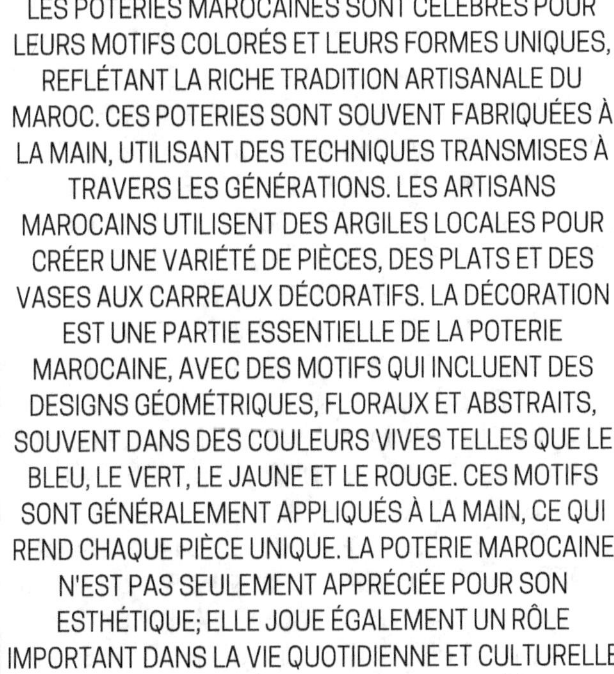

LES POTERIES MAROCAINES SONT CÉLÈBRES POUR LEURS MOTIFS COLORÉS ET LEURS FORMES UNIQUES, REFLÉTANT LA RICHE TRADITION ARTISANALE DU MAROC. CES POTERIES SONT SOUVENT FABRIQUÉES À LA MAIN, UTILISANT DES TECHNIQUES TRANSMISES À TRAVERS LES GÉNÉRATIONS. LES ARTISANS MAROCAINS UTILISENT DES ARGILES LOCALES POUR CRÉER UNE VARIÉTÉ DE PIÈCES, DES PLATS ET DES VASES AUX CARREAUX DÉCORATIFS. LA DÉCORATION EST UNE PARTIE ESSENTIELLE DE LA POTERIE MAROCAINE, AVEC DES MOTIFS QUI INCLUENT DES DESIGNS GÉOMÉTRIQUES, FLORAUX ET ABSTRAITS, SOUVENT DANS DES COULEURS VIVES TELLES QUE LE BLEU, LE VERT, LE JAUNE ET LE ROUGE. CES MOTIFS SONT GÉNÉRALEMENT APPLIQUÉS À LA MAIN, CE QUI REND CHAQUE PIÈCE UNIQUE. LA POTERIE MAROCAINE N'EST PAS SEULEMENT APPRÉCIÉE POUR SON ESTHÉTIQUE; ELLE JOUE ÉGALEMENT UN RÔLE IMPORTANT DANS LA VIE QUOTIDIENNE ET CULTURELLE DU MAROC, SERVANT À LA FOIS DANS DES CONTEXTES UTILITAIRES ET DÉCORATIFS.

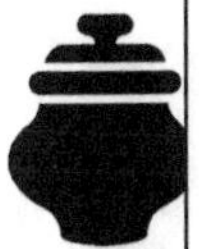
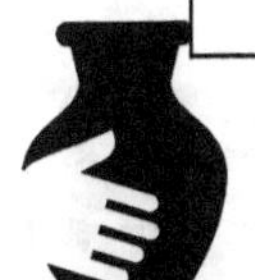

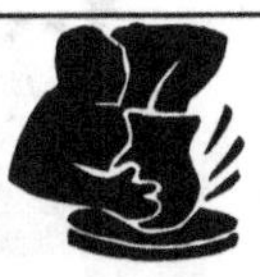
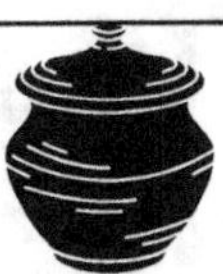
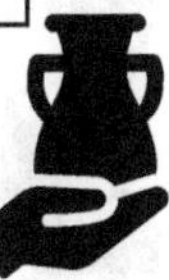

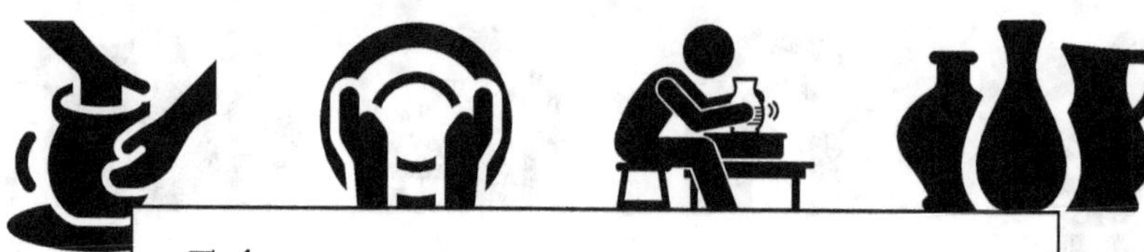

FINITION POLIE MAIN

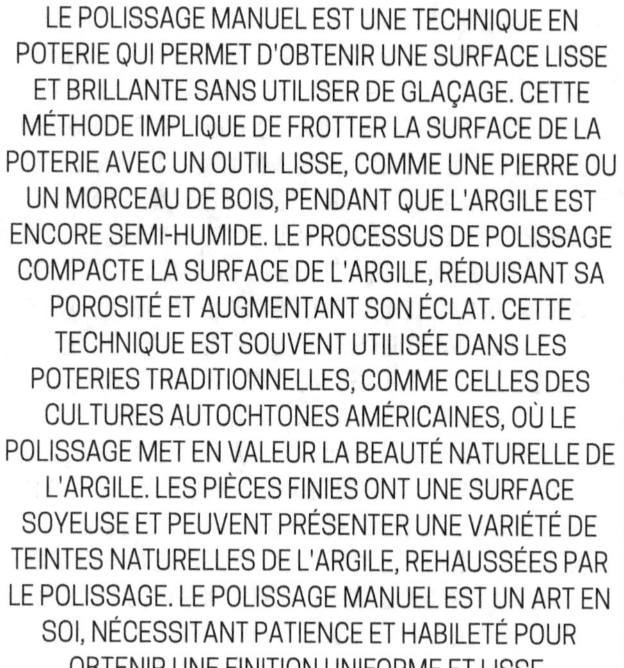

LE POLISSAGE MANUEL EST UNE TECHNIQUE EN POTERIE QUI PERMET D'OBTENIR UNE SURFACE LISSE ET BRILLANTE SANS UTILISER DE GLAÇAGE. CETTE MÉTHODE IMPLIQUE DE FROTTER LA SURFACE DE LA POTERIE AVEC UN OUTIL LISSE, COMME UNE PIERRE OU UN MORCEAU DE BOIS, PENDANT QUE L'ARGILE EST ENCORE SEMI-HUMIDE. LE PROCESSUS DE POLISSAGE COMPACTE LA SURFACE DE L'ARGILE, RÉDUISANT SA POROSITÉ ET AUGMENTANT SON ÉCLAT. CETTE TECHNIQUE EST SOUVENT UTILISÉE DANS LES POTERIES TRADITIONNELLES, COMME CELLES DES CULTURES AUTOCHTONES AMÉRICAINES, OÙ LE POLISSAGE MET EN VALEUR LA BEAUTÉ NATURELLE DE L'ARGILE. LES PIÈCES FINIES ONT UNE SURFACE SOYEUSE ET PEUVENT PRÉSENTER UNE VARIÉTÉ DE TEINTES NATURELLES DE L'ARGILE, REHAUSSÉES PAR LE POLISSAGE. LE POLISSAGE MANUEL EST UN ART EN SOI, NÉCESSITANT PATIENCE ET HABILETÉ POUR OBTENIR UNE FINITION UNIFORME ET LISSE.

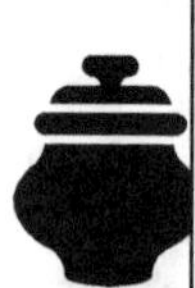
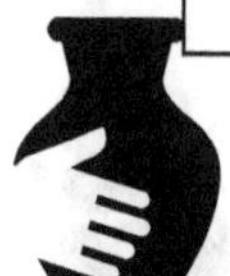

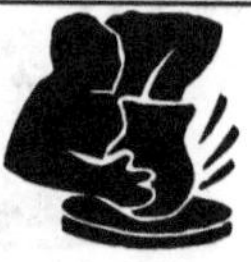
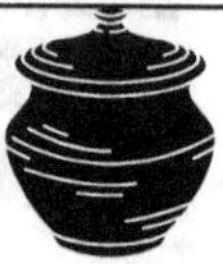
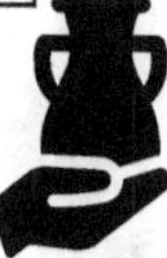

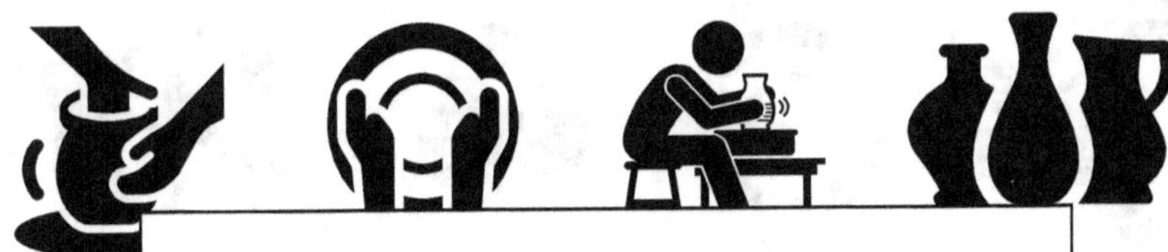

55

RAKU OCCIDENTAL INNOVANT

LE "RAKU OCCIDENTAL" EST UNE MÉTHODE DE CUISSON DE POTERIE DÉVELOPPÉE EN OCCIDENT, INSPIRÉE DE LA TECHNIQUE TRADITIONNELLE JAPONAISE DE RAKU. CONTRAIREMENT AU RAKU JAPONAIS, QUI EST ÉTROITEMENT LIÉ À LA CÉRÉMONIE DU THÉ, LE RAKU OCCIDENTAL SE CONCENTRE SUR DES MÉTHODES DE CUISSON RAPIDES ET À BASSE TEMPÉRATURE, PRODUISANT DES EFFETS UNIQUES SUR LA CÉRAMIQUE. DANS CE PROCESSUS, LES PIÈCES SONT RETIRÉES DU FOUR ALORS QU'ELLES SONT ENCORE INCANDESCENTES ET PLACÉES DANS DES MATÉRIAUX COMBUSTIBLES COMME DES SCIURES DE BOIS OU DES JOURNAUX. CETTE ÉTAPE PROVOQUE UNE RÉACTION QUI CRÉE DES MOTIFS ALÉATOIRES DE CRAQUELURE, DE CARBONISATION ET DE RÉDUCTION DE L'OXYDE MÉTALLIQUE. LE RAKU OCCIDENTAL EST APPRÉCIÉ POUR SES RÉSULTATS IMPRÉVISIBLES ET DRAMATIQUES, AVEC DES EFFETS ALLANT DU MÉTALLIQUE LUSTRÉ AU NOIR MAT, EN PASSANT PAR DES CRAQUELURES FINES. CHAQUE PIÈCE FINIE EST UNIQUE, REFLÉTANT LES ALÉAS DU PROCESSUS DE CUISSON ET L'INTERACTION ENTRE L'ARGILE, LE FEU ET LES MATÉRIAUX COMBUSTIBLES.

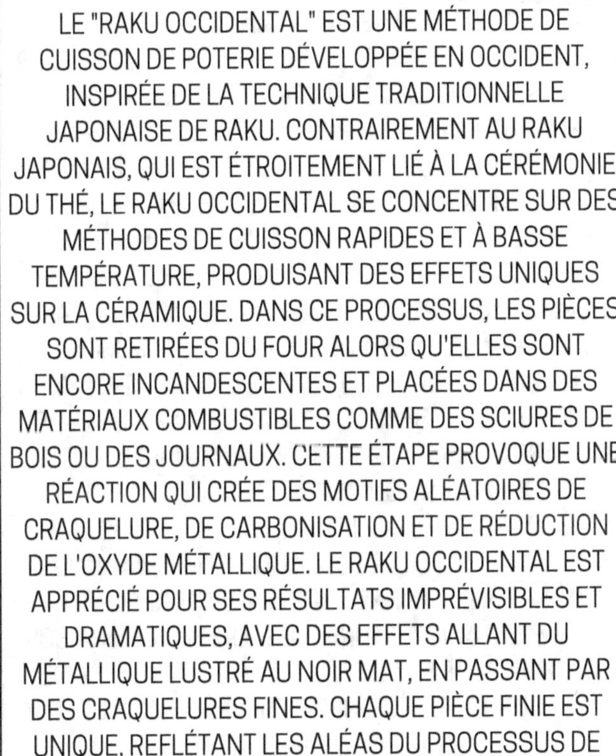
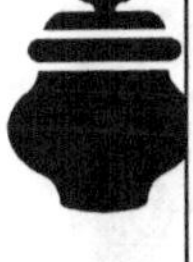
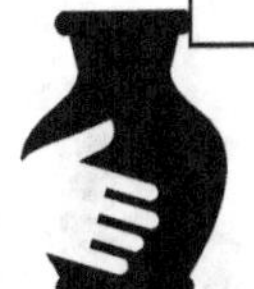

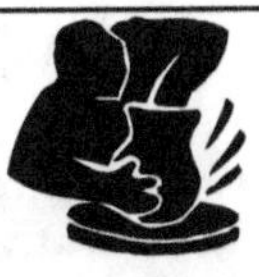
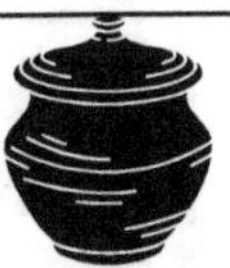
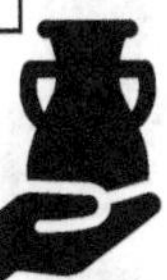
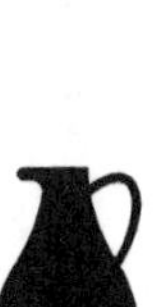
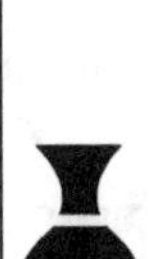
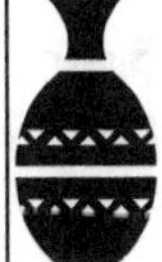
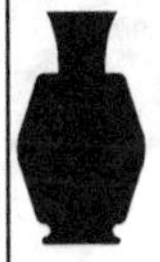

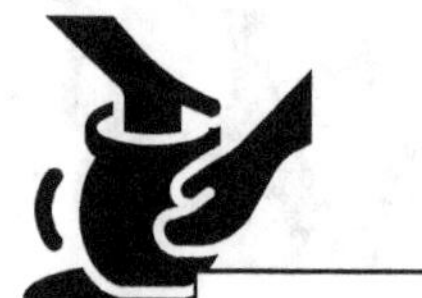
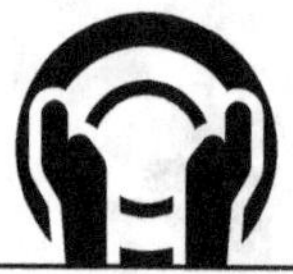
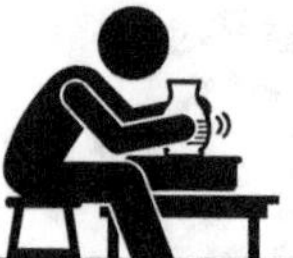
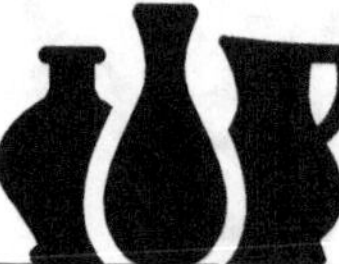
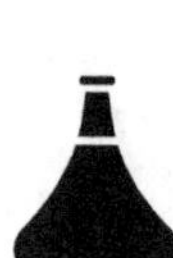

56

TALAVERA DE PUEBLA COLORÉE

LA POTERIE DE TALAVERA, ORIGINAIRE DE LA VILLE DE PUEBLA AU MEXIQUE, EST CÉLÈBRE POUR SES MOTIFS COLORÉS ET DÉTAILLÉS. CETTE FORME D'ART CÉRAMIQUE A ÉTÉ INTRODUITE PAR LES ARTISANS ESPAGNOLS AU XVIE SIÈCLE ET S'EST MÊLÉE AUX TRADITIONS INDIGÈNES POUR CRÉER UN STYLE DISTINCTIF. LA TALAVERA DE PUEBLA SE DISTINGUE PAR SON UTILISATION DE COULEURS VIVES ET DE MOTIFS COMPLEXES, SOUVENT INSPIRÉS DE LA CULTURE MEXICAINE, DE LA NATURE ET DE MOTIFS ISLAMIQUES ET ORIENTAUX. LES PIÈCES DE TALAVERA SONT SOIGNEUSEMENT FABRIQUÉES À LA MAIN ET PASSENT PAR UN PROCESSUS RIGOUREUX DE MOULAGE, DE CUISSON, DE GLAÇAGE ET DE DÉCORATION. CHAQUE OBJET, QU'IL S'AGISSE DE VAISSELLE, DE CARREAUX OU DE DÉCORATIONS MURALES, EST UNE ŒUVRE D'ART QUI REFLÈTE LE RICHE HÉRITAGE CULTUREL DE LA RÉGION. EN RAISON DE SA BEAUTÉ ET DE SA QUALITÉ, LA TALAVERA DE PUEBLA A ÉTÉ DÉSIGNÉE PATRIMOINE CULTUREL IMMATÉRIEL PAR L'UNESCO.

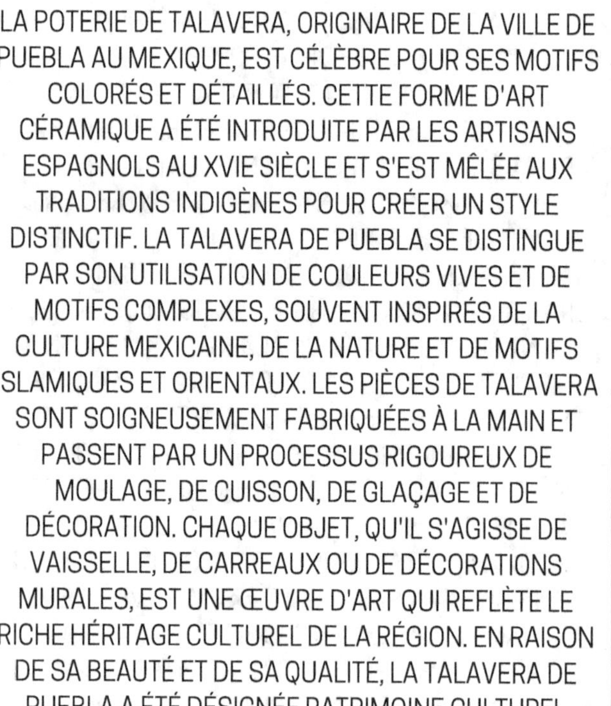
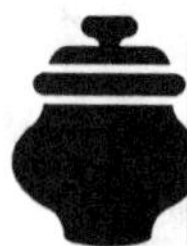
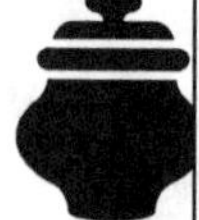
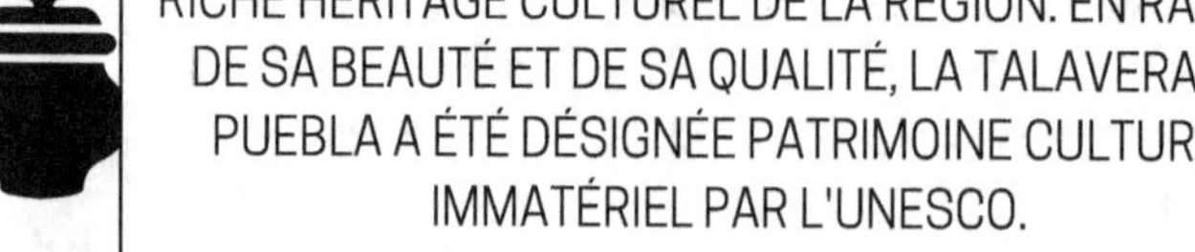
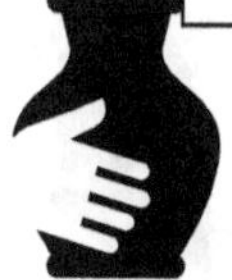
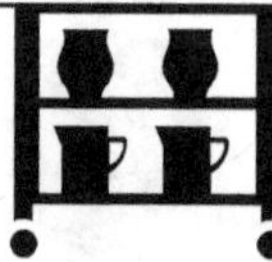
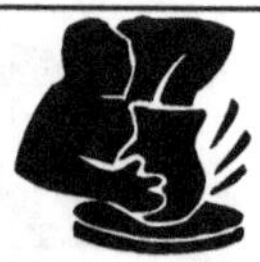
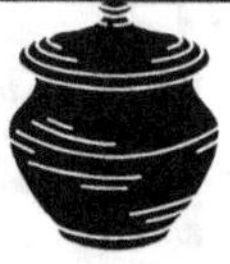
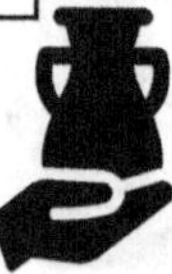

TECHNIQUE PINCÉ EN POTERIE

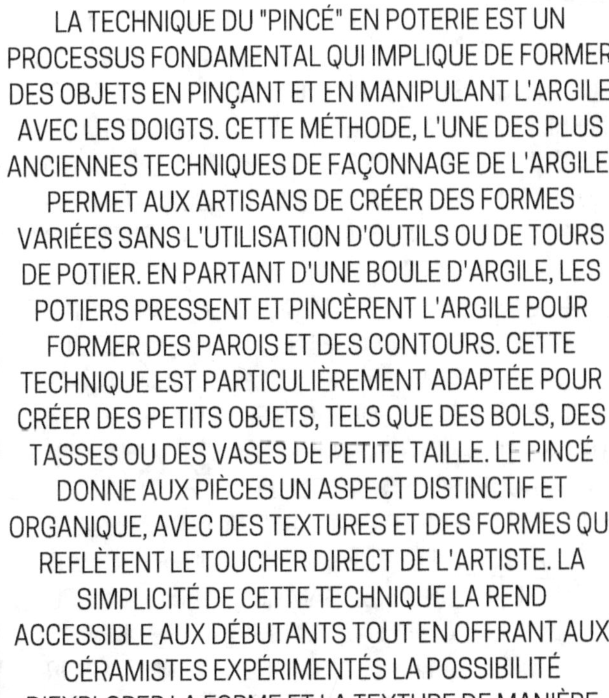

LA TECHNIQUE DU "PINCÉ" EN POTERIE EST UN PROCESSUS FONDAMENTAL QUI IMPLIQUE DE FORMER DES OBJETS EN PINÇANT ET EN MANIPULANT L'ARGILE AVEC LES DOIGTS. CETTE MÉTHODE, L'UNE DES PLUS ANCIENNES TECHNIQUES DE FAÇONNAGE DE L'ARGILE, PERMET AUX ARTISANS DE CRÉER DES FORMES VARIÉES SANS L'UTILISATION D'OUTILS OU DE TOURS DE POTIER. EN PARTANT D'UNE BOULE D'ARGILE, LES POTIERS PRESSENT ET PINCÈRENT L'ARGILE POUR FORMER DES PAROIS ET DES CONTOURS. CETTE TECHNIQUE EST PARTICULIÈREMENT ADAPTÉE POUR CRÉER DES PETITS OBJETS, TELS QUE DES BOLS, DES TASSES OU DES VASES DE PETITE TAILLE. LE PINCÉ DONNE AUX PIÈCES UN ASPECT DISTINCTIF ET ORGANIQUE, AVEC DES TEXTURES ET DES FORMES QUI REFLÈTENT LE TOUCHER DIRECT DE L'ARTISTE. LA SIMPLICITÉ DE CETTE TECHNIQUE LA REND ACCESSIBLE AUX DÉBUTANTS TOUT EN OFFRANT AUX CÉRAMISTES EXPÉRIMENTÉS LA POSSIBILITÉ D'EXPLORER LA FORME ET LA TEXTURE DE MANIÈRE INTUITIVE.

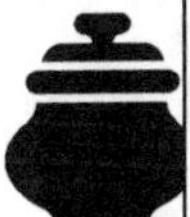
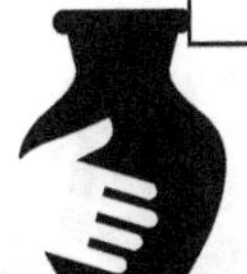

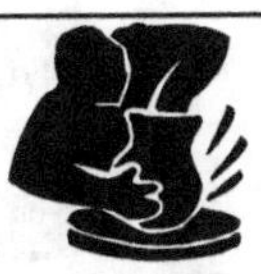
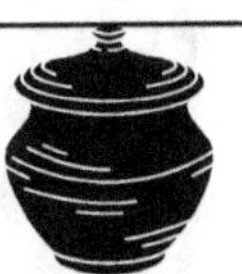
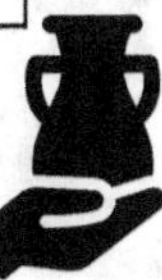

FOURS ÉLECTRIQUES MODERNES

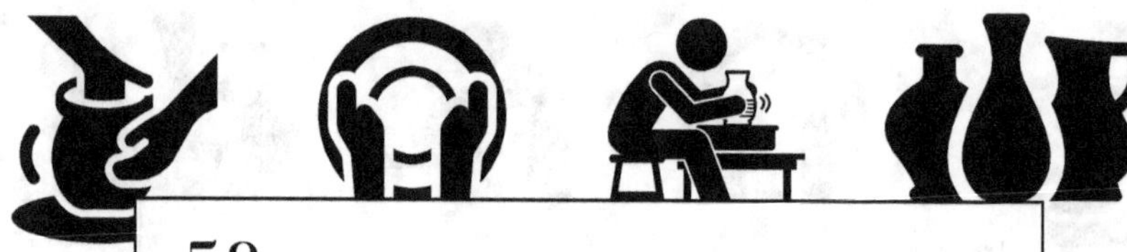

LES FOURS ÉLECTRIQUES MODERNES POUR LA POTERIE ONT RÉVOLUTIONNÉ LA FAÇON DONT LES CÉRAMISTES CUISENT LEURS ŒUVRES. CES FOURS OFFRENT UN CONTRÔLE PRÉCIS DE LA TEMPÉRATURE, CE QUI EST CRUCIAL POUR OBTENIR DES RÉSULTATS CONSTANTS ET DE HAUTE QUALITÉ. CONTRAIREMENT AUX FOURS TRADITIONNELS, TELS QUE LES FOURS À BOIS OU À GAZ, LES FOURS ÉLECTRIQUES PERMETTENT UN RÉGLAGE FACILE ET PRÉCIS DE LA TEMPÉRATURE, CE QUI RÉDUIT LE RISQUE D'ERREUR HUMAINE ET DE VARIATION DANS LE PROCESSUS DE CUISSON. DE PLUS, ILS SONT GÉNÉRALEMENT PLUS FACILES À UTILISER ET À ENTRETENIR, RENDANT LA CÉRAMIQUE PLUS ACCESSIBLE, SURTOUT POUR LES DÉBUTANTS OU LES POTIERS TRAVAILLANT DANS DES ESPACES RESTREINTS. LES FOURS ÉLECTRIQUES PEUVENT ATTEINDRE UNE LARGE GAMME DE TEMPÉRATURES, ADAPTÉES À DIFFÉRENTS TYPES D'ARGILE ET DE GLAÇURES, ET LEUR CONCEPTION FERMÉE ASSURE UNE CUISSON UNIFORME DES PIÈCES. CETTE COMBINAISON DE PRÉCISION ET DE COMMODITÉ FAIT DES FOURS ÉLECTRIQUES UN CHOIX POPULAIRE DANS LES ATELIERS DE POTERIE MODERNES.

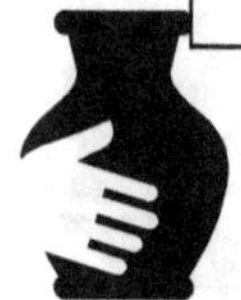
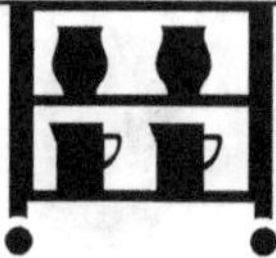
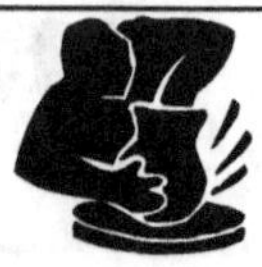
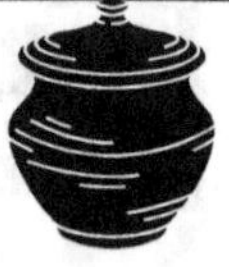
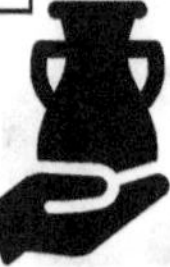

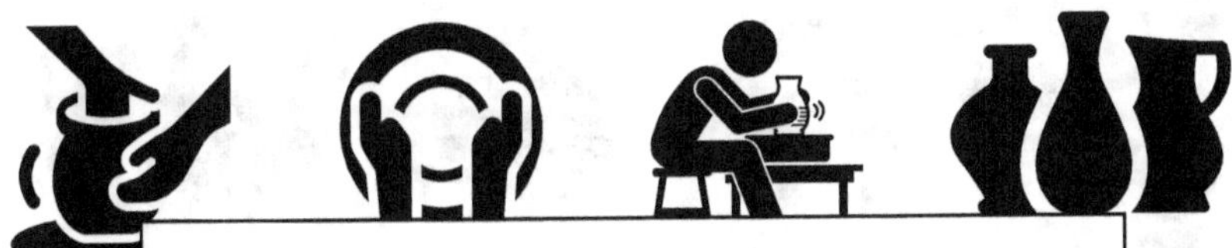

POTERIE MIMBRES COMPLEXE

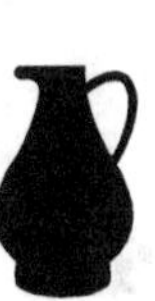
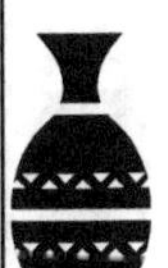
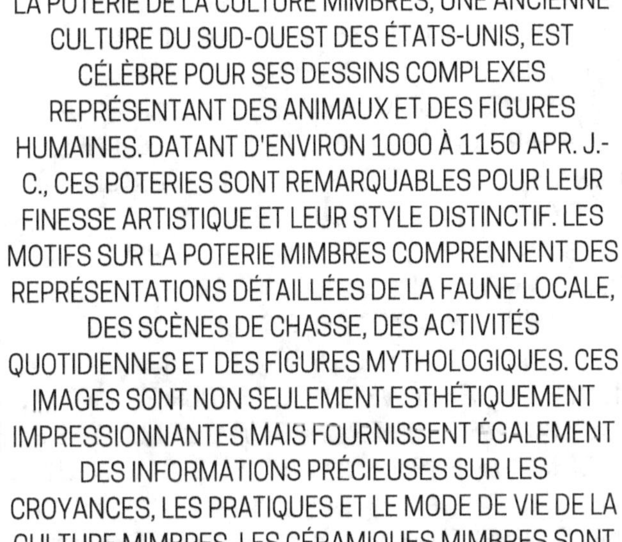
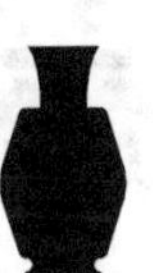

LA POTERIE DE LA CULTURE MIMBRES, UNE ANCIENNE CULTURE DU SUD-OUEST DES ÉTATS-UNIS, EST CÉLÈBRE POUR SES DESSINS COMPLEXES REPRÉSENTANT DES ANIMAUX ET DES FIGURES HUMAINES. DATANT D'ENVIRON 1000 À 1150 APR. J.-C., CES POTERIES SONT REMARQUABLES POUR LEUR FINESSE ARTISTIQUE ET LEUR STYLE DISTINCTIF. LES MOTIFS SUR LA POTERIE MIMBRES COMPRENNENT DES REPRÉSENTATIONS DÉTAILLÉES DE LA FAUNE LOCALE, DES SCÈNES DE CHASSE, DES ACTIVITÉS QUOTIDIENNES ET DES FIGURES MYTHOLOGIQUES. CES IMAGES SONT NON SEULEMENT ESTHÉTIQUEMENT IMPRESSIONNANTES MAIS FOURNISSENT ÉGALEMENT DES INFORMATIONS PRÉCIEUSES SUR LES CROYANCES, LES PRATIQUES ET LE MODE DE VIE DE LA CULTURE MIMBRES. LES CÉRAMIQUES MIMBRES SONT SOUVENT CARACTÉRISÉES PAR LEUR FORME EN BOL AVEC UN FOND NOIR ET DES MOTIFS EN BLANC OU EN ROUGE. L'ART DE LA POTERIE MIMBRES EST CONSIDÉRÉ COMME L'UN DES SOMMETS DE LA PRODUCTION ARTISTIQUE DES CULTURES AUTOCHTONES DU SUD-OUEST AMÉRICAIN.

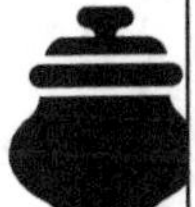
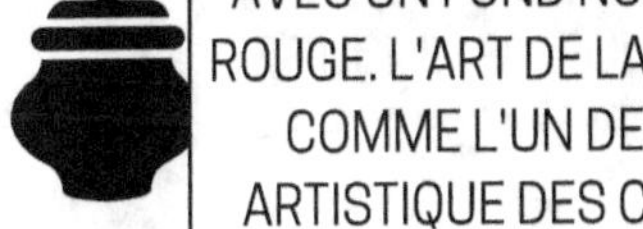
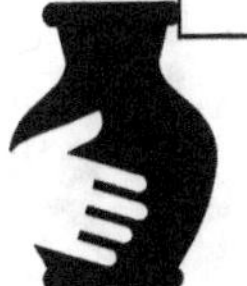

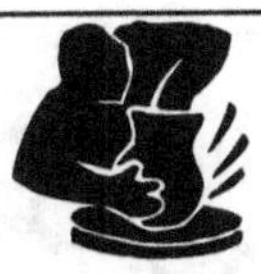
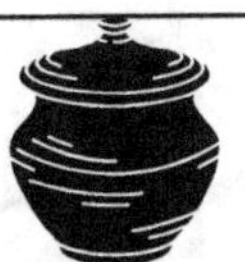
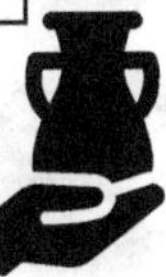

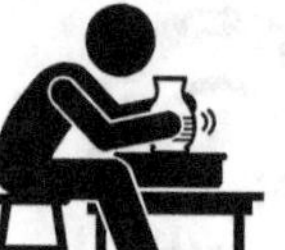
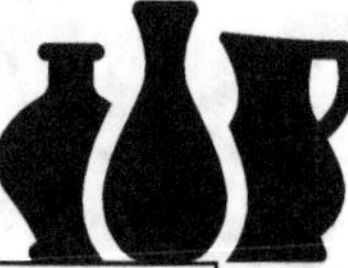

COLORATION AVEC OXYDES

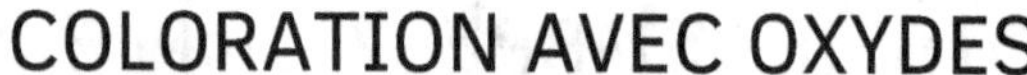

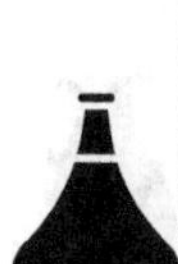

LA COLORATION DE LA POTERIE UTILISE SOUVENT DES OXYDES MÉTALLIQUES ET DES PIGMENTS NATURELS POUR AJOUTER DE LA COULEUR ET DU CARACTÈRE AUX PIÈCES. LES OXYDES MÉTALLIQUES, TELS QUE L'OXYDE DE FER (POUR LES TEINTES ROUGES ET BRUNES), L'OXYDE DE CUIVRE (POUR LES VERTS ET LES BLEUS) ET L'OXYDE DE COBALT (POUR LES BLEUS PROFONDS), SONT MÉLANGÉS À LA GLAÇURE OU APPLIQUÉS DIRECTEMENT SUR L'ARGILE POUR CRÉER DES EFFETS DE COULEUR VARIÉS. CES OXYDES CHANGENT DE COULEUR LORSQU'ILS SONT SOUMIS À DES TEMPÉRATURES ÉLEVÉES DANS LE FOUR, PERMETTANT AUX POTIERS DE CRÉER UNE GAMME DE NUANCES ET DE MOTIFS. EN PLUS DES OXYDES, DES PIGMENTS NATURELS EXTRAITS DE MINÉRAUX, DE PLANTES OU MÊME DE CERTAINS ANIMAUX PEUVENT ÊTRE UTILISÉS POUR COLORER L'ARGILE OU LES GLAÇURES. L'UTILISATION DE CES MATÉRIAUX NATURELS DONNE AUX POTERIES UNE PALETTE DE COULEURS UNIQUE ET PEUT AJOUTER UNE DIMENSION SUPPLÉMENTAIRE À L'ASPECT ARTISTIQUE DE LA CÉRAMIQUE. LA COMBINAISON DE CES TECHNIQUES DE COLORATION AVEC LE SAVOIR-FAIRE DU POTIER PERMET DE CRÉER UNE INFINITÉ DE STYLES ET DE DESIGNS EN CÉRAMIQUE.

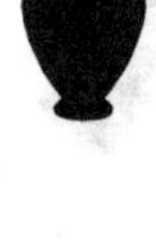

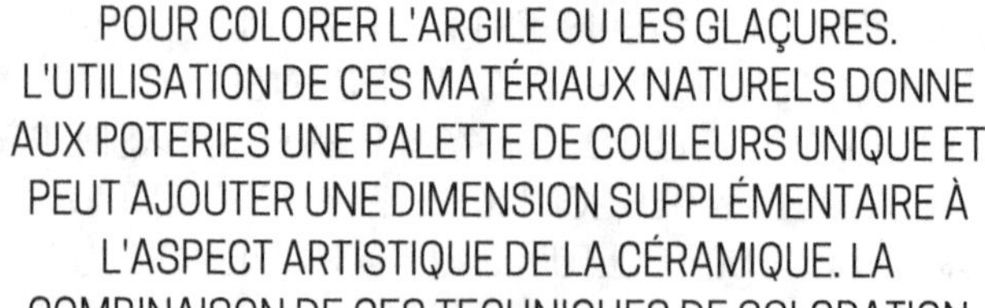

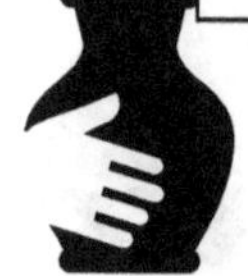

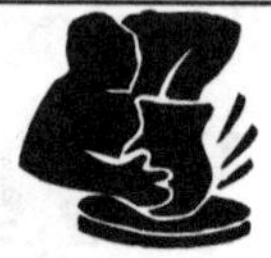
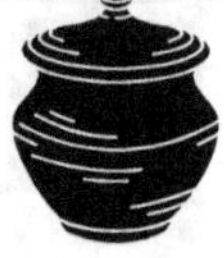
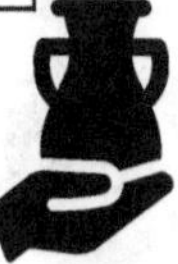

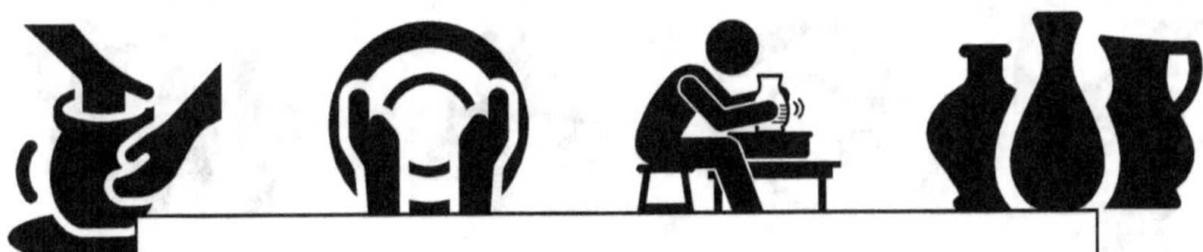

IZNIK TURQUE FLORALE

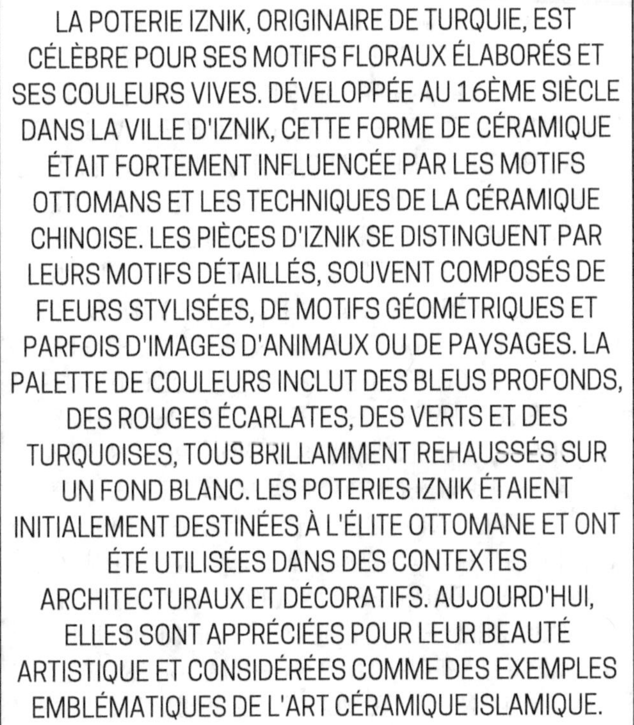

LA POTERIE IZNIK, ORIGINAIRE DE TURQUIE, EST CÉLÈBRE POUR SES MOTIFS FLORAUX ÉLABORÉS ET SES COULEURS VIVES. DÉVELOPPÉE AU 16ÈME SIÈCLE DANS LA VILLE D'IZNIK, CETTE FORME DE CÉRAMIQUE ÉTAIT FORTEMENT INFLUENCÉE PAR LES MOTIFS OTTOMANS ET LES TECHNIQUES DE LA CÉRAMIQUE CHINOISE. LES PIÈCES D'IZNIK SE DISTINGUENT PAR LEURS MOTIFS DÉTAILLÉS, SOUVENT COMPOSÉS DE FLEURS STYLISÉES, DE MOTIFS GÉOMÉTRIQUES ET PARFOIS D'IMAGES D'ANIMAUX OU DE PAYSAGES. LA PALETTE DE COULEURS INCLUT DES BLEUS PROFONDS, DES ROUGES ÉCARLATES, DES VERTS ET DES TURQUOISES, TOUS BRILLAMMENT REHAUSSÉS SUR UN FOND BLANC. LES POTERIES IZNIK ÉTAIENT INITIALEMENT DESTINÉES À L'ÉLITE OTTOMANE ET ONT ÉTÉ UTILISÉES DANS DES CONTEXTES ARCHITECTURAUX ET DÉCORATIFS. AUJOURD'HUI, ELLES SONT APPRÉCIÉES POUR LEUR BEAUTÉ ARTISTIQUE ET CONSIDÉRÉES COMME DES EXEMPLES EMBLÉMATIQUES DE L'ART CÉRAMIQUE ISLAMIQUE.

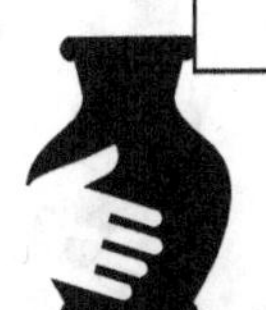

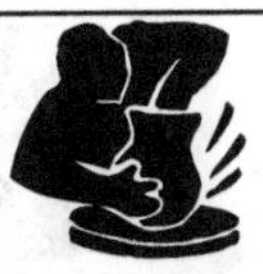
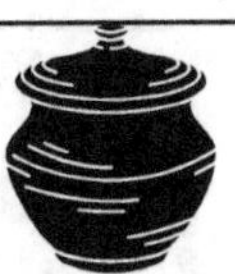
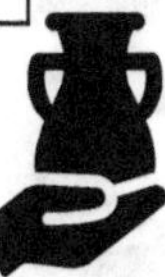

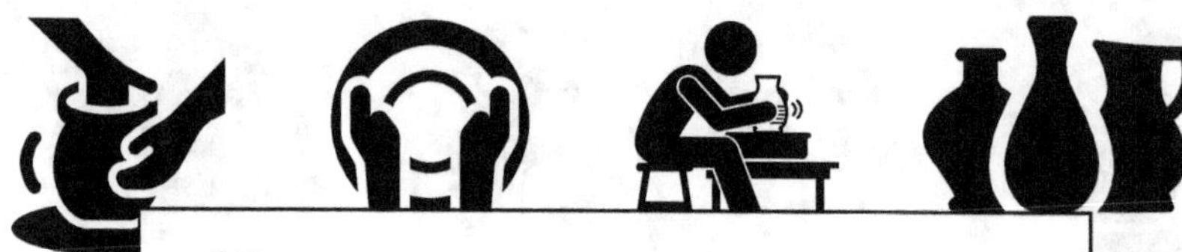

ARGILE DU NIL ÉGYPTIENNE

LES ANCIENS ÉGYPTIENS UTILISAIENT L'ARGILE EXTRAITE DES RIVES DU NIL POUR CRÉER LEUR POTERIE, DONNANT SOUVENT AUX PIÈCES UNE COULEUR ROUGEÂTRE CARACTÉRISTIQUE. L'ARGILE DU NIL, RICHE EN OXYDE DE FER, SE TRANSFORME EN UNE TEINTE ROUGEÂTRE LORSQU'ELLE EST CUITE, UNE SIGNATURE DISTINCTE DE LA POTERIE ÉGYPTIENNE ANCIENNE. LES POTERIES ÉGYPTIENNES VARIAIENT DES RÉCIPIENTS UTILITAIRES SIMPLES AUX OBJETS RITUELS ET FUNÉRAIRES ÉLABORÉS. EN PLUS DE LEUR COULEUR ROUGEÂTRE NATURELLE, CES POTERIES ÉTAIENT SOUVENT DÉCORÉES AVEC DES MOTIFS LINÉAIRES OU DES IMAGES EN NOIR, RÉALISÉES À L'AIDE DE PIGMENTS MINÉRAUX. CES OBJETS NE SERVAIENT PAS SEULEMENT À DES FINS QUOTIDIENNES MAIS JOUAIENT ÉGALEMENT UN RÔLE IMPORTANT DANS LES PRATIQUES RELIGIEUSES ET CULTURELLES, COMME EN TÉMOIGNENT LES NOMBREUX RÉCIPIENTS EN CÉRAMIQUE TROUVÉS DANS LES TOMBES ÉGYPTIENNES.

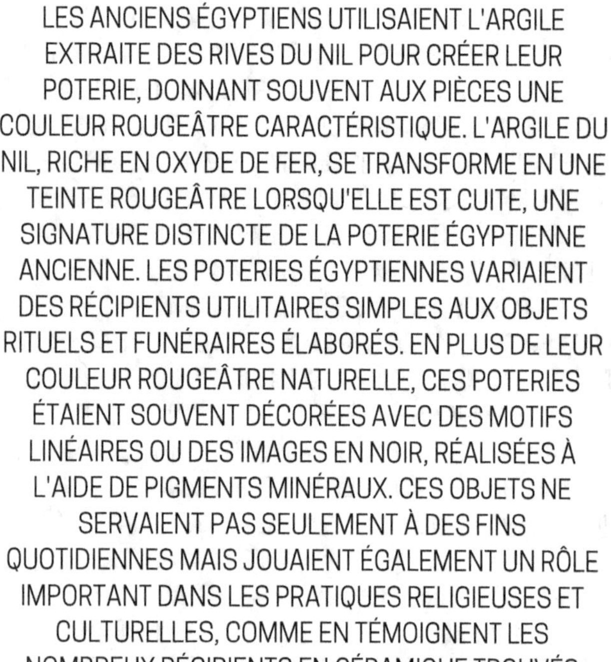
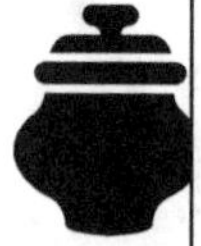
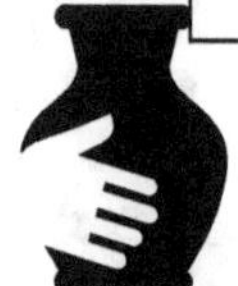

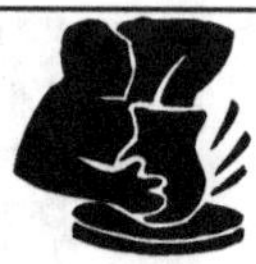
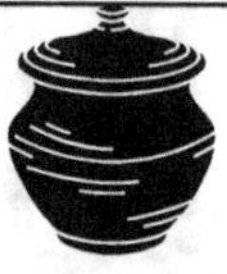
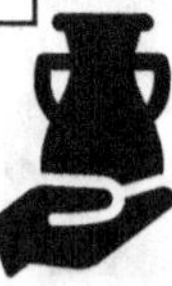

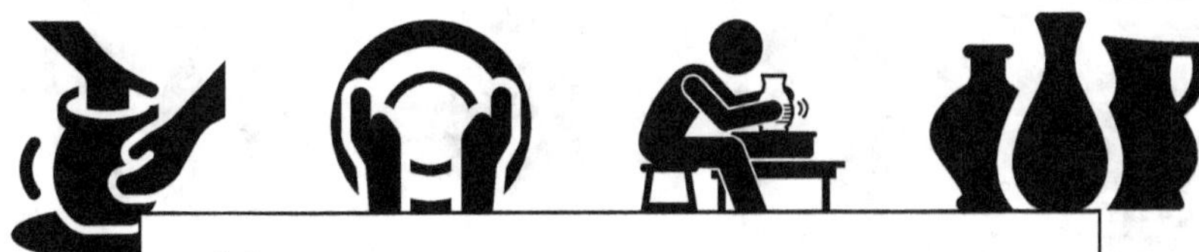

63

ÉLÉGANCE SATSUMA JAPONAISE

LA POTERIE DE SATSUMA, ORIGINAIRE DE LA RÉGION DE SATSUMA AU JAPON, EST RECONNUE POUR SON GLAÇAGE CRAQUELÉ ET SES DÉTAILS DORÉS. DÉVELOPPÉE AU DÉBUT DE LA PÉRIODE EDO (17ÈME SIÈCLE), LA POTERIE DE SATSUMA EST DEVENUE POPULAIRE AUPRÈS DE L'ARISTOCRATIE JAPONAISE ET, PLUS TARD, AUPRÈS DES COLLECTIONNEURS OCCIDENTAUX. LES PIÈCES TYPIQUES DE SATSUMA SONT ORNÉES DE PEINTURES MINUTIEUSES ET DÉLICATES, SOUVENT REPRÉSENTANT DES SCÈNES DE LA NATURE, DE LA VIE QUOTIDIENNE OU DES HISTOIRES HISTORIQUES ET MYTHOLOGIQUES. LE GLAÇAGE CARACTÉRISTIQUE DE SATSUMA PRÉSENTE UN RÉSEAU FIN DE CRAQUELURES, TANDIS QUE L'UTILISATION ABONDANTE DE L'OR ET D'AUTRES ÉMAUX COLORÉS CRÉE UN EFFET OPULENT ET DÉTAILLÉ. LA POTERIE DE SATSUMA EST UN EXEMPLE EXQUIS DE L'ARTISANAT JAPONAIS, ALLIANT UNE TECHNIQUE RAFFINÉE À UNE ESTHÉTIQUE ÉLÉGANTE ET TRADITIONNELLE.

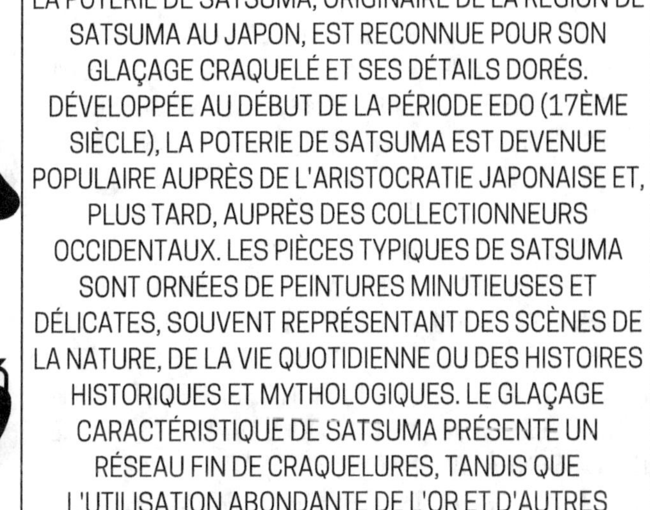
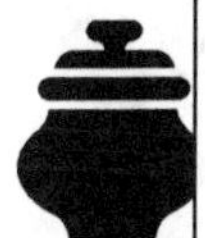
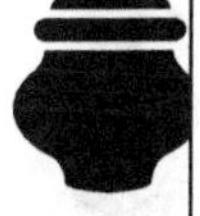
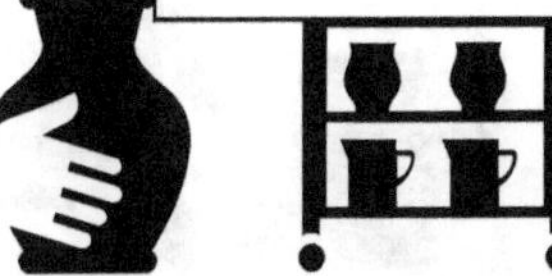
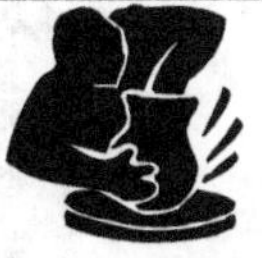
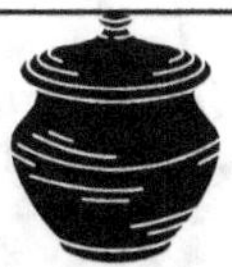
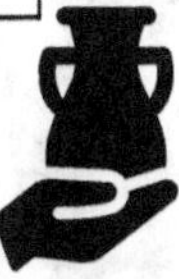

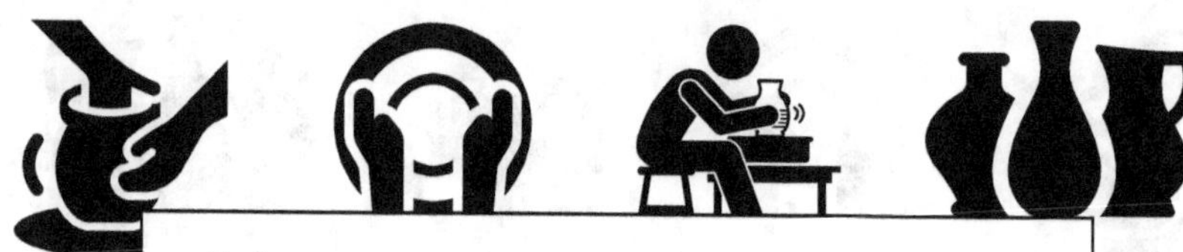

OXYDATION ET RÉDUCTION

LES MÉTHODES DE CUISSON EN ATMOSPHÈRE OXYDANTE OU RÉDUCTRICE ONT UN IMPACT SIGNIFICATIF SUR LA COULEUR ET LA TEXTURE DE LA GLAÇURE EN POTERIE. DANS UNE ATMOSPHÈRE OXYDANTE, OÙ L'OXYGÈNE EST ABONDANT, LES GLAÇURES PEUVENT DEVENIR PLUS VIVES ET PLUS BRILLANTES, CAR LES OXYDES MÉTALLIQUES RÉAGISSENT DE MANIÈRE PRÉVISIBLE À L'OXYGÈNE. EN REVANCHE, DANS UNE ATMOSPHÈRE RÉDUCTRICE, CRÉÉE EN LIMITANT L'OXYGÈNE DANS LE FOUR, LES EFFETS SONT SOUVENT PLUS IMPRÉVISIBLES ET DRAMATIQUES. LA RÉDUCTION CHANGE LA FAÇON DONT LES OXYDES MÉTALLIQUES DANS LA GLAÇURE RÉAGISSENT À LA CHALEUR, SOUVENT EN PRODUISANT DES COULEURS PLUS RICHES, PLUS SOMBRES ET DES EFFETS VISUELS UNIQUES COMME DES IRISATIONS OU DES VARIATIONS DE TEXTURE. LES POTIERS UTILISENT CES TECHNIQUES POUR CRÉER DES EFFETS SPÉCIFIQUES ET POUR DONNER DU CARACTÈRE À LEURS ŒUVRES, EXPLORANT LA GAMME DES POSSIBILITÉS OFFERTES PAR LES INTERACTIONS ENTRE LA GLAÇURE, L'ARGILE ET L'ATMOSPHÈRE DU FOUR.

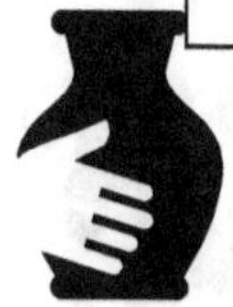

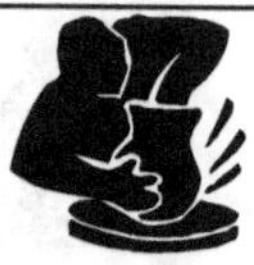
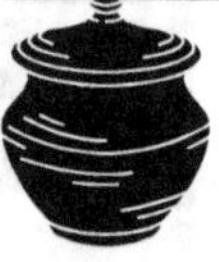
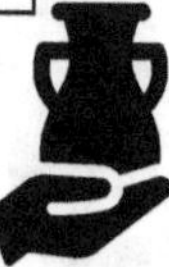

65

TERRE NOIRE EN POTERIE

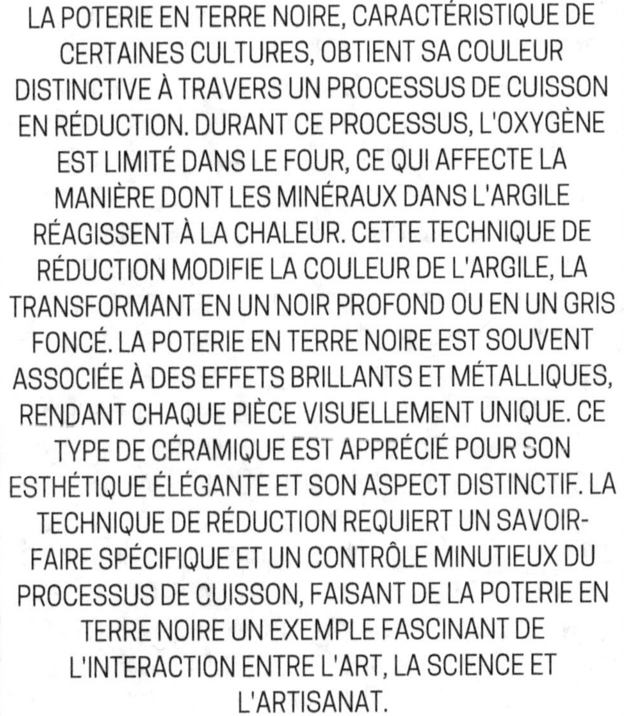

LA POTERIE EN TERRE NOIRE, CARACTÉRISTIQUE DE CERTAINES CULTURES, OBTIENT SA COULEUR DISTINCTIVE À TRAVERS UN PROCESSUS DE CUISSON EN RÉDUCTION. DURANT CE PROCESSUS, L'OXYGÈNE EST LIMITÉ DANS LE FOUR, CE QUI AFFECTE LA MANIÈRE DONT LES MINÉRAUX DANS L'ARGILE RÉAGISSENT À LA CHALEUR. CETTE TECHNIQUE DE RÉDUCTION MODIFIE LA COULEUR DE L'ARGILE, LA TRANSFORMANT EN UN NOIR PROFOND OU EN UN GRIS FONCÉ. LA POTERIE EN TERRE NOIRE EST SOUVENT ASSOCIÉE À DES EFFETS BRILLANTS ET MÉTALLIQUES, RENDANT CHAQUE PIÈCE VISUELLEMENT UNIQUE. CE TYPE DE CÉRAMIQUE EST APPRÉCIÉ POUR SON ESTHÉTIQUE ÉLÉGANTE ET SON ASPECT DISTINCTIF. LA TECHNIQUE DE RÉDUCTION REQUIERT UN SAVOIR-FAIRE SPÉCIFIQUE ET UN CONTRÔLE MINUTIEUX DU PROCESSUS DE CUISSON, FAISANT DE LA POTERIE EN TERRE NOIRE UN EXEMPLE FASCINANT DE L'INTERACTION ENTRE L'ART, LA SCIENCE ET L'ARTISANAT.

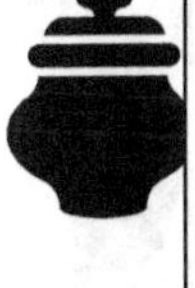
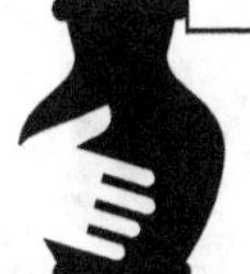
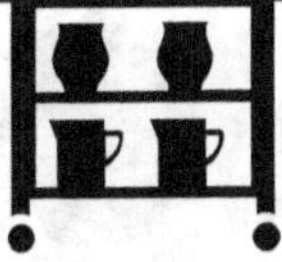
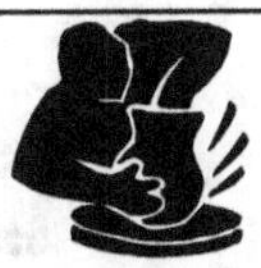
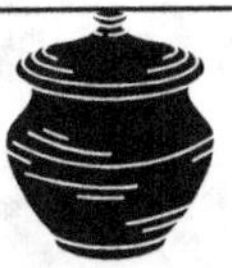
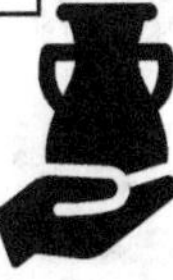

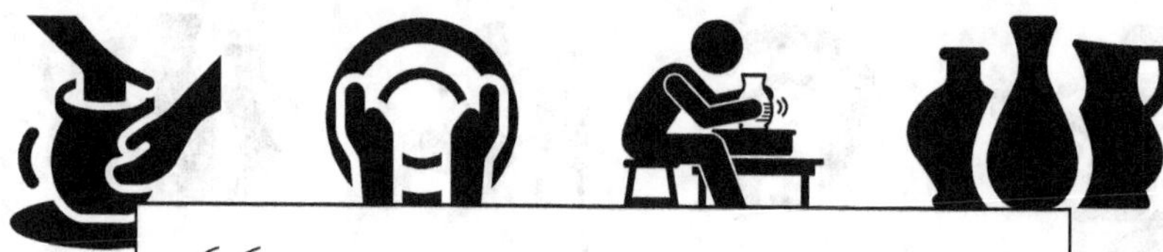

FINESSE DE L'INDUS

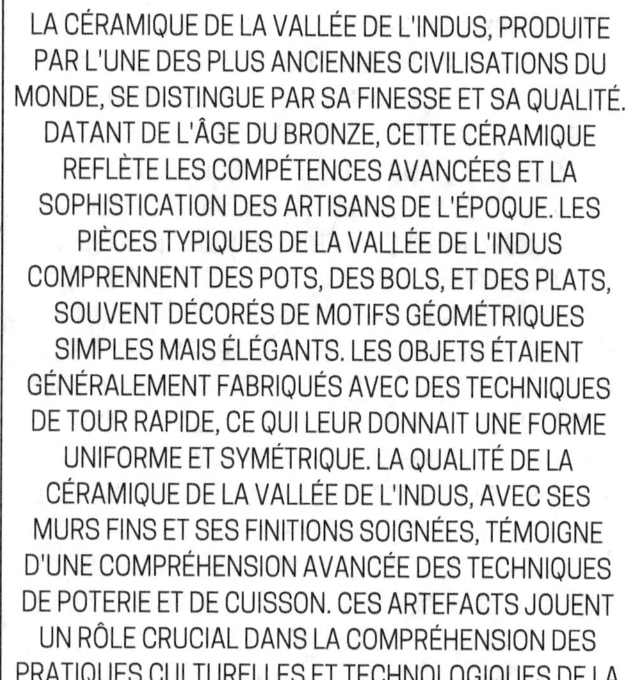

LA CÉRAMIQUE DE LA VALLÉE DE L'INDUS, PRODUITE PAR L'UNE DES PLUS ANCIENNES CIVILISATIONS DU MONDE, SE DISTINGUE PAR SA FINESSE ET SA QUALITÉ. DATANT DE L'ÂGE DU BRONZE, CETTE CÉRAMIQUE REFLÈTE LES COMPÉTENCES AVANCÉES ET LA SOPHISTICATION DES ARTISANS DE L'ÉPOQUE. LES PIÈCES TYPIQUES DE LA VALLÉE DE L'INDUS COMPRENNENT DES POTS, DES BOLS, ET DES PLATS, SOUVENT DÉCORÉS DE MOTIFS GÉOMÉTRIQUES SIMPLES MAIS ÉLÉGANTS. LES OBJETS ÉTAIENT GÉNÉRALEMENT FABRIQUÉS AVEC DES TECHNIQUES DE TOUR RAPIDE, CE QUI LEUR DONNAIT UNE FORME UNIFORME ET SYMÉTRIQUE. LA QUALITÉ DE LA CÉRAMIQUE DE LA VALLÉE DE L'INDUS, AVEC SES MURS FINS ET SES FINITIONS SOIGNÉES, TÉMOIGNE D'UNE COMPRÉHENSION AVANCÉE DES TECHNIQUES DE POTERIE ET DE CUISSON. CES ARTEFACTS JOUENT UN RÔLE CRUCIAL DANS LA COMPRÉHENSION DES PRATIQUES CULTURELLES ET TECHNOLOGIQUES DE LA CIVILISATION DE LA VALLÉE DE L'INDUS.

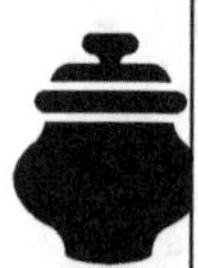
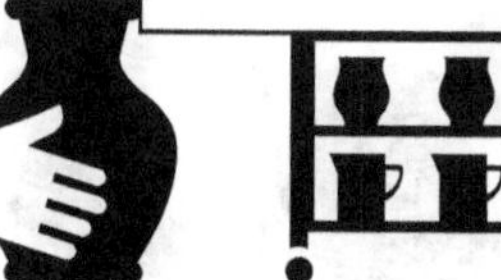
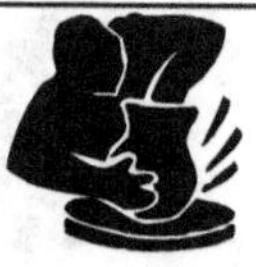
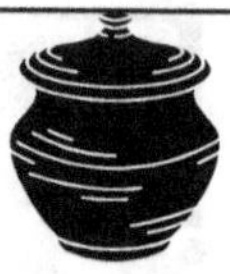
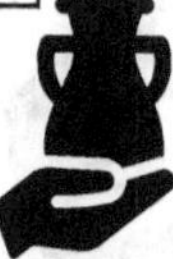

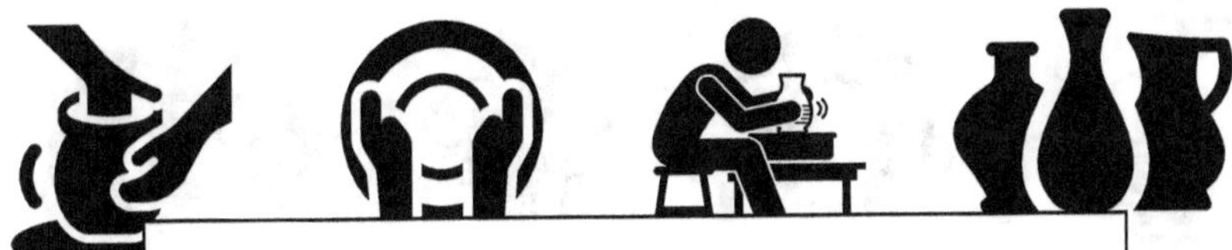

67

FIGURES NOIRES GRECQUES

LA TECHNIQUE DE "FIGURE NOIRE", UTILISÉE PAR LES POTIERS DE LA GRÈCE ANTIQUE, ÉTAIT UNE MÉTHODE INNOVANTE DE DÉCORATION DE POTERIE OÙ LES FIGURES ÉTAIENT PEINTES EN NOIR SUR UN FOND ROUGE NATUREL DE L'ARGILE. CETTE TECHNIQUE A ÉTÉ DÉVELOPPÉE VERS LE 7ÈME SIÈCLE AVANT J.-C. ET EST DEVENUE UN STYLE DOMINANT DE LA POTERIE GRECQUE PENDANT PLUSIEURS SIÈCLES. LES ARTISANS APPLIQUAIENT UN SLIP NOIR RICHE EN FER SUR LA POTERIE, QUI, UNE FOIS CUITE, DEVENAIT BRILLANTE ET NOIRE. LES DÉTAILS DES FIGURES ÉTAIENT GRAVÉS DANS LE SLIP NOIR, RÉVÉLANT AINSI LA COULEUR ROUGE DE L'ARGILE EN DESSOUS. APRÈS UNE CUISSON EN TROIS ÉTAPES, Y COMPRIS UNE PHASE DE RÉDUCTION, LE FOND DE LA POTERIE RESTAIT ROUGE, TANDIS QUE LES FIGURES RESSORTAIENT EN NOIR BRILLANT. CETTE MÉTHODE PERMETTAIT UNE GRANDE PRÉCISION DANS LA REPRÉSENTATION DES DÉTAILS ANATOMIQUES, DES VÊTEMENTS ET DES EXPRESSIONS, FAISANT DES VASES À FIGURES NOIRES DES TÉMOIGNAGES PRÉCIEUX DE L'ART ET DE LA MYTHOLOGIE GRECS.

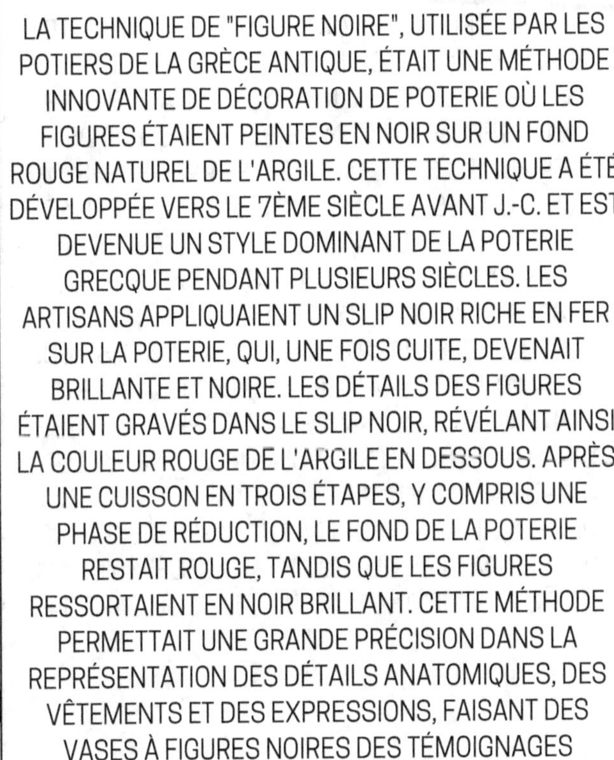
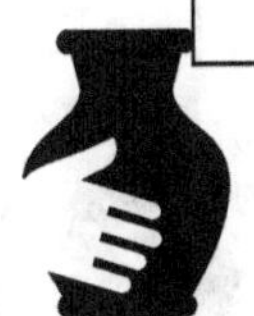

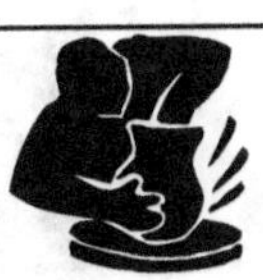
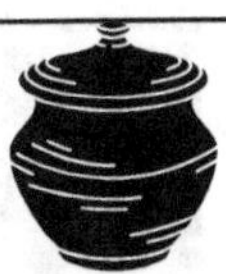
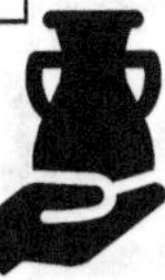

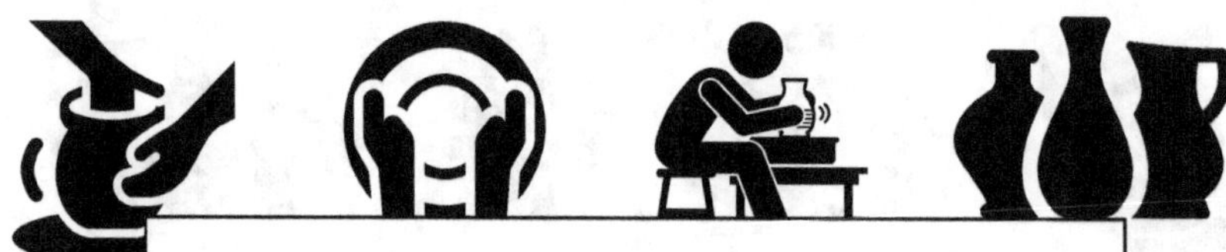

68

INCRUSTATIONS EN POTERIE

LA POTERIE PEUT ÊTRE ORNÉE D'INCRUSTATIONS DE PIERRES PRÉCIEUSES OU DE MÉTAUX, AJOUTANT UN NIVEAU DE LUXE ET DE RAFFINEMENT AUX PIÈCES. CETTE TECHNIQUE CONSISTE À ENCASTRER DES MATÉRIAUX TELS QUE DES PIERRES PRÉCIEUSES, DES PERLES, OU DES MÉTAUX COMME L'OR, L'ARGENT OU LE CUIVRE DANS L'ARGILE AVANT OU APRÈS LA CUISSON. CES INCRUSTATIONS PEUVENT ÊTRE UTILISÉES POUR CRÉER DES MOTIFS DÉCORATIFS, DES IMAGES OU DES INSCRIPTIONS. LA COMBINAISON DE CÉRAMIQUE ET DE MATÉRIAUX PRÉCIEUX CRÉE UN CONTRASTE VISUEL SAISISSANT ET PEUT AJOUTER UNE SIGNIFICATION SYMBOLIQUE OU UNE VALEUR ACCRUE À L'OBJET. CETTE PRATIQUE EST SOUVENT UTILISÉE DANS LA POTERIE ARTISTIQUE, LES ŒUVRES COMMÉMORATIVES OU LES OBJETS DE CÉRÉMONIE, ET REFLÈTE L'HABILETÉ ET LA CRÉATIVITÉ DE L'ARTISAN.

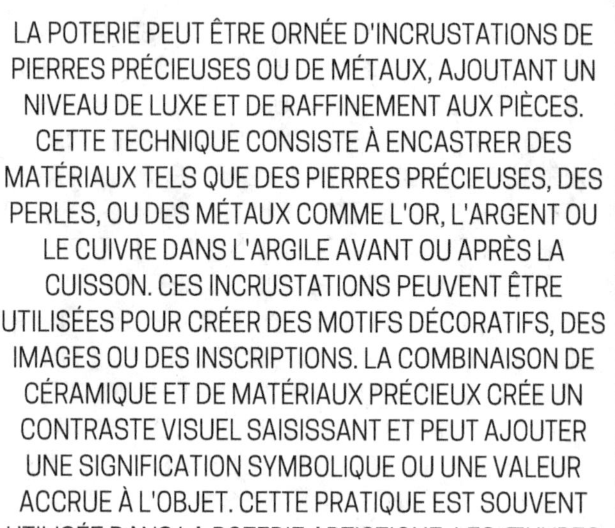
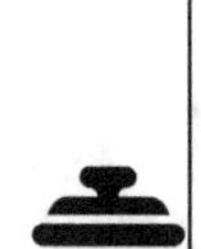
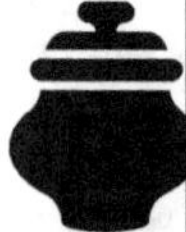
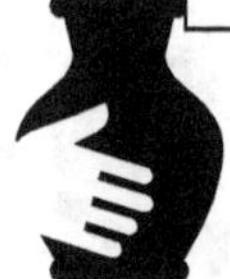
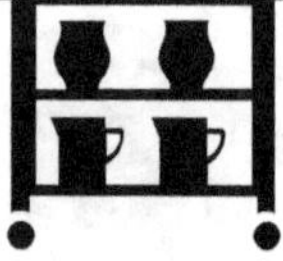
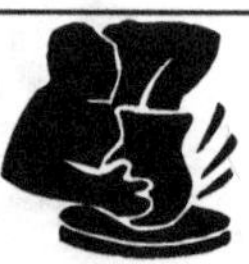
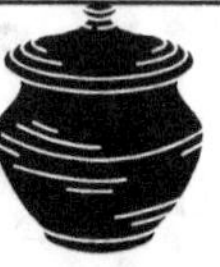
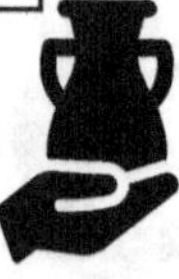

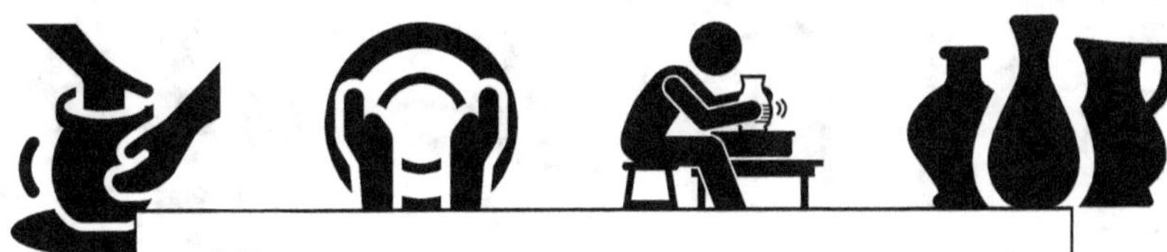

GLAÇURES TRICOLORES TANG

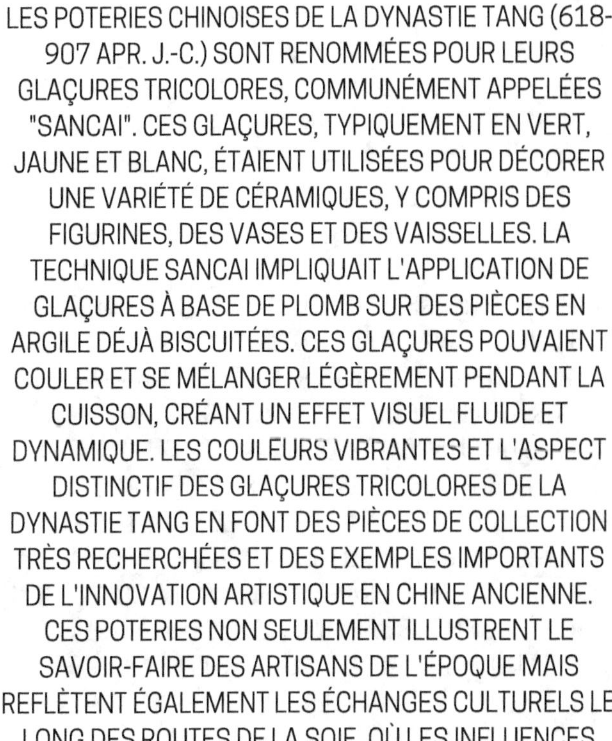

LES POTERIES CHINOISES DE LA DYNASTIE TANG (618-907 APR. J.-C.) SONT RENOMMÉES POUR LEURS GLAÇURES TRICOLORES, COMMUNÉMENT APPELÉES "SANCAI". CES GLAÇURES, TYPIQUEMENT EN VERT, JAUNE ET BLANC, ÉTAIENT UTILISÉES POUR DÉCORER UNE VARIÉTÉ DE CÉRAMIQUES, Y COMPRIS DES FIGURINES, DES VASES ET DES VAISSELLES. LA TECHNIQUE SANCAI IMPLIQUAIT L'APPLICATION DE GLAÇURES À BASE DE PLOMB SUR DES PIÈCES EN ARGILE DÉJÀ BISCUITÉES. CES GLAÇURES POUVAIENT COULER ET SE MÉLANGER LÉGÈREMENT PENDANT LA CUISSON, CRÉANT UN EFFET VISUEL FLUIDE ET DYNAMIQUE. LES COULEURS VIBRANTES ET L'ASPECT DISTINCTIF DES GLAÇURES TRICOLORES DE LA DYNASTIE TANG EN FONT DES PIÈCES DE COLLECTION TRÈS RECHERCHÉES ET DES EXEMPLES IMPORTANTS DE L'INNOVATION ARTISTIQUE EN CHINE ANCIENNE. CES POTERIES NON SEULEMENT ILLUSTRENT LE SAVOIR-FAIRE DES ARTISANS DE L'ÉPOQUE MAIS REFLÈTENT ÉGALEMENT LES ÉCHANGES CULTURELS LE LONG DES ROUTES DE LA SOIE, OÙ LES INFLUENCES ARTISTIQUES SE MÉLANGEAIENT.

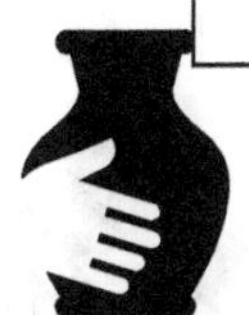

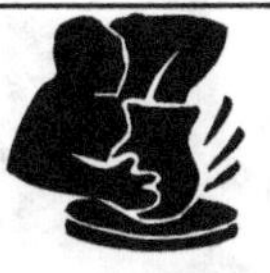
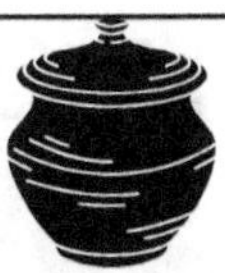
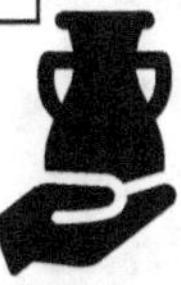

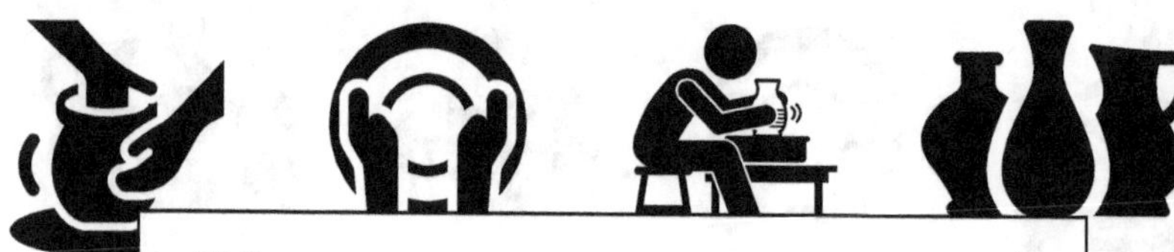

URNES FUNÉRAIRES PRÉHISTORIQUES

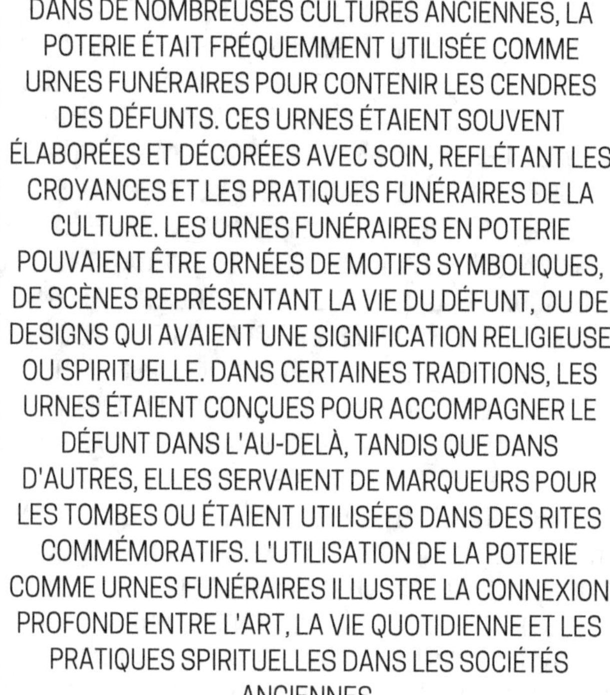

DANS DE NOMBREUSES CULTURES ANCIENNES, LA POTERIE ÉTAIT FRÉQUEMMENT UTILISÉE COMME URNES FUNÉRAIRES POUR CONTENIR LES CENDRES DES DÉFUNTS. CES URNES ÉTAIENT SOUVENT ÉLABORÉES ET DÉCORÉES AVEC SOIN, REFLÉTANT LES CROYANCES ET LES PRATIQUES FUNÉRAIRES DE LA CULTURE. LES URNES FUNÉRAIRES EN POTERIE POUVAIENT ÊTRE ORNÉES DE MOTIFS SYMBOLIQUES, DE SCÈNES REPRÉSENTANT LA VIE DU DÉFUNT, OU DE DESIGNS QUI AVAIENT UNE SIGNIFICATION RELIGIEUSE OU SPIRITUELLE. DANS CERTAINES TRADITIONS, LES URNES ÉTAIENT CONÇUES POUR ACCOMPAGNER LE DÉFUNT DANS L'AU-DELÀ, TANDIS QUE DANS D'AUTRES, ELLES SERVAIENT DE MARQUEURS POUR LES TOMBES OU ÉTAIENT UTILISÉES DANS DES RITES COMMÉMORATIFS. L'UTILISATION DE LA POTERIE COMME URNES FUNÉRAIRES ILLUSTRE LA CONNEXION PROFONDE ENTRE L'ART, LA VIE QUOTIDIENNE ET LES PRATIQUES SPIRITUELLES DANS LES SOCIÉTÉS ANCIENNES.

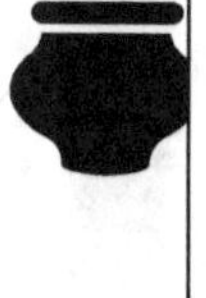
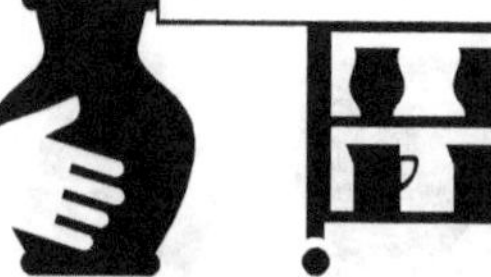
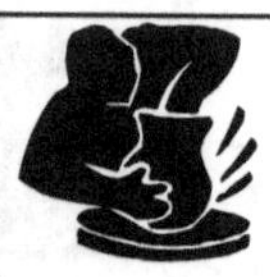
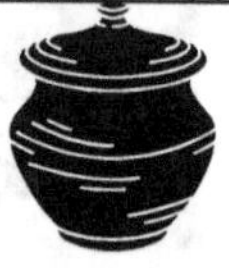
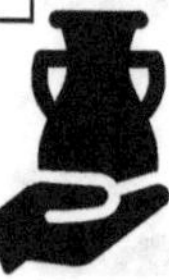

POTERIE POLYCHROME COMPLEXITÉ

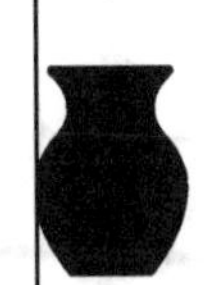
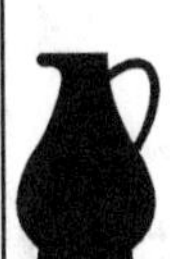
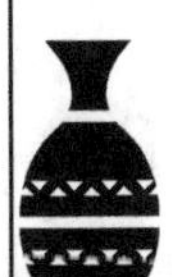
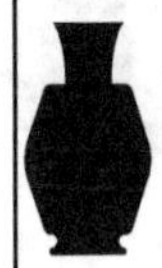

LA POTERIE POLYCHROME EST UNE TECHNIQUE QUI UTILISE PLUSIEURS COULEURS DE GLAÇURE POUR CRÉER DES DESIGNS COMPLEXES ET COLORÉS. CETTE MÉTHODE PERMET AUX POTIERS DE COMBINER DIFFÉRENTES COULEURS DANS UN SEUL OBJET, CRÉANT DES MOTIFS ÉLABORÉS ET DES IMAGES DÉTAILLÉES. LES COULEURS SONT GÉNÉRALEMENT APPLIQUÉES À LA MAIN, ET LES POTIERS PEUVENT UTILISER DES PINCEAUX, DES ÉPONGES, OU D'AUTRES OUTILS POUR CRÉER DES EFFETS VARIÉS. LA POLYCHROMIE EN POTERIE PEUT VARIER DE SIMPLES MOTIFS GÉOMÉTRIQUES À DES REPRÉSENTATIONS FIGURATIVES DÉTAILLÉES. CETTE TECHNIQUE EST UTILISÉE DANS DIVERSES TRADITIONS CÉRAMIQUES À TRAVERS LE MONDE ET EST PARTICULIÈREMENT APPRÉCIÉE POUR SA CAPACITÉ À RENDRE LES PIÈCES VIBRANTES ET VISUELLEMENT CAPTIVANTES. LA POTERIE POLYCHROME NÉCESSITE NON SEULEMENT UN GRAND SAVOIR-FAIRE ARTISTIQUE MAIS AUSSI UNE COMPRÉHENSION APPROFONDIE DES PROPRIÉTÉS DES GLAÇURES ET DE LEUR COMPORTEMENT LORS DE LA CUISSON.

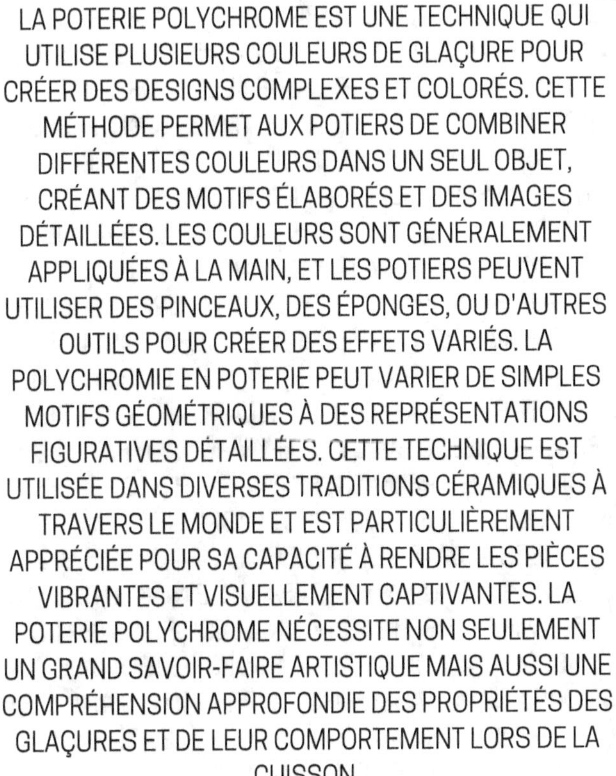
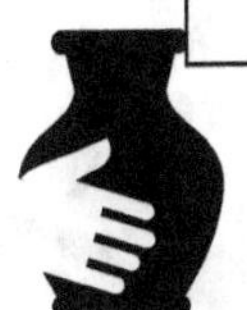

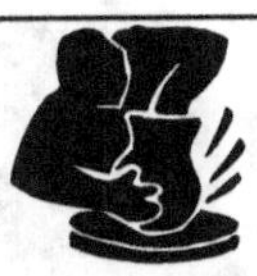
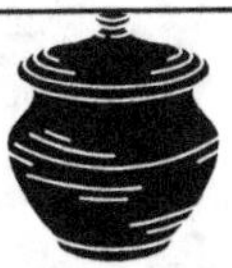
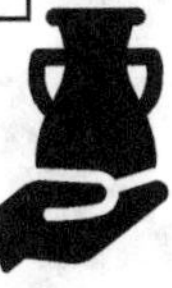

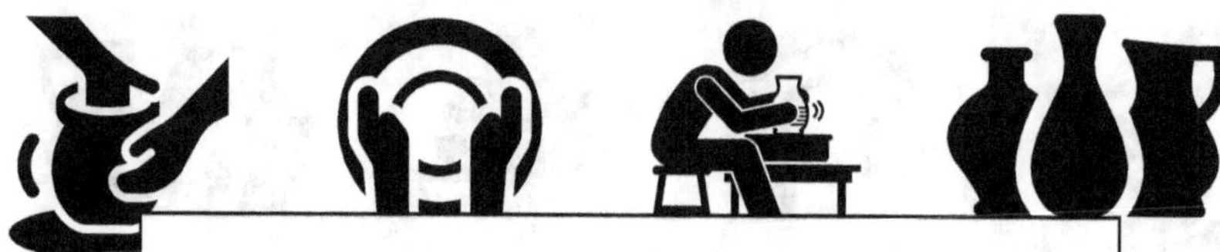

POTERIE PUEBLO SYMBOLIQUE

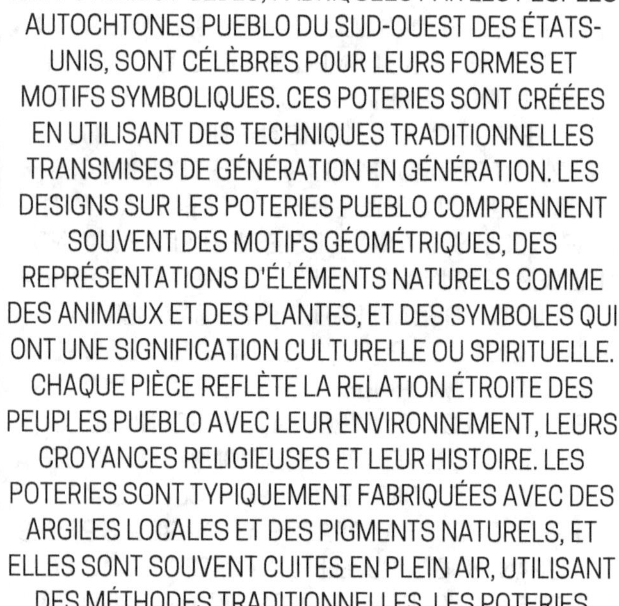

LES POTERIES PUEBLO, FABRIQUÉES PAR LES PEUPLES AUTOCHTONES PUEBLO DU SUD-OUEST DES ÉTATS-UNIS, SONT CÉLÈBRES POUR LEURS FORMES ET MOTIFS SYMBOLIQUES. CES POTERIES SONT CRÉÉES EN UTILISANT DES TECHNIQUES TRADITIONNELLES TRANSMISES DE GÉNÉRATION EN GÉNÉRATION. LES DESIGNS SUR LES POTERIES PUEBLO COMPRENNENT SOUVENT DES MOTIFS GÉOMÉTRIQUES, DES REPRÉSENTATIONS D'ÉLÉMENTS NATURELS COMME DES ANIMAUX ET DES PLANTES, ET DES SYMBOLES QUI ONT UNE SIGNIFICATION CULTURELLE OU SPIRITUELLE. CHAQUE PIÈCE REFLÈTE LA RELATION ÉTROITE DES PEUPLES PUEBLO AVEC LEUR ENVIRONNEMENT, LEURS CROYANCES RELIGIEUSES ET LEUR HISTOIRE. LES POTERIES SONT TYPIQUEMENT FABRIQUÉES AVEC DES ARGILES LOCALES ET DES PIGMENTS NATURELS, ET ELLES SONT SOUVENT CUITES EN PLEIN AIR, UTILISANT DES MÉTHODES TRADITIONNELLES. LES POTERIES PUEBLO SONT NON SEULEMENT DES OBJETS D'USAGE QUOTIDIEN MAIS AUSSI DES EXPRESSIONS D'ART ET DE CULTURE, VALORISANT L'HÉRITAGE ET LES TRADITIONS DES PEUPLES PUEBLO.

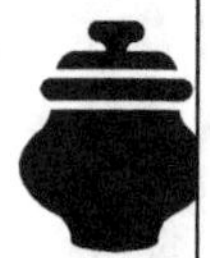
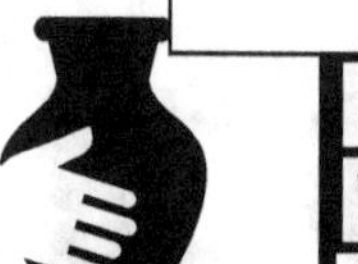
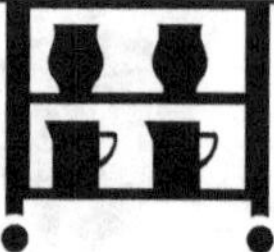
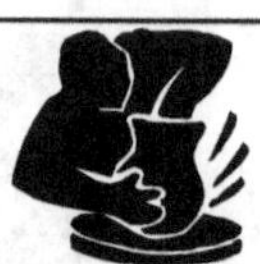
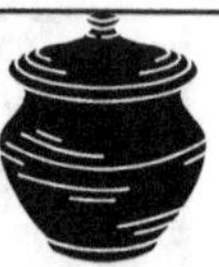
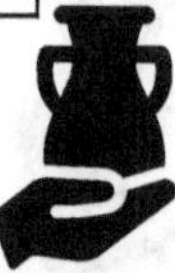

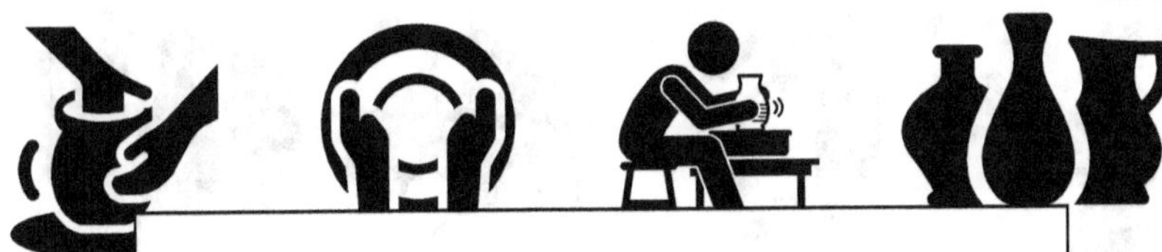

POTERIE JOMON SPIRALE

LA POTERIE DE LA PÉRIODE JOMON AU JAPON, DATANT D'ENVIRON 14 000 À 300 AVANT NOTRE ÈRE, EST RECONNUE POUR SES MOTIFS EN SPIRALE ET SES FORMES LIBRES. CETTE POTERIE, PARMI LES PLUS ANCIENNES AU MONDE, MONTRE UNE VARIÉTÉ IMPRESSIONNANTE DE FORMES ET DE MOTIFS, Y COMPRIS DES CORDONS ET DES EMPREINTES EN SPIRALE, QUI DONNENT SON NOM À LA PÉRIODE (JOMON SIGNIFIANT « MOTIFS DE CORDES » EN JAPONAIS). CES POTERIES ÉTAIENT SOUVENT FABRIQUÉES SANS TOUR, CE QUI A DONNÉ LIEU À DES FORMES CRÉATIVES ET UNIQUES, REFLÉTANT UNE GRANDE LIBERTÉ ARTISTIQUE. LES MOTIFS ET LES FORMES DE LA POTERIE JOMON ÉTAIENT NON SEULEMENT DÉCORATIFS MAIS AVAIENT AUSSI SOUVENT UNE SIGNIFICATION RITUELLE OU SYMBOLIQUE. LA DIVERSITÉ ET LA SOPHISTICATION DE LA POTERIE JOMON TÉMOIGNENT DU DÉVELOPPEMENT CULTUREL ET ARTISTIQUE DES SOCIÉTÉS JAPONAISES DE L'ÉPOQUE.

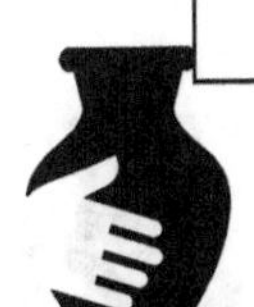
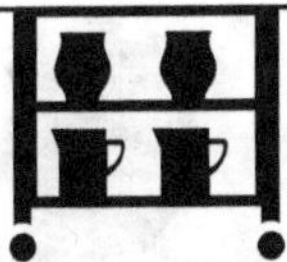
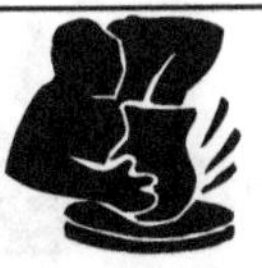
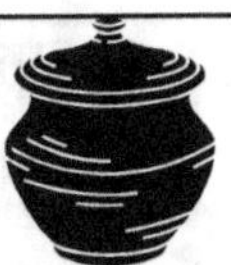
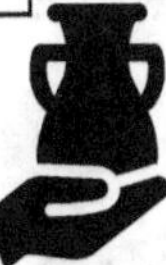

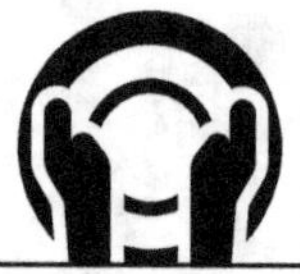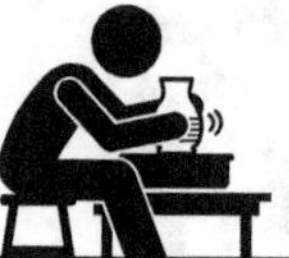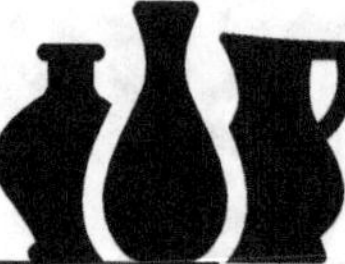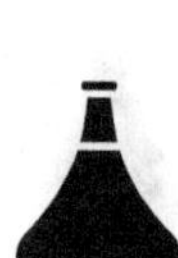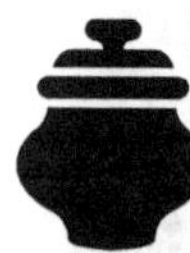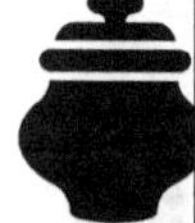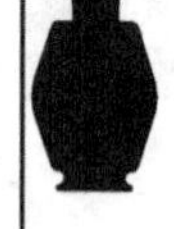

74

SIMPLICITÉ NATURELLE BIZEN

LA POTERIE BIZEN, L'UNE DES SIX ANCIENNES POTERIES DU JAPON, EST CÉLÈBRE POUR SA RUSTICITÉ ET SA SIMPLICITÉ NATURELLE. ORIGINAIRE DE LA RÉGION DE BIZEN, CETTE CÉRAMIQUE EST CONNUE POUR SON ASPECT NON ÉMAILLÉ ET SA COLORATION RÉSULTANT DE LA CUISSON À HAUTE TEMPÉRATURE DANS DES FOURS À BOIS. LES PIÈCES BIZEN SONT SOUVENT DISTINGUÉES PAR LEUR TEXTURE TERREUSE ET LEURS COULEURS ALLANT DU ROUGE BRIQUE AU BRUN ET AU GRIS. LE PROCESSUS DE CUISSON EN ATMOSPHÈRE RÉDUCTRICE, SOUVENT PENDANT PLUSIEURS JOURS, CONTRIBUE À LA VARIÉTÉ DES EFFETS DE SURFACE, Y COMPRIS LES MARQUES NATURELLES LAISSÉES PAR LA FLAMME ET LA CENDRE. LA POTERIE BIZEN EST APPRÉCIÉE POUR SA ROBUSTESSE ET SA FONCTIONNALITÉ, AINSI QUE POUR SON ESTHÉTIQUE WABI-SABI, QUI TROUVE LA BEAUTÉ DANS L'IMPERFECTION ET LA SIMPLICITÉ. LES ŒUVRES BIZEN SONT SOUVENT UTILISÉES POUR LA VAISSELLE ET LES USTENSILES DE THÉ, APPRÉCIÉES POUR LEUR QUALITÉ ET LEUR CARACTÈRE UNIQUE.

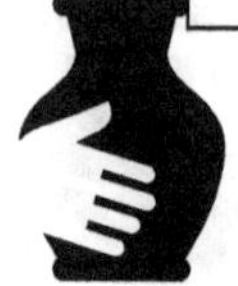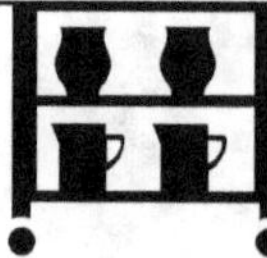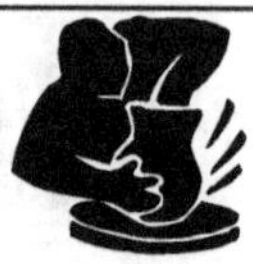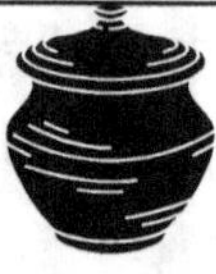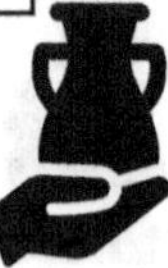

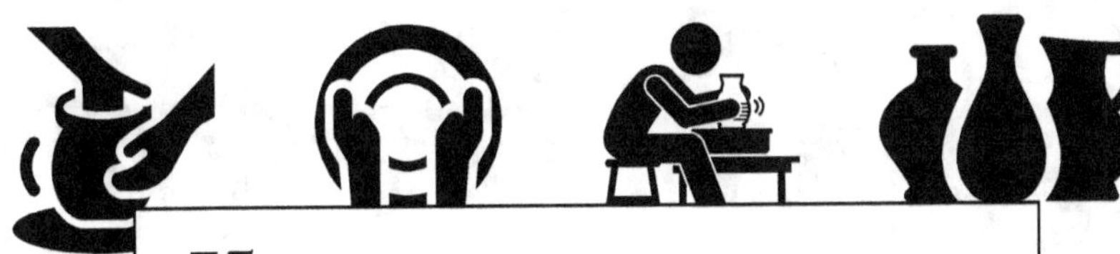

75

TECHNIQUES GLAÇAGE VARIÉES

LES TECHNIQUES DE GLAÇAGE EN POTERIE SONT VARIÉES, PERMETTANT AUX POTIERS DE CRÉER DES FINITIONS DIVERSES SUR LEURS ŒUVRES. LE TREMPAGE IMPLIQUE D'IMMERGER LA PIÈCE DANS UNE GLAÇURE LIQUIDE, ASSURANT UNE COUVERTURE UNIFORME. LE PINCEAU, UNE MÉTHODE PLUS CONTRÔLÉE, PERMET D'APPLIQUER LA GLAÇURE AVEC PRÉCISION ET DE CRÉER DES MOTIFS DÉTAILLÉS. LE PULVÉRISATEUR EST UTILISÉ POUR OBTENIR UN EFFET PLUS SUBTIL ET NUANCÉ, SOUVENT UTILISÉ POUR DES FINITIONS PLUS MODERNES OU ARTISTIQUES. LE VERSAGE CONSISTE À VERSER LA GLAÇURE SUR LA PIÈCE, CRÉANT DES MOTIFS FLUIDES ET PARFOIS ALÉATOIRES. CHAQUE TECHNIQUE OFFRE UN CONTRÔLE DIFFÉRENT SUR L'APPLICATION DE LA GLAÇURE ET PEUT ÊTRE UTILISÉE SEULE OU EN COMBINAISON POUR OBTENIR DES EFFETS SPÉCIFIQUES. LE CHOIX DE LA MÉTHODE DE GLAÇAGE DÉPEND DE L'EFFET DÉSIRÉ PAR LE POTIER, AINSI QUE DU STYLE ET DE LA FONCTION DE LA PIÈCE FINIE.

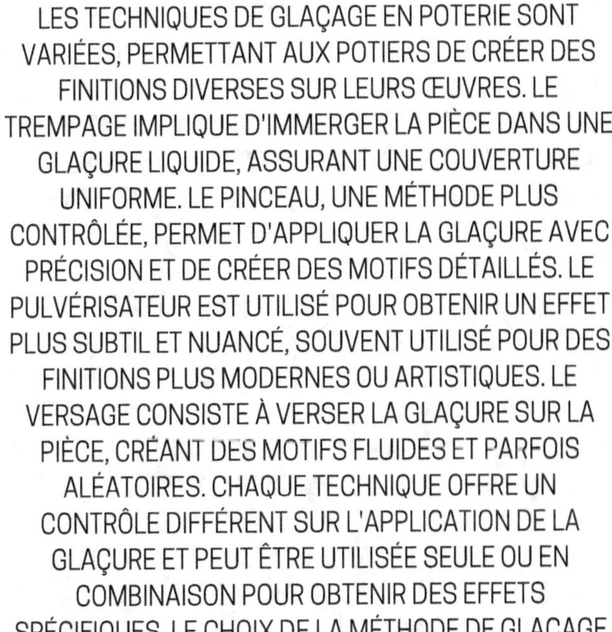
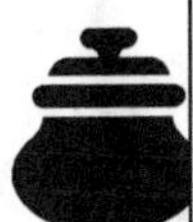
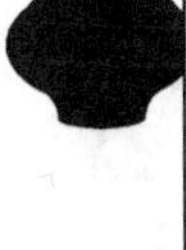
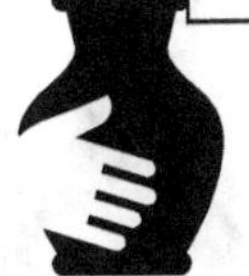
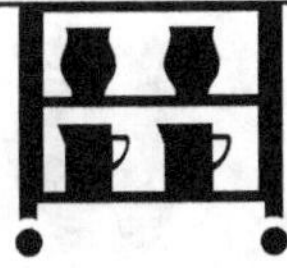
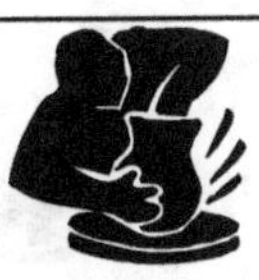
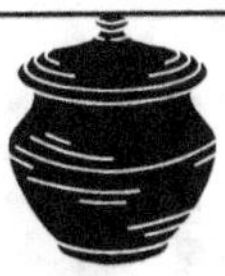
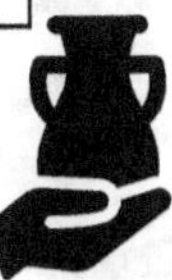

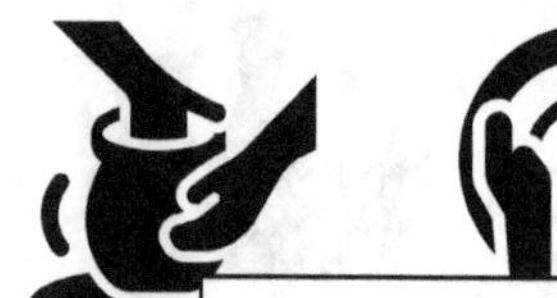
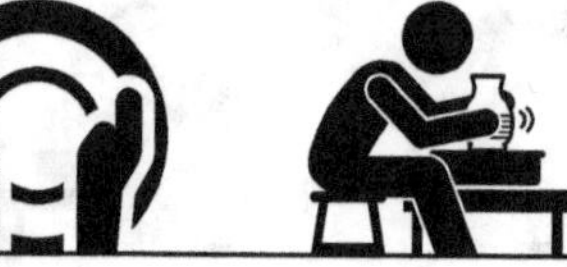
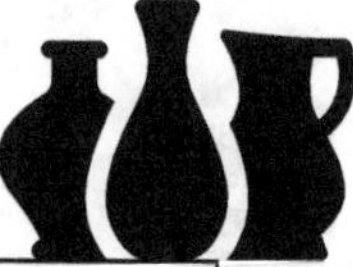

POTERIE ABSTRAITE ET FONCTIONNELLE

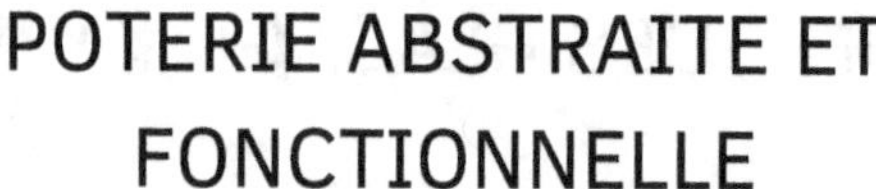

LA POTERIE OFFRE UNE PALETTE INCROYABLEMENT DIVERSE POUR LES ARTISTES, PERMETTANT LA CRÉATION D'ŒUVRES D'ART ABSTRAITES AINSI QUE D'OBJETS FONCTIONNELS. DANS LE DOMAINE ARTISTIQUE, LES POTIERS EXPLORENT DES FORMES, DES TEXTURES ET DES COULEURS POUR CRÉER DES SCULPTURES ET DES INSTALLATIONS QUI DÉFIENT LES CONVENTIONS TRADITIONNELLES DE LA POTERIE. CES ŒUVRES ABSTRAITES PEUVENT ÊTRE PUREMENT ESTHÉTIQUES, SUSCITANT RÉFLEXION ET ÉMOTION CHEZ LE SPECTATEUR, OU ELLES PEUVENT PORTER UN COMMENTAIRE SOCIAL OU CULTUREL. PARALLÈLEMENT, LA POTERIE CONTINUE DE JOUER UN RÔLE IMPORTANT DANS LA FABRICATION D'OBJETS FONCTIONNELS COMME DES VAISSELLES, DES VASES, ET DES RÉCIPIENTS DE STOCKAGE. CES OBJETS DU QUOTIDIEN PEUVENT ÉGALEMENT ÊTRE EMBELLIS AVEC DES ÉLÉMENTS ARTISTIQUES, COMBINANT UTILITÉ ET ESTHÉTIQUE. AINSI, LA POTERIE ENGLOBE UN LARGE ÉVENTAIL D'EXPRESSIONS, DES PLUS PRAGMATIQUES AUX PLUS CONCEPTUELLES.

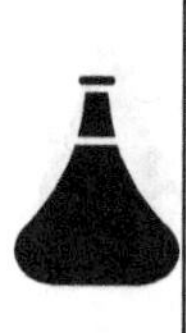
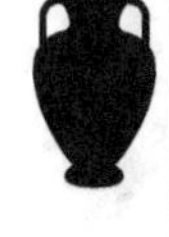
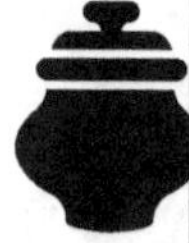
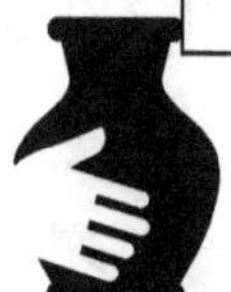

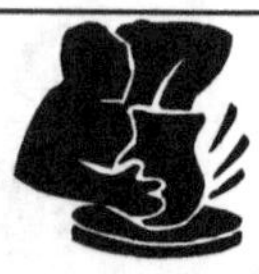
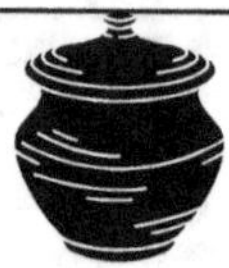
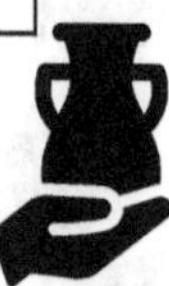

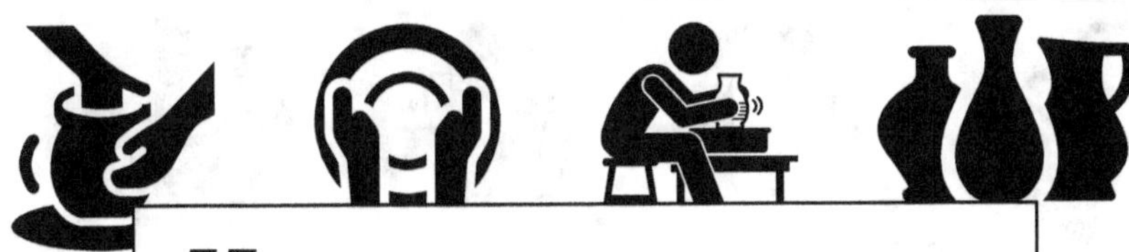

CUISSON FOSSE AFRICAINE

DANS DE NOMBREUSES CULTURES AFRICAINES, LA POTERIE EST SOUVENT CUITE EN FOSSE, UNE MÉTHODE TRADITIONNELLE QUI UTILISE UN FEU OUVERT. CETTE TECHNIQUE IMPLIQUE DE CREUSER UNE FOSSE DANS LE SOL, DANS LAQUELLE LES POTERIES SONT PLACÉES. LES PIÈCES SONT ENSUITE RECOUVERTES DE COMBUSTIBLES COMME DU BOIS, DES FEUILLES, ET PARFOIS DES EXCRÉMENTS D'ANIMAUX, QUI SONT ENFLAMMÉS. LA CHALEUR DU FEU CUIT LA POTERIE, TANDIS QUE LA NATURE DU FEU OUVERT CRÉE DES EFFETS UNIQUES DE RÉDUCTION ET D'OXYDATION SUR LES SURFACES DES PIÈCES. LA CUISSON EN FOSSE PEUT DONNER DES RÉSULTATS IMPRÉVISIBLES, AVEC DES VARIATIONS DE COULEUR ET DE TEXTURE QUI RENDENT CHAQUE PIÈCE UNIQUE. CETTE MÉTHODE, BIEN QU'ANCIENNE, EST ENCORE PRATIQUÉE DANS DE NOMBREUSES COMMUNAUTÉS, PERPÉTUANT LES TRADITIONS ET LES TECHNIQUES DE POTERIE ANCESTRALES.

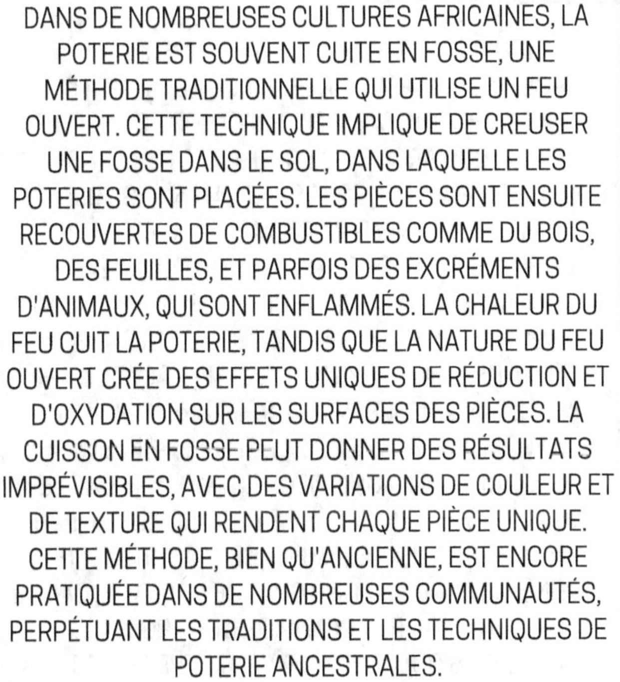
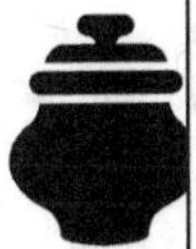
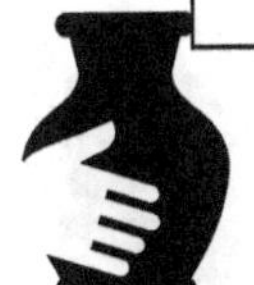

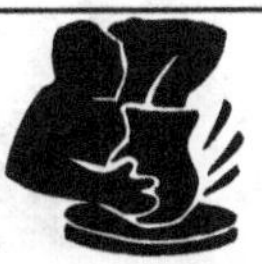
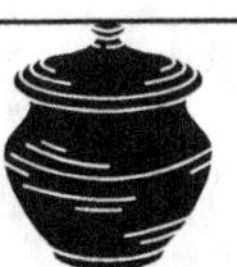
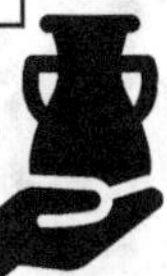
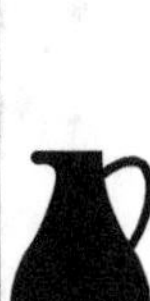
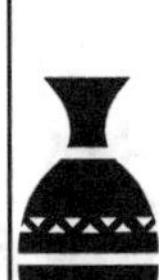
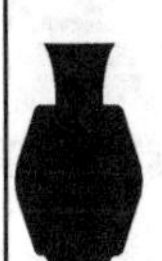

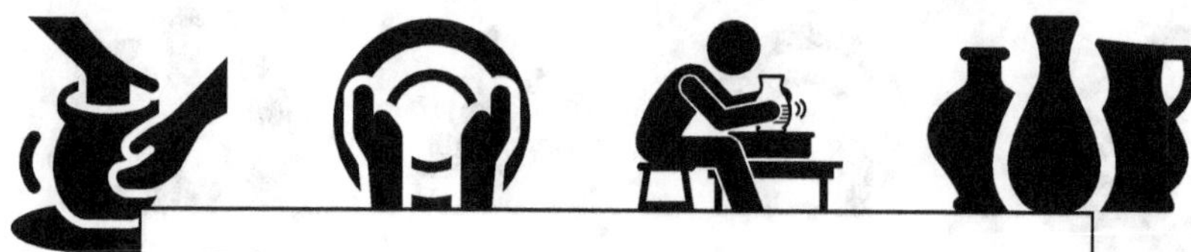

AGATEWARE MULTICOLORE

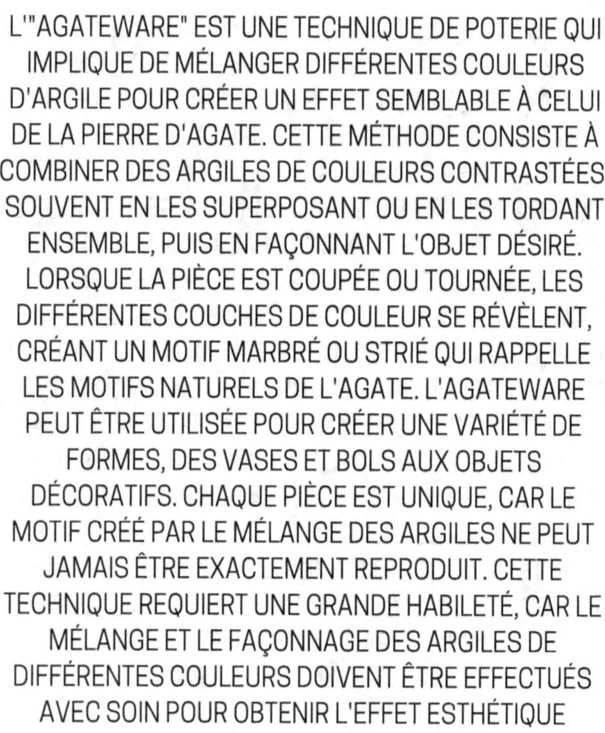

L'"AGATEWARE" EST UNE TECHNIQUE DE POTERIE QUI IMPLIQUE DE MÉLANGER DIFFÉRENTES COULEURS D'ARGILE POUR CRÉER UN EFFET SEMBLABLE À CELUI DE LA PIERRE D'AGATE. CETTE MÉTHODE CONSISTE À COMBINER DES ARGILES DE COULEURS CONTRASTÉES, SOUVENT EN LES SUPERPOSANT OU EN LES TORDANT ENSEMBLE, PUIS EN FAÇONNANT L'OBJET DÉSIRÉ. LORSQUE LA PIÈCE EST COUPÉE OU TOURNÉE, LES DIFFÉRENTES COUCHES DE COULEUR SE RÉVÈLENT, CRÉANT UN MOTIF MARBRÉ OU STRIÉ QUI RAPPELLE LES MOTIFS NATURELS DE L'AGATE. L'AGATEWARE PEUT ÊTRE UTILISÉE POUR CRÉER UNE VARIÉTÉ DE FORMES, DES VASES ET BOLS AUX OBJETS DÉCORATIFS. CHAQUE PIÈCE EST UNIQUE, CAR LE MOTIF CRÉÉ PAR LE MÉLANGE DES ARGILES NE PEUT JAMAIS ÊTRE EXACTEMENT REPRODUIT. CETTE TECHNIQUE REQUIERT UNE GRANDE HABILETÉ, CAR LE MÉLANGE ET LE FAÇONNAGE DES ARGILES DE DIFFÉRENTES COULEURS DOIVENT ÊTRE EFFECTUÉS AVEC SOIN POUR OBTENIR L'EFFET ESTHÉTIQUE SOUHAITÉ.

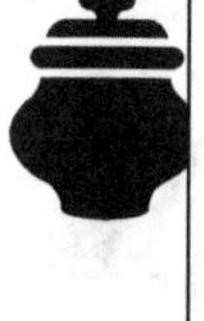
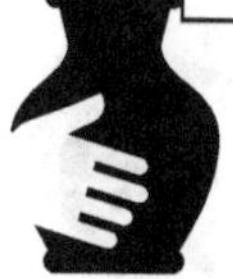

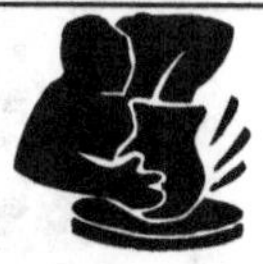
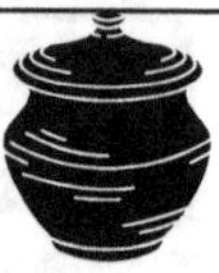
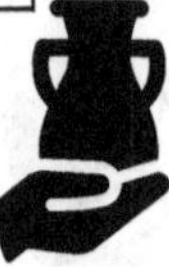

POTERIE NAZCA COLORÉE

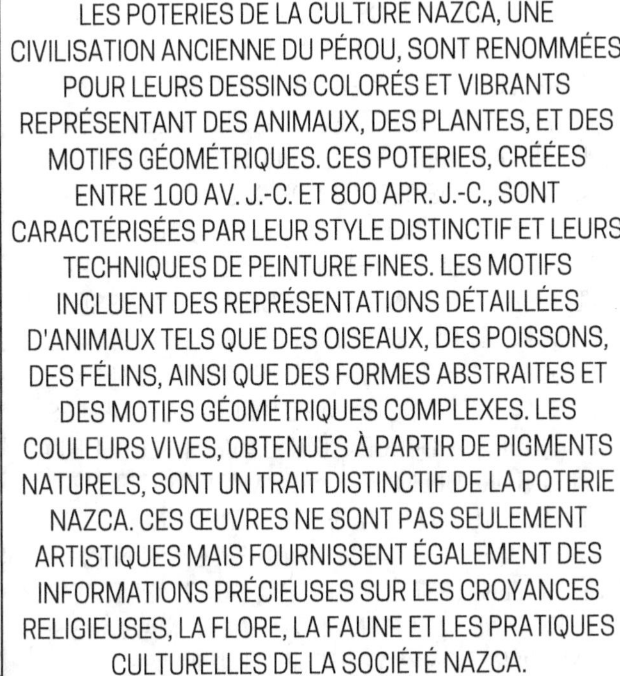

LES POTERIES DE LA CULTURE NAZCA, UNE CIVILISATION ANCIENNE DU PÉROU, SONT RENOMMÉES POUR LEURS DESSINS COLORÉS ET VIBRANTS REPRÉSENTANT DES ANIMAUX, DES PLANTES, ET DES MOTIFS GÉOMÉTRIQUES. CES POTERIES, CRÉÉES ENTRE 100 AV. J.-C. ET 800 APR. J.-C., SONT CARACTÉRISÉES PAR LEUR STYLE DISTINCTIF ET LEURS TECHNIQUES DE PEINTURE FINES. LES MOTIFS INCLUENT DES REPRÉSENTATIONS DÉTAILLÉES D'ANIMAUX TELS QUE DES OISEAUX, DES POISSONS, DES FÉLINS, AINSI QUE DES FORMES ABSTRAITES ET DES MOTIFS GÉOMÉTRIQUES COMPLEXES. LES COULEURS VIVES, OBTENUES À PARTIR DE PIGMENTS NATURELS, SONT UN TRAIT DISTINCTIF DE LA POTERIE NAZCA. CES ŒUVRES NE SONT PAS SEULEMENT ARTISTIQUES MAIS FOURNISSENT ÉGALEMENT DES INFORMATIONS PRÉCIEUSES SUR LES CROYANCES RELIGIEUSES, LA FLORE, LA FAUNE ET LES PRATIQUES CULTURELLES DE LA SOCIÉTÉ NAZCA.

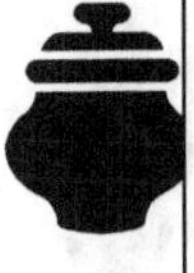
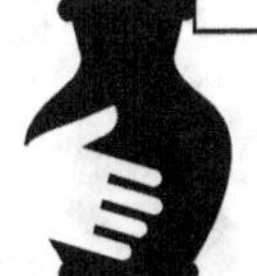
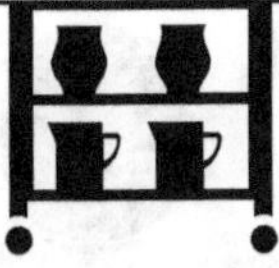
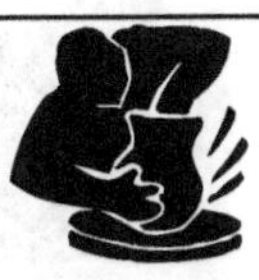
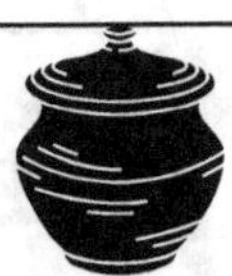
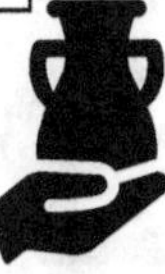

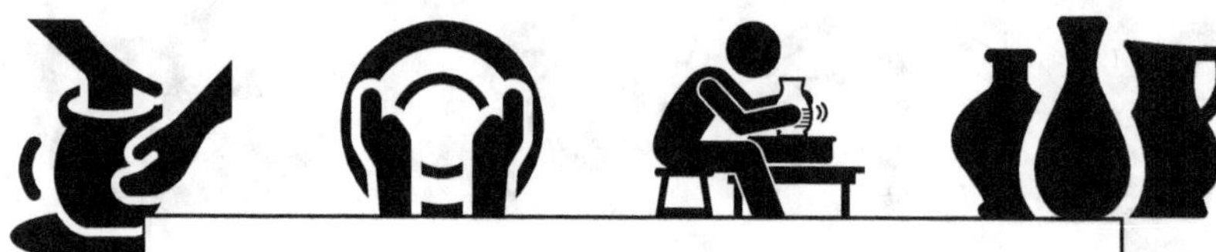

DIVERSITÉ DES TECHNIQUES POTIÈRES

LES TECHNIQUES DE POTERIE VARIENT CONSIDÉRABLEMENT D'UNE CULTURE À L'AUTRE, REFLÉTANT SOUVENT LES TRADITIONS, LES CROYANCES ET LES RESSOURCES LOCALES. CHAQUE CULTURE A DÉVELOPPÉ SES PROPRES MÉTHODES DE FAÇONNAGE, DE DÉCORATION ET DE CUISSON DE LA POTERIE, INFLUENCÉES PAR DES FACTEURS GÉOGRAPHIQUES, HISTORIQUES ET SOCIAUX. PAR EXEMPLE, LA TECHNIQUE DE CUISSON EN FOSSE EST COMMUNE DANS LES CULTURES AFRICAINES, TANDIS QUE LE TOURNAGE RAPIDE SUR LE TOUR EST CARACTÉRISTIQUE DE LA POTERIE ASIATIQUE. LES MÉTHODES DE DÉCORATION PEUVENT ALLER DE LA PEINTURE DÉLICATE ET DES MOTIFS INCISÉS À L'UTILISATION AUDACIEUSE DE TEXTURES ET DE FORMES. CES VARIATIONS REFLÈTENT NON SEULEMENT L'INGÉNIOSITÉ ET L'ADAPTABILITÉ DES POTIERS FACE À LEUR ENVIRONNEMENT MAIS AUSSI LA MANIÈRE DONT LA POTERIE EST UTILISÉE POUR EXPRIMER L'IDENTITÉ CULTURELLE ET LES VALEURS D'UNE SOCIÉTÉ.

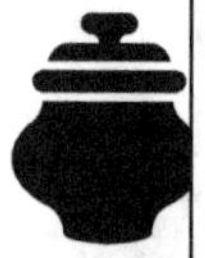
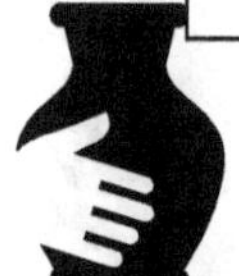

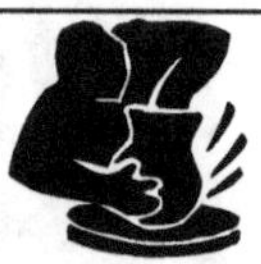
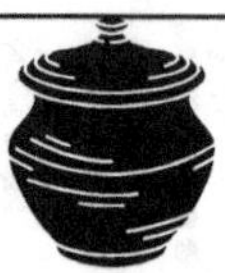
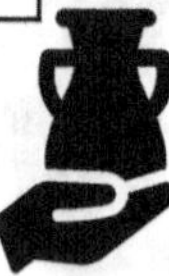

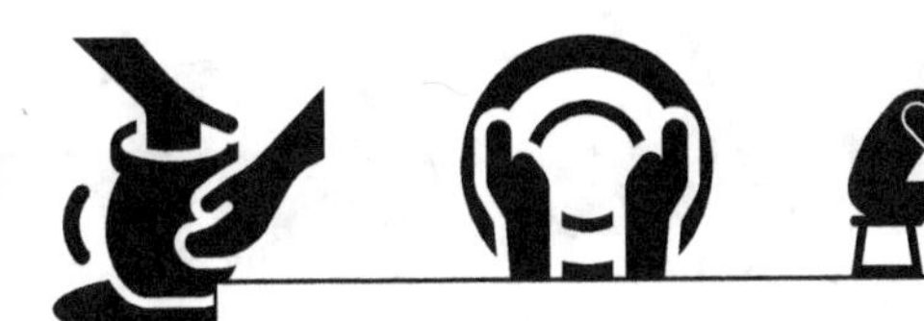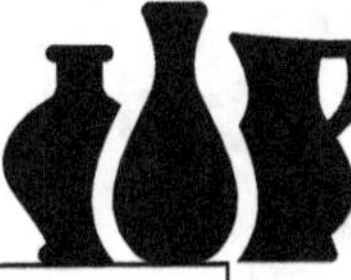

81

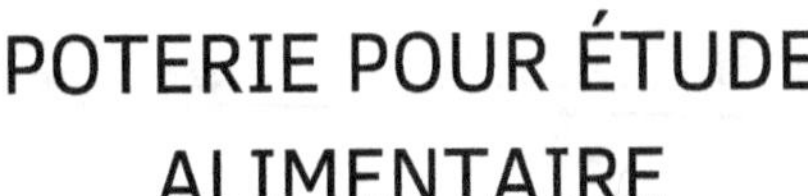

POTERIE POUR ÉTUDE ALIMENTAIRE

LA POTERIE EST UN OUTIL PRÉCIEUX POUR LES ARCHÉOLOGUES ET LES HISTORIENS DANS L'ÉTUDE DES RÉGIMES ALIMENTAIRES ET DES HABITUDES DES CULTURES ANCIENNES. LES RÉSIDUS TROUVÉS DANS LES RÉCIPIENTS EN CÉRAMIQUE, TELS QUE LES TRACES DE NOURRITURE, LES RÉSIDUS DE BOISSONS OU LES MARQUES DE CUISSON, PEUVENT RÉVÉLER DES INFORMATIONS SUR CE QUE MANGEAIENT ET BUVAIENT LES PEUPLES ANCIENS. L'ANALYSE DES RÉSIDUS PEUT INDIQUER LA PRÉSENCE DE CERTAINS TYPES DE GRAINS, DE VIANDES, DE LÉGUMES OU D'HUILES, FOURNISSANT DES INDICES SUR L'AGRICULTURE, LA CUISINE ET LES PRATIQUES ALIMENTAIRES. DE PLUS, LA FORME ET LA TAILLE DES POTERIES PEUVENT INDIQUER LEUR USAGE SPÉCIFIQUE, QU'IL S'AGISSE DE STOCKAGE DE NOURRITURE, DE CUISSON OU DE SERVICE. CETTE PERSPECTIVE ARCHÉOLOGIQUE SUR LES POTERIES ANCIENNES OFFRE UNE FENÊTRE SUR LA VIE QUOTIDIENNE DES CIVILISATIONS PASSÉES, ENRICHISSANT NOTRE COMPRÉHENSION DE LEUR CULTURE ET DE LEUR HISTOIRE.

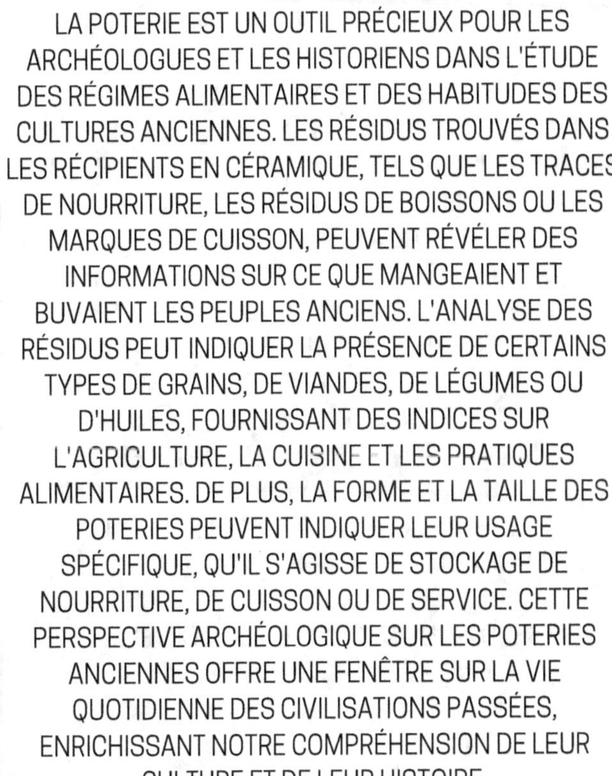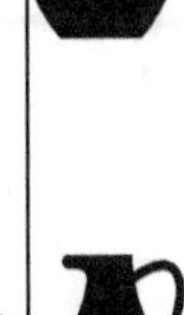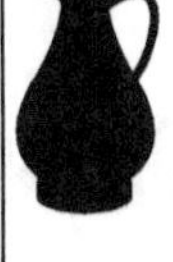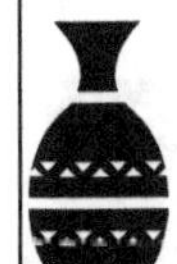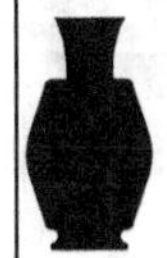

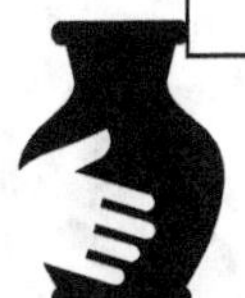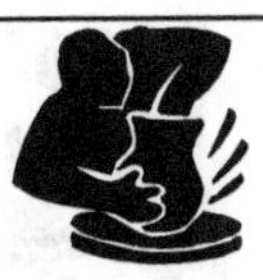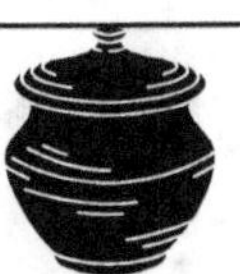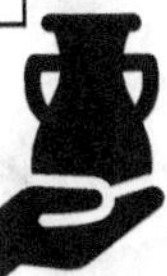

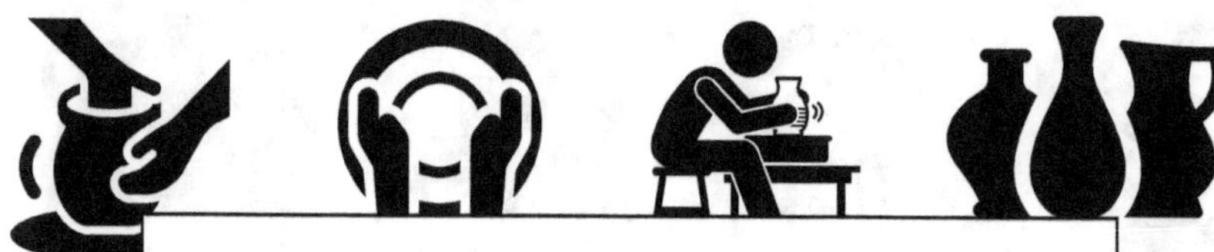

TECHNIQUE TOURNASSAGE

LE "TOURNASSAGE" EST UNE TECHNIQUE DE FINITION EN POTERIE QUI CONSISTE À AFFINER ET LISSER LES PIÈCES SUR LE TOUR APRÈS QU'ELLES AIENT PARTIELLEMENT SÉCHÉ. CETTE ÉTAPE EST CRUCIALE POUR AFFINER LA FORME, AJUSTER L'ÉPAISSEUR DES PAROIS ET AMÉLIORER L'ASPECT GÉNÉRAL DE L'OBJET. APRÈS QUE LA PIÈCE A ÉTÉ FAÇONNÉE SUR LE TOUR ET QU'ELLE A ATTEINT UN STADE DE SÉCHAGE DIT "DE CUIR", LE POTIER LA REPLACE SUR LE TOUR POUR ENLEVER LES EXCÈS D'ARGILE ET LISSER LA SURFACE. CETTE TECHNIQUE PERMET DE CRÉER UNE FINITION PLUS PRÉCISE ET UNIFORME, ET EST PARTICULIÈREMENT IMPORTANTE POUR LES PIÈCES QUI NÉCESSITENT UNE GRANDE PRÉCISION, COMME LES BOLS, LES VASES ET LES PLATS. LE TOURNASSAGE EST UNE COMPÉTENCE ESSENTIELLE POUR LES POTIERS, REQUÉRANT UNE BONNE COORDINATION ET UN SENS AIGU DU TOUCHER POUR OBTENIR LES FORMES ET L'ÉPAISSEUR DÉSIRÉES.

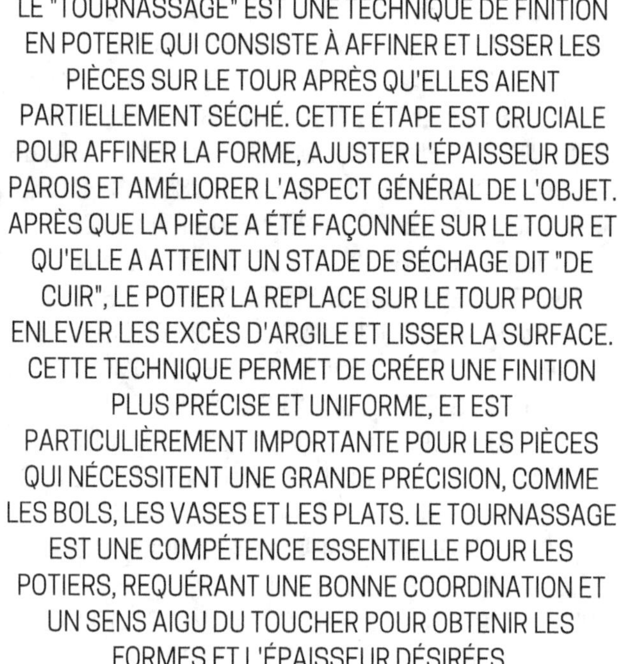
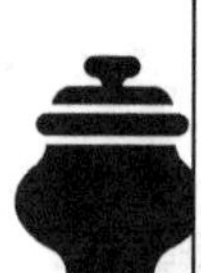
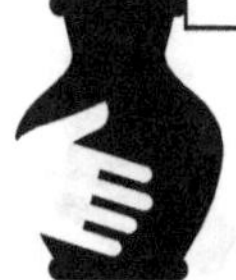

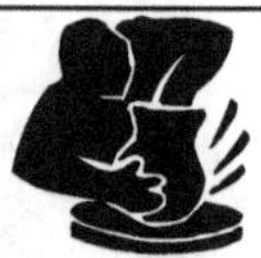
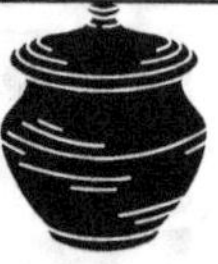
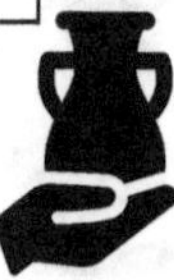

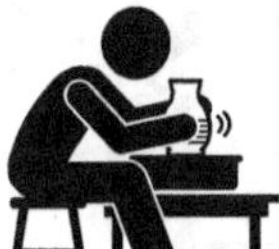
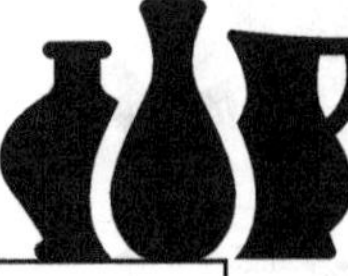
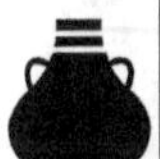

FOURS RAKU JAPON TRADITIONNELS

LES FOURS RAKU TRADITIONNELS JAPONAIS SONT DE PETITS FOURS QUI PERMETTENT UNE INTERACTION DIRECTE AVEC LE FEU PENDANT LA CUISSON. CETTE TECHNIQUE DE CUISSON, ÉTROITEMENT LIÉE À LA CÉRÉMONIE DU THÉ JAPONAISE, OFFRE UNE EXPÉRIENCE UNIQUE TANT POUR LE POTIER QUE POUR L'OBSERVATEUR. DANS LA CUISSON RAKU, LES PIÈCES SONT RAPIDEMENT CHAUFFÉES À UNE TEMPÉRATURE ÉLEVÉE PUIS RETIRÉES DU FOUR ALORS QU'ELLES SONT ENCORE INCANDESCENTES. ELLES SONT ENSUITE SOUVENT PLACÉES DANS DES MATÉRIAUX COMBUSTIBLES, COMME DES SCIURES OU DES FEUILLES, POUR CRÉER UN ENVIRONNEMENT RÉDUCTEUR, CE QUI AFFECTE LA COULEUR ET LA TEXTURE DE LA GLAÇURE. LE RAKU EST CONNU POUR SES EFFETS DE CRAQUELURE ET SES FINITIONS UNIQUES, RÉSULTANT DE L'INTERACTION RAPIDE ENTRE LE FEU, L'AIR, LA FUMÉE ET LES MATÉRIAUX DE LA PIÈCE. CETTE MÉTHODE DE CUISSON EST TRÈS APPRÉCIÉE POUR SON ASPECT IMPRÉVISIBLE ET POUR LA BEAUTÉ UNIQUE DE CHAQUE PIÈCE PRODUITE.

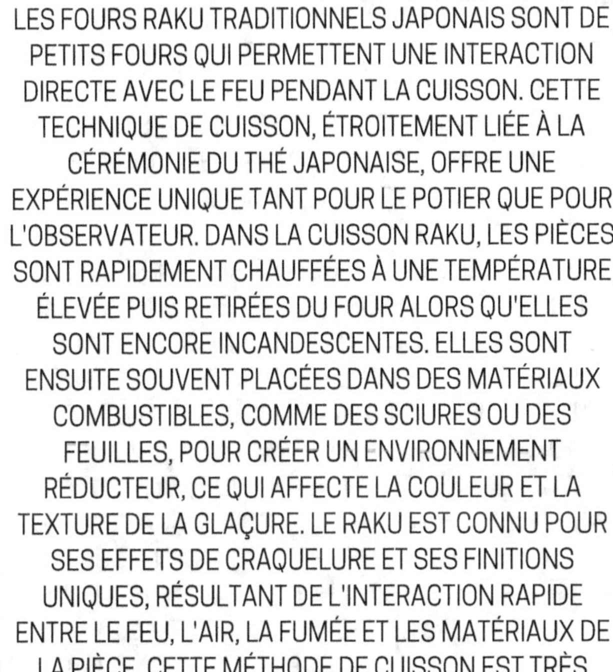
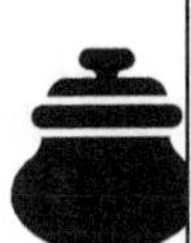
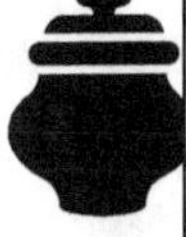
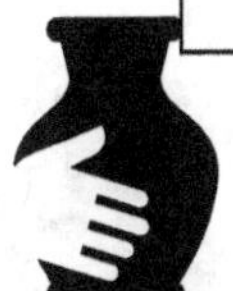

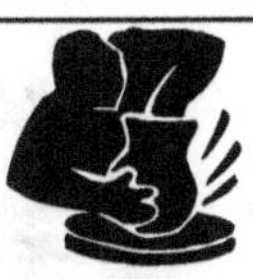
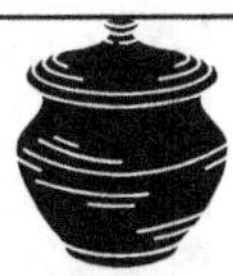
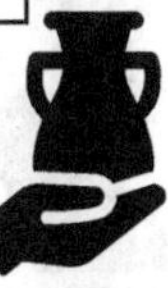

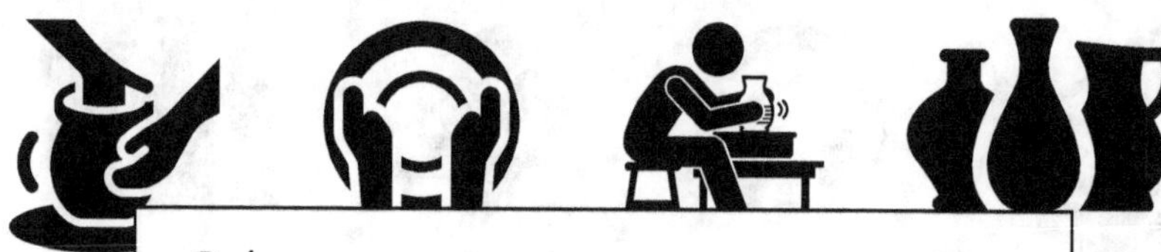

RÉCIPIENTS ANDINS DOUBLES BECS

DANS LES CULTURES ANDINES ANCIENNES, LA POTERIE ÉTAIT SOUVENT UTILISÉE POUR CRÉER DES RÉCIPIENTS À DOUBLE BEC, SOUVENT RELIÉS PAR UN PONT. CES RÉCIPIENTS UNIQUES, TROUVÉS DANS DES RÉGIONS TELLES QUE L'ACTUEL PÉROU, ÉTAIENT UTILISÉS À DES FINS À LA FOIS UTILITAIRES ET RITUELLES. LES DEUX BECS POUVAIENT SERVIR À VERSER DES LIQUIDES OU À BOIRE, TANDIS QUE LE PONT ENTRE LES BECS AGISSAIT SOUVENT COMME UNE POIGNÉE OU UN ÉLÉMENT DÉCORATIF. CES POTERIES ÉTAIENT GÉNÉRALEMENT ORNÉES DE MOTIFS ET DE FORMES SYMBOLIQUES, REFLÉTANT LES CROYANCES ET LES TRADITIONS ARTISTIQUES DES PEUPLES ANDINS. LA CRÉATION DE RÉCIPIENTS À DOUBLE BEC TÉMOIGNE DE LA SOPHISTICATION ET DE L'INGÉNIOSITÉ DES POTIERS ANDINS, QUI MAÎTRISAIENT DES TECHNIQUES AVANCÉES POUR PRODUIRE DES FORMES COMPLEXES ET FONCTIONNELLES. CES PIÈCES NE SONT PAS SEULEMENT DES EXEMPLES REMARQUABLES DE L'ARTISANAT ANDIN MAIS FOURNISSENT ÉGALEMENT DES INFORMATIONS PRÉCIEUSES SUR LES PRATIQUES CULTURELLES ET SOCIALES DES CIVILISATIONS ANCIENNES DES ANDES.

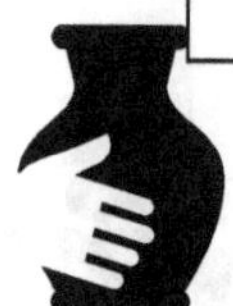

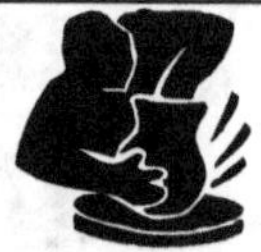
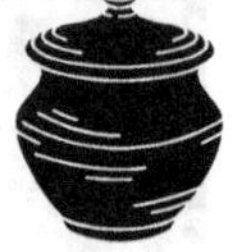
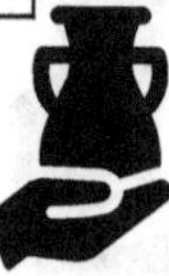

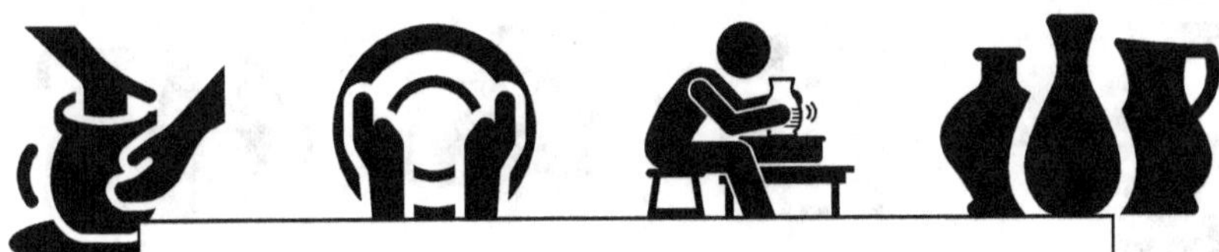

POTERIE ET ÉLÉMENTS SCULPTURAUX

LA POTERIE OFFRE UNE TOILE FLEXIBLE POUR LES ARTISTES, PERMETTANT L'INCORPORATION D'ÉLÉMENTS SCULPTURAUX QUI AJOUTENT UNE DIMENSION TRIDIMENSIONNELLE À L'ŒUVRE. CETTE APPROCHE COMBINE LES TECHNIQUES DE LA POTERIE ET DE LA SCULPTURE, PERMETTANT AUX ARTISTES DE CRÉER DES FORMES COMPLEXES ET DÉTAILLÉES QUI S'ÉTENDENT AU-DELÀ DES LIMITES TRADITIONNELLES DE LA POTERIE UTILITAIRE. LES ÉLÉMENTS SCULPTURAUX PEUVENT INCLURE DES FIGURES HUMAINES OU ANIMALES, DES DÉTAILS FLORAUX, OU DES FORMES ABSTRAITES, INTÉGRÉS HARMONIEUSEMENT DANS LA CONCEPTION GLOBALE DE LA PIÈCE. CETTE FUSION DE LA POTERIE ET DE LA SCULPTURE OUVRE DE NOUVELLES VOIES D'EXPRESSION ARTISTIQUE, PERMETTANT AUX POTIERS DE RACONTER DES HISTOIRES, DE REPRÉSENTER DES SCÈNES OU DE TRANSMETTRE DES ÉMOTIONS À TRAVERS LEURS ŒUVRES. CES PIÈCES SONT SOUVENT CONSIDÉRÉES COMME DES ŒUVRES D'ART, TRANSCENDANT LEUR FONCTIONNALITÉ POUR DEVENIR DES EXPRESSIONS DE L'ART ET DE LA CRÉATIVITÉ.

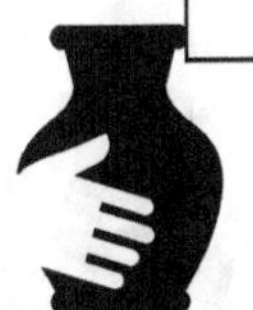

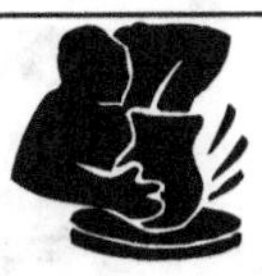
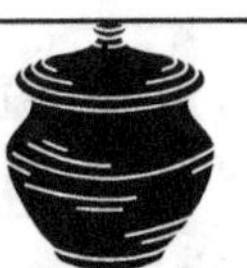
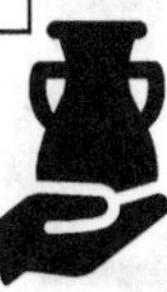

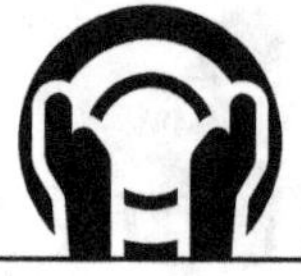
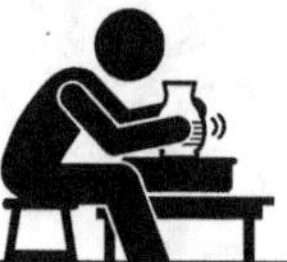
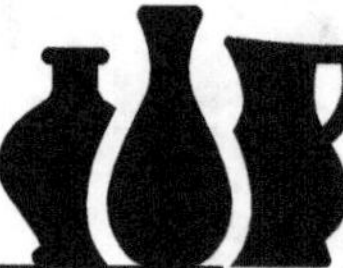

SIMPLICITÉ HARAPPA

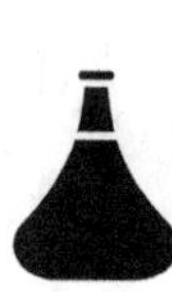

LA POTERIE DE LA CULTURE HARAPPA, UNE DES CIVILISATIONS DE L'ANCIEN SOUS-CONTINENT INDIEN, ÉTAIT SOUVENT CARACTÉRISÉE PAR SA SIMPLICITÉ ET SON ASPECT UTILITAIRE. CETTE CIVILISATION, QUI A PROSPÉRÉ DANS LA VALLÉE DE L'INDUS AUTOUR DE 2500 À 1900 AV. J.-C., EST CONNUE POUR SES VILLES PLANIFIÉES ET SON NIVEAU DE SOPHISTICATION ÉLEVÉ. LA POTERIE HARAPPÉENNE, TROUVÉE EN ABONDANCE DANS LES SITES ARCHÉOLOGIQUES, COMPREND DES BOLS, DES JARRES ET DES RÉCIPIENTS, SOUVENT FABRIQUÉS AVEC UNE ARGILE DE BONNE QUALITÉ ET CUITS À UNE TEMPÉRATURE ÉLEVÉE. LES FORMES ÉTAIENT SIMPLES MAIS BIEN EXÉCUTÉES, AVEC UNE ATTENTION PARTICULIÈRE À LA FONCTIONNALITÉ. BIEN QUE PRINCIPALEMENT UTILITAIRE, CERTAINES POTERIES HARAPPÉENNES PRÉSENTAIENT DES MOTIFS GÉOMÉTRIQUES OU DES MOTIFS NATURELS, MONTRANT UNE FINESSE ET UNE COMPRÉHENSION DES PRINCIPES ESTHÉTIQUES.

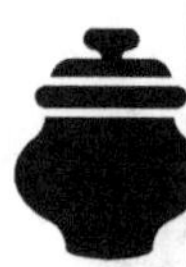
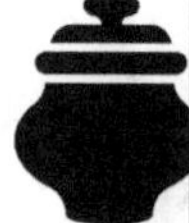
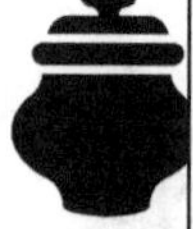
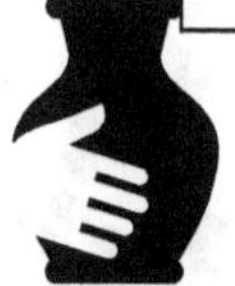
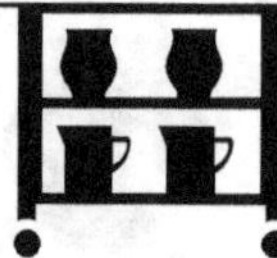
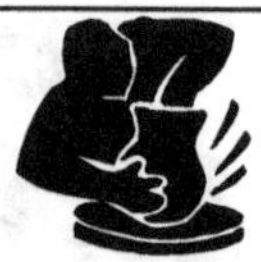
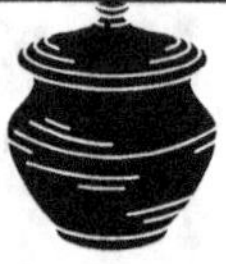
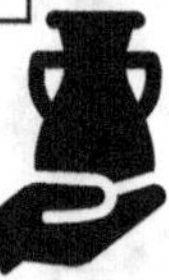

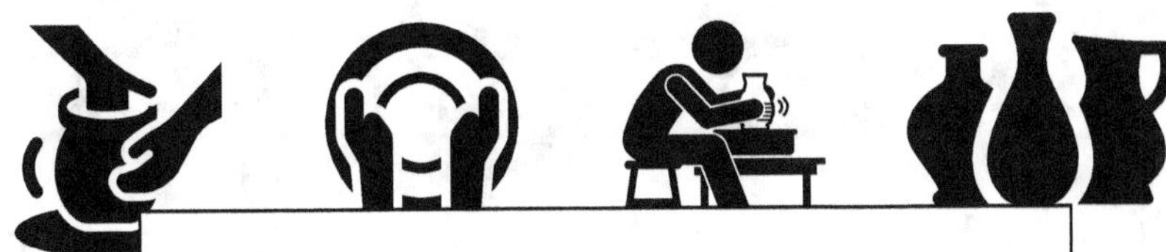

ÉLÉGANCE SONG ET YUAN

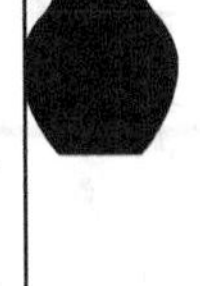
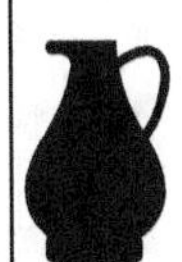
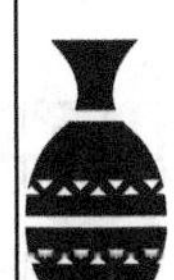
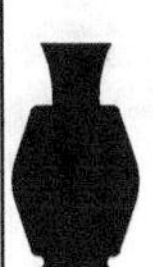

LES POTERIES DES DYNASTIES CHINOISES SONG (960-1279) ET YUAN (1271-1368) SONT RÉPUTÉES POUR LEUR SIMPLICITÉ ET LEUR ÉLÉGANCE. DURANT CES PÉRIODES, L'ART DE LA POTERIE EN CHINE A ATTEINT DE NOUVEAUX SOMMETS, AVEC UN ACCENT PARTICULIER SUR LA FORME, LA COULEUR ET LA TEXTURE DES GLAÇURES. LES CÉRAMIQUES DE L'ÉPOQUE SONG, NOTAMMENT, SONT CÉLÈBRES POUR LEUR GLAÇURES SUBLIMES, Y COMPRIS LES CÉLÈBRES CELADONS, LES PORCELAINES BLANCHES DE DING, ET LES POTERIES NOIRES DE JIAN. LES FORMES ÉTAIENT GÉNÉRALEMENT SIMPLES ET SYMÉTRIQUES, METTANT EN VALEUR LA PURETÉ ET LA QUALITÉ DES GLAÇURES. PENDANT LA PÉRIODE YUAN, L'INFLUENCE MONGOLE A INTRODUIT DE NOUVEAUX STYLES ET TECHNIQUES, MAIS L'ACCENT SUR L'ÉLÉGANCE ET LA FINESSE EST RESTÉ. LES POTERIES DE CES ÉPOQUES SONT ADMIRÉES POUR LEUR BEAUTÉ SOBRE ET LEUR RAFFINEMENT, REFLÉTANT LES VALEURS ESTHÉTIQUES ET LES COMPÉTENCES TECHNIQUES AVANCÉES DE LA CHINE ANCIENNE.

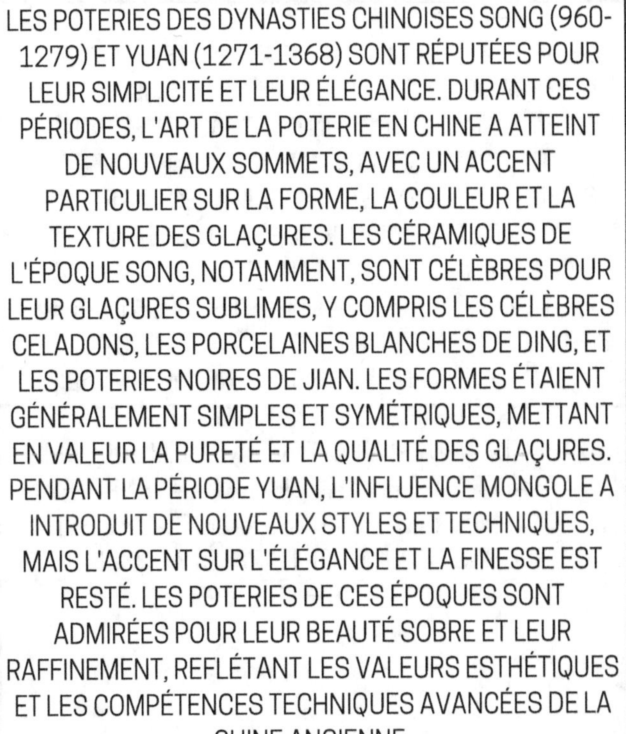
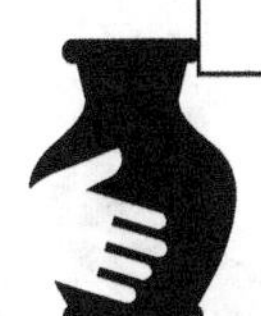
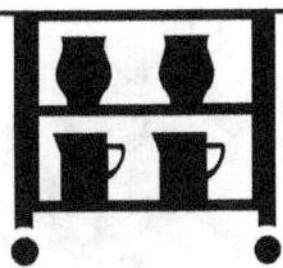
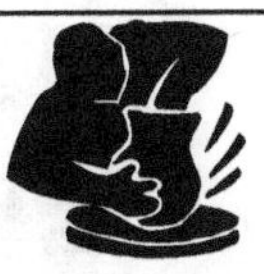
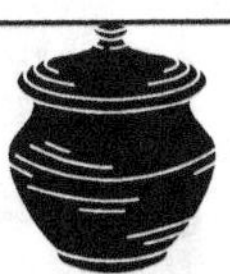
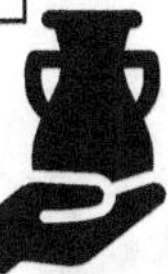

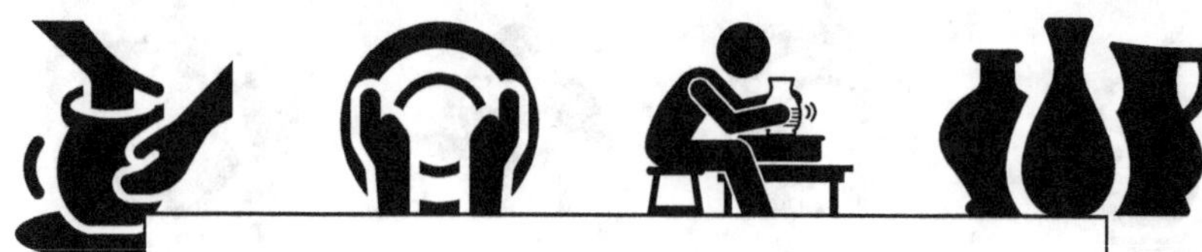

88

ÉMAILLAGE INTÉRIEUR BRUT

LA POTERIE OFFRE UNE GRANDE VARIÉTÉ D'OPTIONS DE FINITION, Y COMPRIS LA POSSIBILITÉ D'ÉMAILLER L'INTÉRIEUR TOUT EN LAISSANT L'EXTÉRIEUR BRUT. CETTE TECHNIQUE CRÉE UN CONTRASTE DE TEXTURES INTRIGANTES, COMBINANT LA SURFACE LISSE ET SOUVENT BRILLANTE DE L'ÉMAIL AVEC LA TEXTURE NATURELLE ET TACTILE DE L'ARGILE NON ÉMAILLÉE. CE CONTRASTE PEUT ACCENTUER LES FORMES ET AJOUTER UN INTÉRÊT VISUEL ET TACTILE À LA PIÈCE. L'ÉMAILLAGE PARTIEL EST ÉGALEMENT FONCTIONNEL, CAR L'INTÉRIEUR ÉMAILLÉ PEUT ÊTRE IMPERMÉABILISÉ POUR CONTENIR DES LIQUIDES, TANDIS QUE L'EXTÉRIEUR BRUT PEUT OFFRIR UNE MEILLEURE PRISE. CETTE APPROCHE EST POPULAIRE DANS LA POTERIE CONTEMPORAINE ET ARTISANALE, OÙ ELLE EST UTILISÉE POUR SOULIGNER L'ASPECT ARTISANAL ET NATUREL DE L'ŒUVRE.

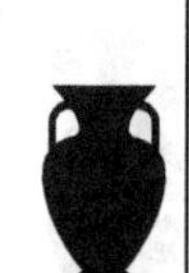
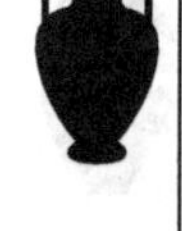
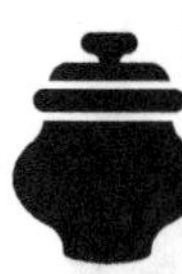
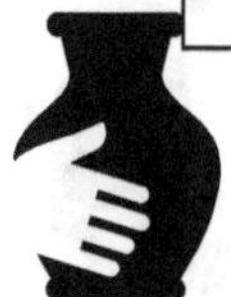

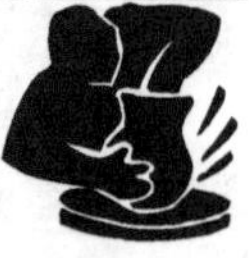
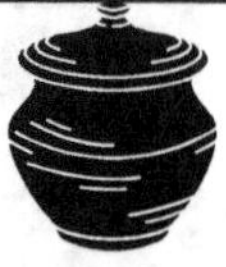
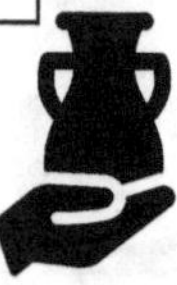

TOBIKANNA JAPONAIS

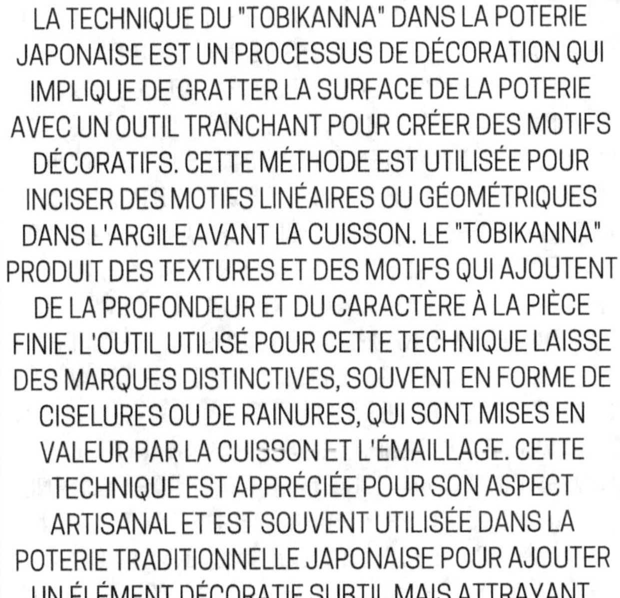

LA TECHNIQUE DU "TOBIKANNA" DANS LA POTERIE JAPONAISE EST UN PROCESSUS DE DÉCORATION QUI IMPLIQUE DE GRATTER LA SURFACE DE LA POTERIE AVEC UN OUTIL TRANCHANT POUR CRÉER DES MOTIFS DÉCORATIFS. CETTE MÉTHODE EST UTILISÉE POUR INCISER DES MOTIFS LINÉAIRES OU GÉOMÉTRIQUES DANS L'ARGILE AVANT LA CUISSON. LE "TOBIKANNA" PRODUIT DES TEXTURES ET DES MOTIFS QUI AJOUTENT DE LA PROFONDEUR ET DU CARACTÈRE À LA PIÈCE FINIE. L'OUTIL UTILISÉ POUR CETTE TECHNIQUE LAISSE DES MARQUES DISTINCTIVES, SOUVENT EN FORME DE CISELURES OU DE RAINURES, QUI SONT MISES EN VALEUR PAR LA CUISSON ET L'ÉMAILLAGE. CETTE TECHNIQUE EST APPRÉCIÉE POUR SON ASPECT ARTISANAL ET EST SOUVENT UTILISÉE DANS LA POTERIE TRADITIONNELLE JAPONAISE POUR AJOUTER UN ÉLÉMENT DÉCORATIF SUBTIL MAIS ATTRAYANT.

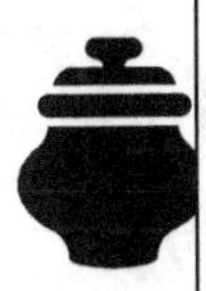
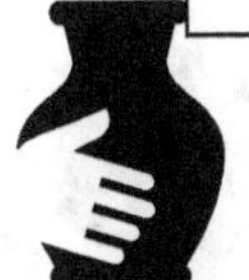

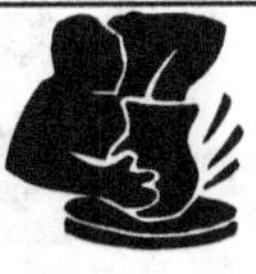
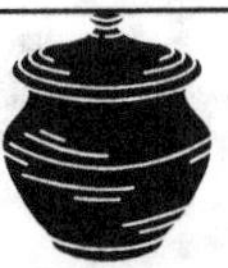
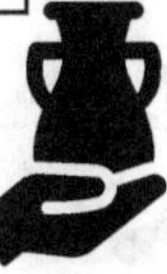

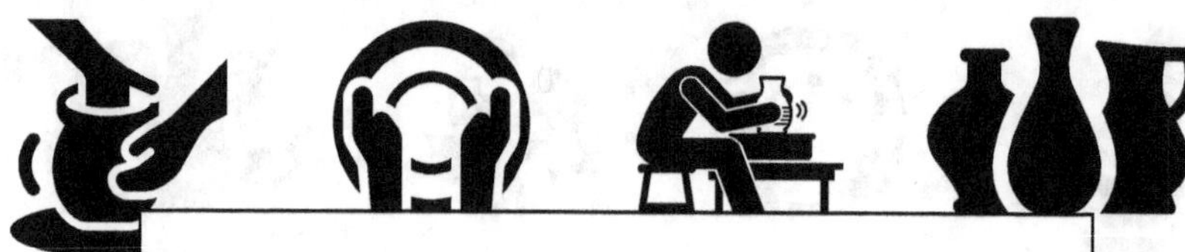

ARTEFACTS PRÉHISTORIQUES UNIQUES

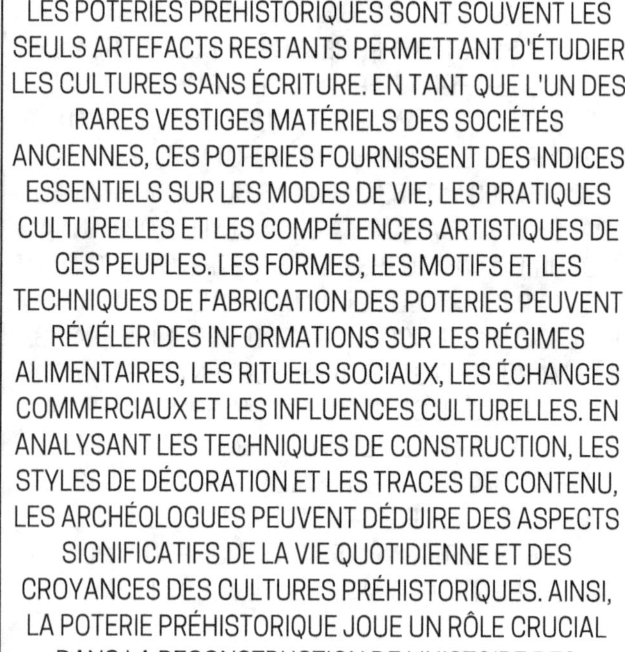

LES POTERIES PRÉHISTORIQUES SONT SOUVENT LES SEULS ARTEFACTS RESTANTS PERMETTANT D'ÉTUDIER LES CULTURES SANS ÉCRITURE. EN TANT QUE L'UN DES RARES VESTIGES MATÉRIELS DES SOCIÉTÉS ANCIENNES, CES POTERIES FOURNISSENT DES INDICES ESSENTIELS SUR LES MODES DE VIE, LES PRATIQUES CULTURELLES ET LES COMPÉTENCES ARTISTIQUES DE CES PEUPLES. LES FORMES, LES MOTIFS ET LES TECHNIQUES DE FABRICATION DES POTERIES PEUVENT RÉVÉLER DES INFORMATIONS SUR LES RÉGIMES ALIMENTAIRES, LES RITUELS SOCIAUX, LES ÉCHANGES COMMERCIAUX ET LES INFLUENCES CULTURELLES. EN ANALYSANT LES TECHNIQUES DE CONSTRUCTION, LES STYLES DE DÉCORATION ET LES TRACES DE CONTENU, LES ARCHÉOLOGUES PEUVENT DÉDUIRE DES ASPECTS SIGNIFICATIFS DE LA VIE QUOTIDIENNE ET DES CROYANCES DES CULTURES PRÉHISTORIQUES. AINSI, LA POTERIE PRÉHISTORIQUE JOUE UN RÔLE CRUCIAL DANS LA RECONSTRUCTION DE L'HISTOIRE DES CIVILISATIONS SANS DOCUMENTS ÉCRITS.

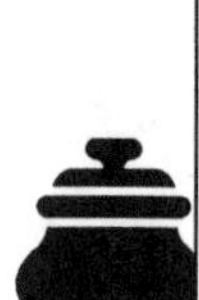
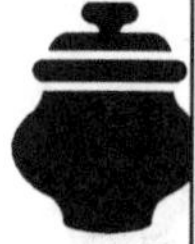
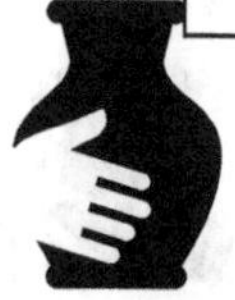

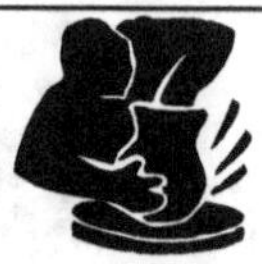
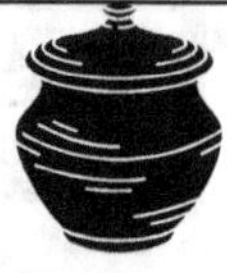
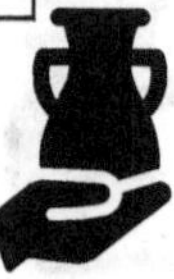

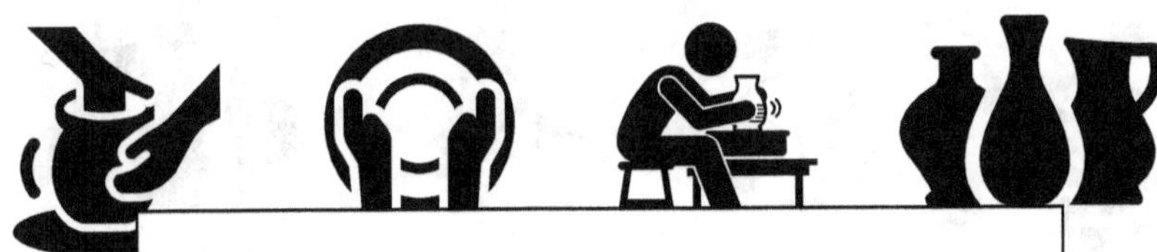

VISAGES MOCHE PÉRUVIENS

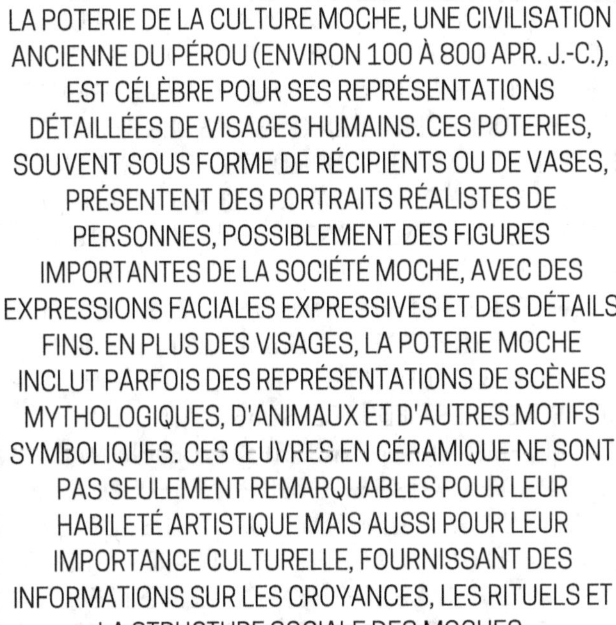

LA POTERIE DE LA CULTURE MOCHE, UNE CIVILISATION ANCIENNE DU PÉROU (ENVIRON 100 À 800 APR. J.-C.), EST CÉLÈBRE POUR SES REPRÉSENTATIONS DÉTAILLÉES DE VISAGES HUMAINS. CES POTERIES, SOUVENT SOUS FORME DE RÉCIPIENTS OU DE VASES, PRÉSENTENT DES PORTRAITS RÉALISTES DE PERSONNES, POSSIBLEMENT DES FIGURES IMPORTANTES DE LA SOCIÉTÉ MOCHE, AVEC DES EXPRESSIONS FACIALES EXPRESSIVES ET DES DÉTAILS FINS. EN PLUS DES VISAGES, LA POTERIE MOCHE INCLUT PARFOIS DES REPRÉSENTATIONS DE SCÈNES MYTHOLOGIQUES, D'ANIMAUX ET D'AUTRES MOTIFS SYMBOLIQUES. CES ŒUVRES EN CÉRAMIQUE NE SONT PAS SEULEMENT REMARQUABLES POUR LEUR HABILETÉ ARTISTIQUE MAIS AUSSI POUR LEUR IMPORTANCE CULTURELLE, FOURNISSANT DES INFORMATIONS SUR LES CROYANCES, LES RITUELS ET LA STRUCTURE SOCIALE DES MOCHES.

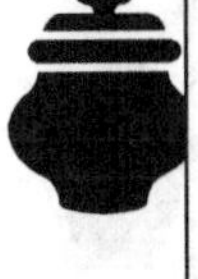
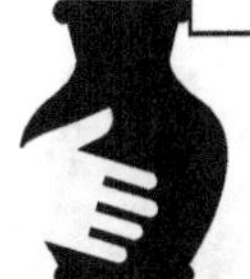
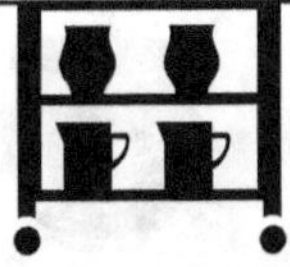
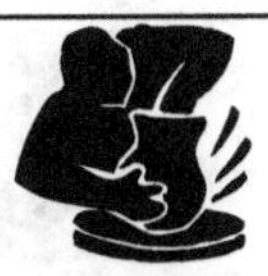
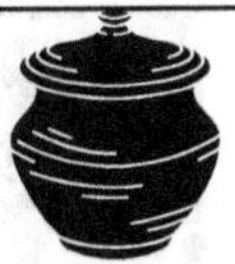
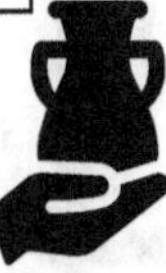

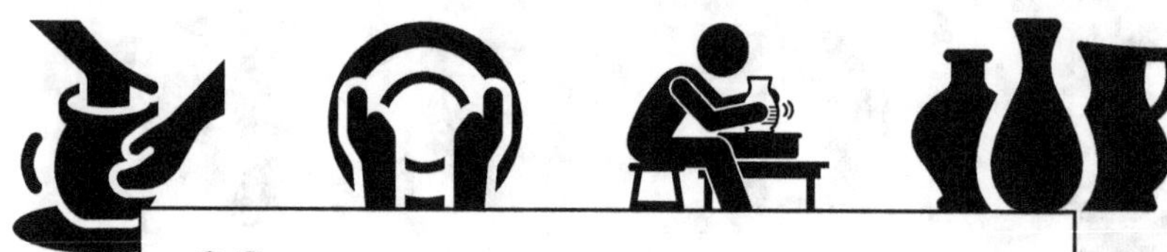

DÉCORATION POTERIE AVANCÉE

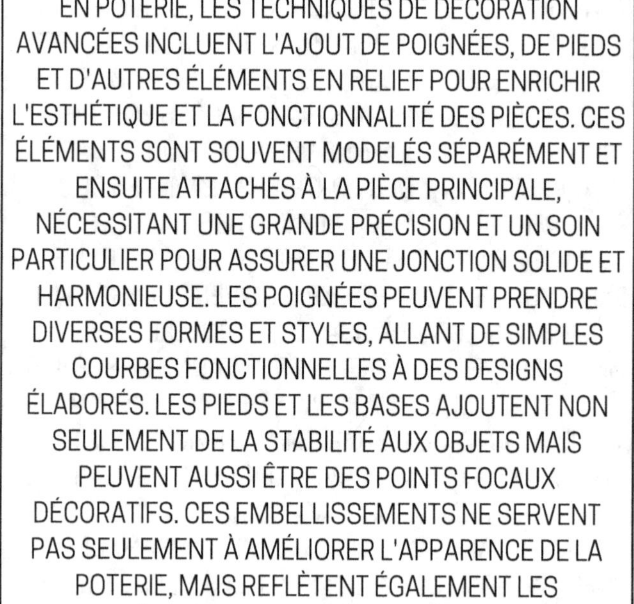

EN POTERIE, LES TECHNIQUES DE DÉCORATION AVANCÉES INCLUENT L'AJOUT DE POIGNÉES, DE PIEDS ET D'AUTRES ÉLÉMENTS EN RELIEF POUR ENRICHIR L'ESTHÉTIQUE ET LA FONCTIONNALITÉ DES PIÈCES. CES ÉLÉMENTS SONT SOUVENT MODELÉS SÉPARÉMENT ET ENSUITE ATTACHÉS À LA PIÈCE PRINCIPALE, NÉCESSITANT UNE GRANDE PRÉCISION ET UN SOIN PARTICULIER POUR ASSURER UNE JONCTION SOLIDE ET HARMONIEUSE. LES POIGNÉES PEUVENT PRENDRE DIVERSES FORMES ET STYLES, ALLANT DE SIMPLES COURBES FONCTIONNELLES À DES DESIGNS ÉLABORÉS. LES PIEDS ET LES BASES AJOUTENT NON SEULEMENT DE LA STABILITÉ AUX OBJETS MAIS PEUVENT AUSSI ÊTRE DES POINTS FOCAUX DÉCORATIFS. CES EMBELLISSEMENTS NE SERVENT PAS SEULEMENT À AMÉLIORER L'APPARENCE DE LA POTERIE, MAIS REFLÈTENT ÉGALEMENT LES COMPÉTENCES ET LA CRÉATIVITÉ DU POTIER.

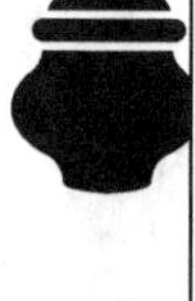
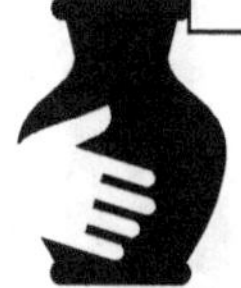

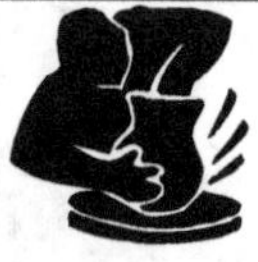
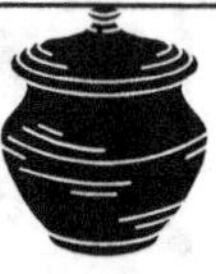
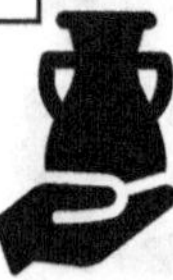

POLISSAGE PIERRE EN POTERIE

LA FINITION DE LA POTERIE AVEC UN POLISSAGE À LA PIERRE EST UNE TECHNIQUE QUI PERMET D'OBTENIR UNE SURFACE LISSE ET BRILLANTE. CETTE MÉTHODE TRADITIONNELLE IMPLIQUE DE FROTTER LA SURFACE DE LA POTERIE AVEC UNE PIERRE LISSE OU UN AUTRE OUTIL DE POLISSAGE APRÈS QUE LA PIÈCE A ÉTÉ BISCUITÉE MAIS AVANT QU'ELLE NE SOIT GLAÇURÉE ET CUITE. LE POLISSAGE COMPRESSE LA SURFACE DE L'ARGILE, RÉDUISANT SA POROSITÉ ET AUGMENTANT SON ÉCLAT. CETTE TECHNIQUE EST SOUVENT UTILISÉE DANS LES CÉRAMIQUES TRADITIONNELLES POUR CRÉER UNE FINITION RICHE ET BRILLANTE QUI MET EN VALEUR LA COULEUR NATURELLE DE L'ARGILE. LE POLISSAGE À LA PIERRE NÉCESSITE PATIENCE ET HABILETÉ, ET IL PEUT TRANSFORMER UNE SIMPLE PIÈCE DE POTERIE EN UN OBJET D'ART RAFFINÉ.

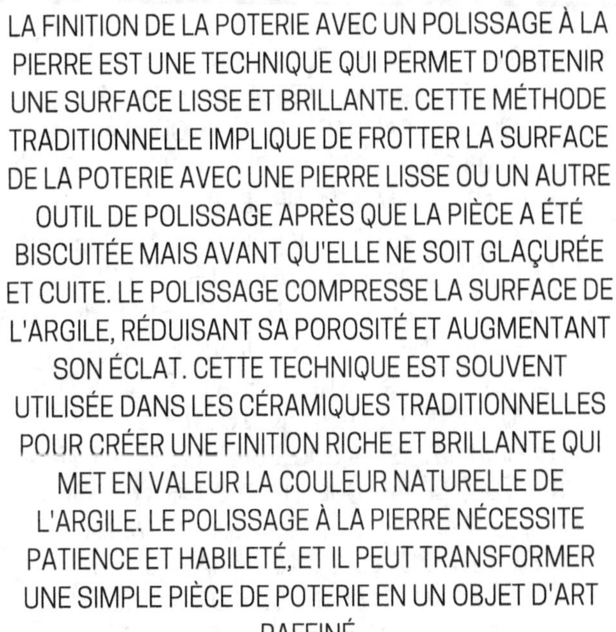
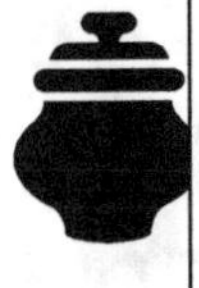
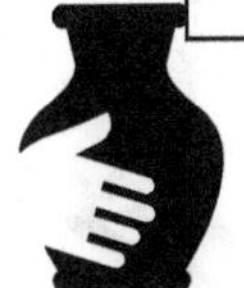

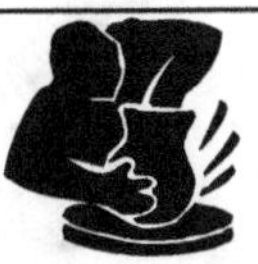
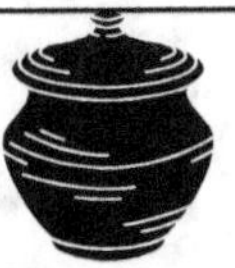
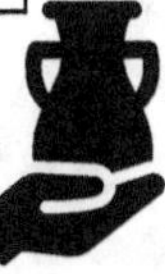
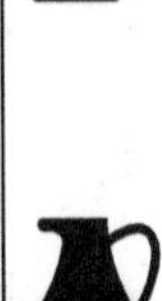
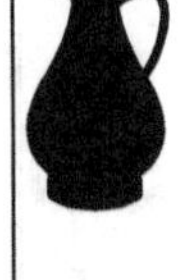
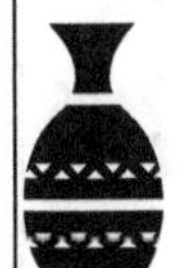

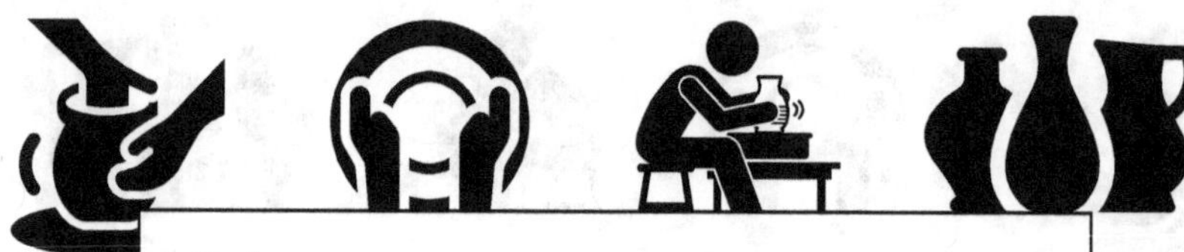

FOURS GAZ PRÉCISION

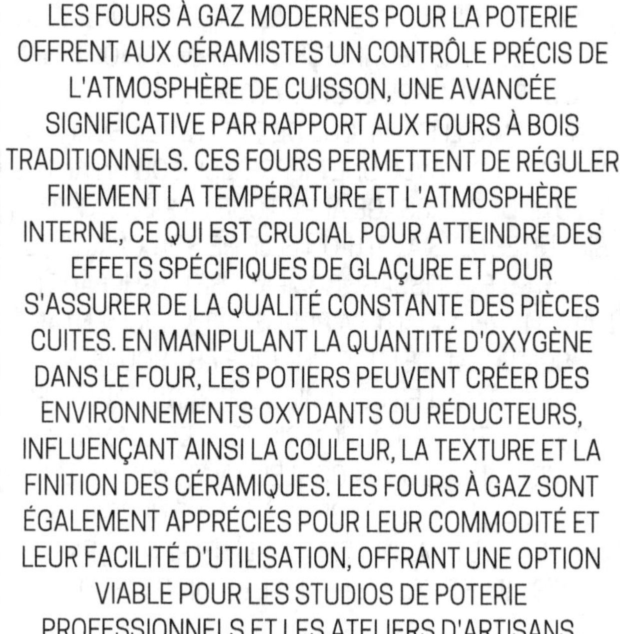

LES FOURS À GAZ MODERNES POUR LA POTERIE OFFRENT AUX CÉRAMISTES UN CONTRÔLE PRÉCIS DE L'ATMOSPHÈRE DE CUISSON, UNE AVANCÉE SIGNIFICATIVE PAR RAPPORT AUX FOURS À BOIS TRADITIONNELS. CES FOURS PERMETTENT DE RÉGULER FINEMENT LA TEMPÉRATURE ET L'ATMOSPHÈRE INTERNE, CE QUI EST CRUCIAL POUR ATTEINDRE DES EFFETS SPÉCIFIQUES DE GLAÇURE ET POUR S'ASSURER DE LA QUALITÉ CONSTANTE DES PIÈCES CUITES. EN MANIPULANT LA QUANTITÉ D'OXYGÈNE DANS LE FOUR, LES POTIERS PEUVENT CRÉER DES ENVIRONNEMENTS OXYDANTS OU RÉDUCTEURS, INFLUENÇANT AINSI LA COULEUR, LA TEXTURE ET LA FINITION DES CÉRAMIQUES. LES FOURS À GAZ SONT ÉGALEMENT APPRÉCIÉS POUR LEUR COMMODITÉ ET LEUR FACILITÉ D'UTILISATION, OFFRANT UNE OPTION VIABLE POUR LES STUDIOS DE POTERIE PROFESSIONNELS ET LES ATELIERS D'ARTISANS.

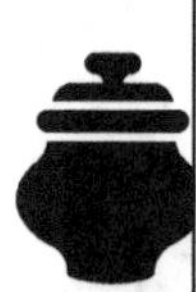
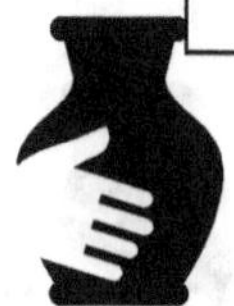

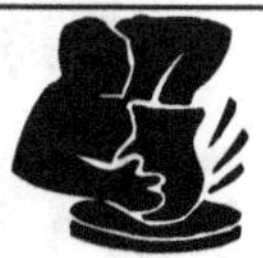
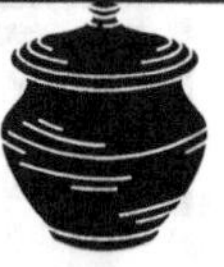
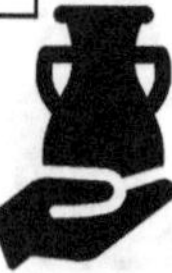

NERIKOMI TECHNIQUE COLORÉE

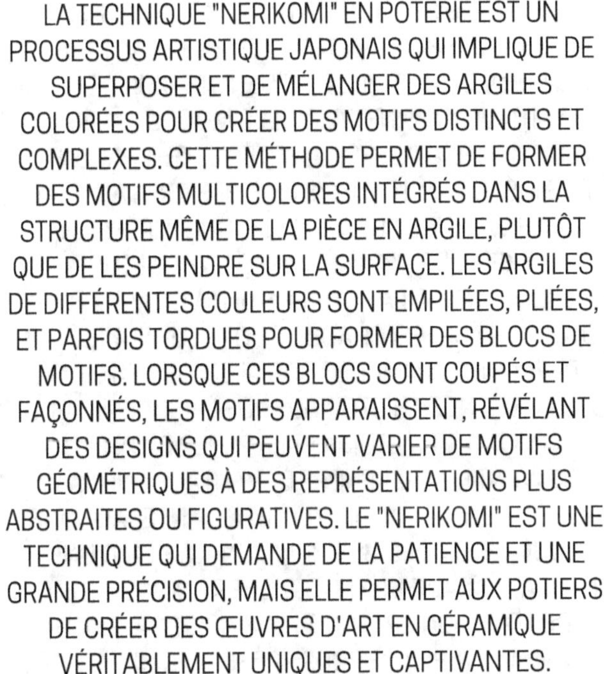

LA TECHNIQUE "NERIKOMI" EN POTERIE EST UN PROCESSUS ARTISTIQUE JAPONAIS QUI IMPLIQUE DE SUPERPOSER ET DE MÉLANGER DES ARGILES COLORÉES POUR CRÉER DES MOTIFS DISTINCTS ET COMPLEXES. CETTE MÉTHODE PERMET DE FORMER DES MOTIFS MULTICOLORES INTÉGRÉS DANS LA STRUCTURE MÊME DE LA PIÈCE EN ARGILE, PLUTÔT QUE DE LES PEINDRE SUR LA SURFACE. LES ARGILES DE DIFFÉRENTES COULEURS SONT EMPILÉES, PLIÉES, ET PARFOIS TORDUES POUR FORMER DES BLOCS DE MOTIFS. LORSQUE CES BLOCS SONT COUPÉS ET FAÇONNÉS, LES MOTIFS APPARAISSENT, RÉVÉLANT DES DESIGNS QUI PEUVENT VARIER DE MOTIFS GÉOMÉTRIQUES À DES REPRÉSENTATIONS PLUS ABSTRAITES OU FIGURATIVES. LE "NERIKOMI" EST UNE TECHNIQUE QUI DEMANDE DE LA PATIENCE ET UNE GRANDE PRÉCISION, MAIS ELLE PERMET AUX POTIERS DE CRÉER DES ŒUVRES D'ART EN CÉRAMIQUE VÉRITABLEMENT UNIQUES ET CAPTIVANTES.

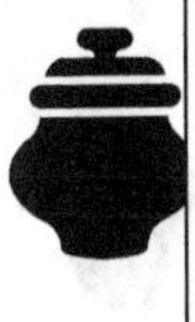
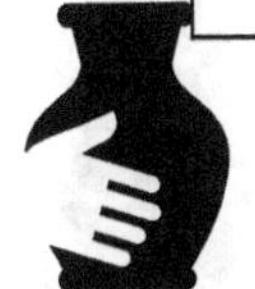

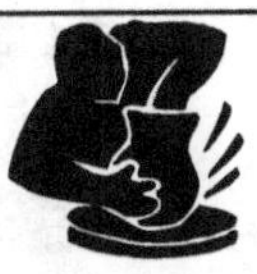
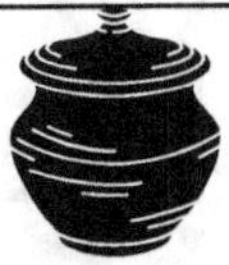
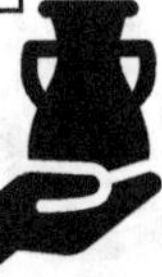

POTERIE: EXPRESSION CULTURELLE

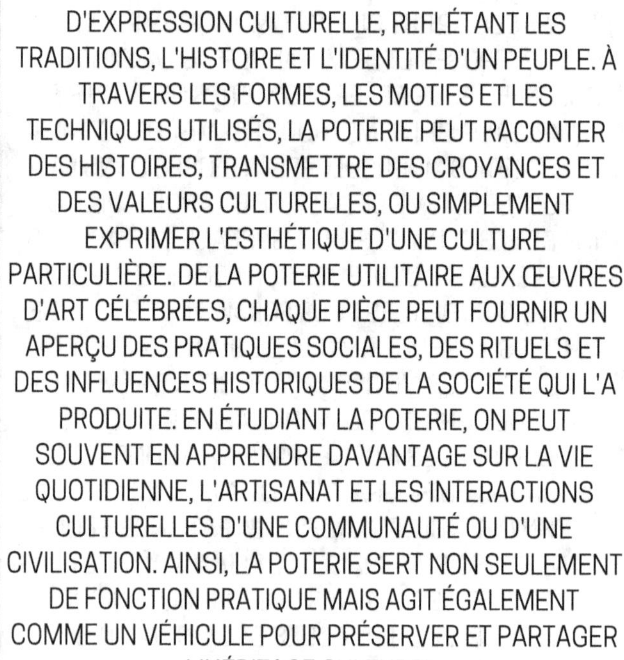

LA POTERIE PEUT ÊTRE UN MOYEN PUISSANT D'EXPRESSION CULTURELLE, REFLÉTANT LES TRADITIONS, L'HISTOIRE ET L'IDENTITÉ D'UN PEUPLE. À TRAVERS LES FORMES, LES MOTIFS ET LES TECHNIQUES UTILISÉS, LA POTERIE PEUT RACONTER DES HISTOIRES, TRANSMETTRE DES CROYANCES ET DES VALEURS CULTURELLES, OU SIMPLEMENT EXPRIMER L'ESTHÉTIQUE D'UNE CULTURE PARTICULIÈRE. DE LA POTERIE UTILITAIRE AUX ŒUVRES D'ART CÉLÉBRÉES, CHAQUE PIÈCE PEUT FOURNIR UN APERÇU DES PRATIQUES SOCIALES, DES RITUELS ET DES INFLUENCES HISTORIQUES DE LA SOCIÉTÉ QUI L'A PRODUITE. EN ÉTUDIANT LA POTERIE, ON PEUT SOUVENT EN APPRENDRE DAVANTAGE SUR LA VIE QUOTIDIENNE, L'ARTISANAT ET LES INTERACTIONS CULTURELLES D'UNE COMMUNAUTÉ OU D'UNE CIVILISATION. AINSI, LA POTERIE SERT NON SEULEMENT DE FONCTION PRATIQUE MAIS AGIT ÉGALEMENT COMME UN VÉHICULE POUR PRÉSERVER ET PARTAGER L'HÉRITAGE CULTUREL.

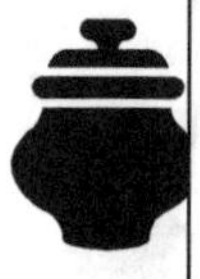
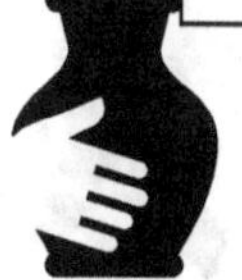

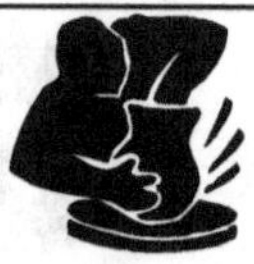
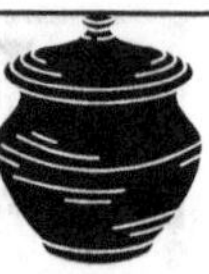
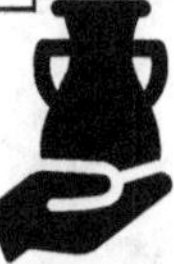

POTERIE CHAVIN COMPLEXITÉ

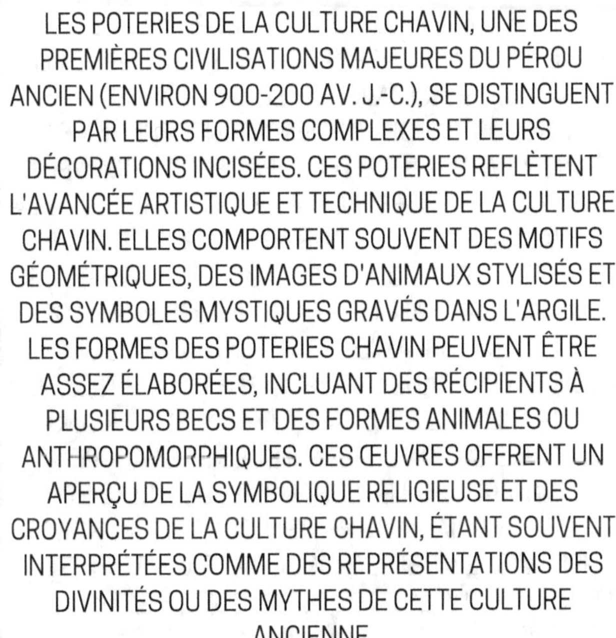

LES POTERIES DE LA CULTURE CHAVIN, UNE DES PREMIÈRES CIVILISATIONS MAJEURES DU PÉROU ANCIEN (ENVIRON 900-200 AV. J.-C.), SE DISTINGUENT PAR LEURS FORMES COMPLEXES ET LEURS DÉCORATIONS INCISÉES. CES POTERIES REFLÈTENT L'AVANCÉE ARTISTIQUE ET TECHNIQUE DE LA CULTURE CHAVIN. ELLES COMPORTENT SOUVENT DES MOTIFS GÉOMÉTRIQUES, DES IMAGES D'ANIMAUX STYLISÉS ET DES SYMBOLES MYSTIQUES GRAVÉS DANS L'ARGILE. LES FORMES DES POTERIES CHAVIN PEUVENT ÊTRE ASSEZ ÉLABORÉES, INCLUANT DES RÉCIPIENTS À PLUSIEURS BECS ET DES FORMES ANIMALES OU ANTHROPOMORPHIQUES. CES ŒUVRES OFFRENT UN APERÇU DE LA SYMBOLIQUE RELIGIEUSE ET DES CROYANCES DE LA CULTURE CHAVIN, ÉTANT SOUVENT INTERPRÉTÉES COMME DES REPRÉSENTATIONS DES DIVINITÉS OU DES MYTHES DE CETTE CULTURE ANCIENNE.

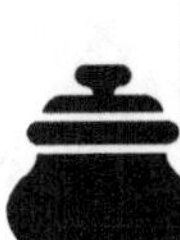
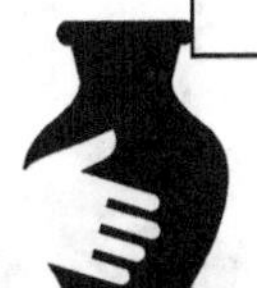

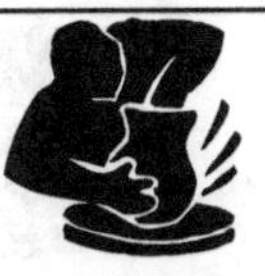
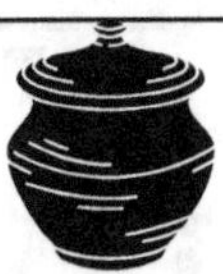
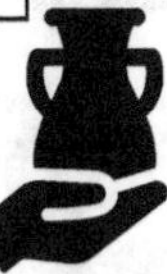

RENAISSANCE INFLUENCÉE ISLAM

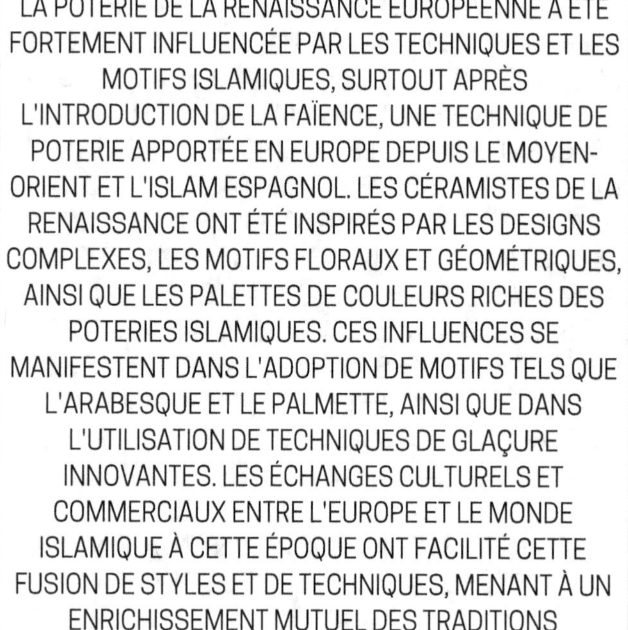

LA POTERIE DE LA RENAISSANCE EUROPÉENNE A ÉTÉ FORTEMENT INFLUENCÉE PAR LES TECHNIQUES ET LES MOTIFS ISLAMIQUES, SURTOUT APRÈS L'INTRODUCTION DE LA FAÏENCE, UNE TECHNIQUE DE POTERIE APPORTÉE EN EUROPE DEPUIS LE MOYEN-ORIENT ET L'ISLAM ESPAGNOL. LES CÉRAMISTES DE LA RENAISSANCE ONT ÉTÉ INSPIRÉS PAR LES DESIGNS COMPLEXES, LES MOTIFS FLORAUX ET GÉOMÉTRIQUES, AINSI QUE LES PALETTES DE COULEURS RICHES DES POTERIES ISLAMIQUES. CES INFLUENCES SE MANIFESTENT DANS L'ADOPTION DE MOTIFS TELS QUE L'ARABESQUE ET LE PALMETTE, AINSI QUE DANS L'UTILISATION DE TECHNIQUES DE GLAÇURE INNOVANTES. LES ÉCHANGES CULTURELS ET COMMERCIAUX ENTRE L'EUROPE ET LE MONDE ISLAMIQUE À CETTE ÉPOQUE ONT FACILITÉ CETTE FUSION DE STYLES ET DE TECHNIQUES, MENANT À UN ENRICHISSEMENT MUTUEL DES TRADITIONS CÉRAMIQUES ET À LA NAISSANCE DE NOUVEAUX STYLES DANS L'ART DE LA POTERIE EN EUROPE.

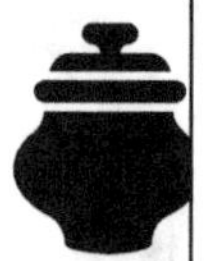
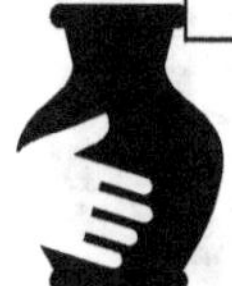

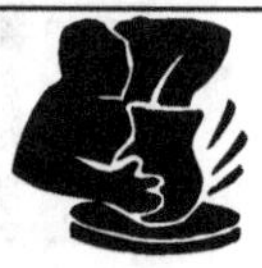
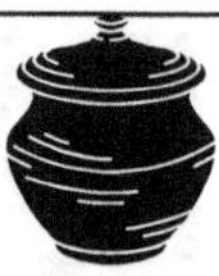
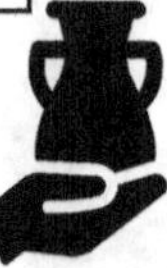

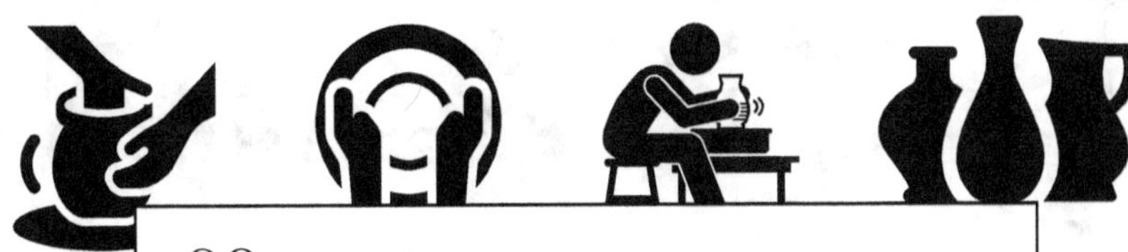

MINIATURES ET BIJOUX EN POTERIE

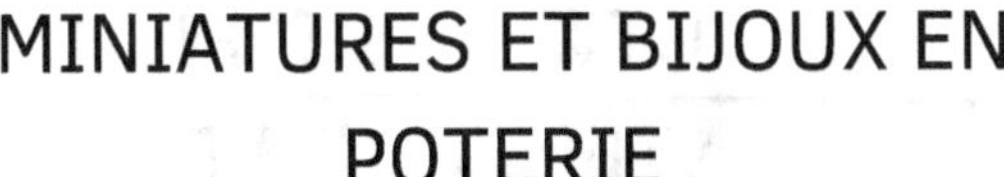

LES TECHNIQUES DE POTERIE OFFRENT UNE FLEXIBILITÉ REMARQUABLE, PERMETTANT LA CRÉATION DE MINIATURES, DE BIJOUX ET DE PETITES ŒUVRES D'ART. LES ARTISANS UTILISENT L'ARGILE POUR FAÇONNER DES OBJETS MINIATURES DÉTAILLÉS, DES SCULPTURES EN PETIT FORMAT ET DES ÉLÉMENTS DÉCORATIFS POUR DES BIJOUX. CES PETITES CRÉATIONS DEMANDENT UNE GRANDE PRÉCISION ET UN CONTRÔLE MINUTIEUX, METTANT EN VALEUR LA DEXTÉRITÉ ET LA CRÉATIVITÉ DES POTIERS. LES BIJOUX EN CÉRAMIQUE PEUVENT INCLURE DES PENDENTIFS, DES PERLES, DES BROCHES, ET D'AUTRES ORNEMENTS, SOUVENT ÉMAILLÉS OU DÉCORÉS POUR AJOUTER DE LA COULEUR ET DE LA TEXTURE. LES MINIATURES EN CÉRAMIQUE, QU'ELLES SOIENT DES REPRODUCTIONS DE PLUS GRANDS OBJETS OU DES CRÉATIONS UNIQUES, SONT APPRÉCIÉES POUR LEUR FINESSE ET LEUR BEAUTÉ. CES PETITES ŒUVRES D'ART EN POTERIE DÉMONTRENT LA VERSATILITÉ DE L'ARGILE COMME MÉDIUM ARTISTIQUE.

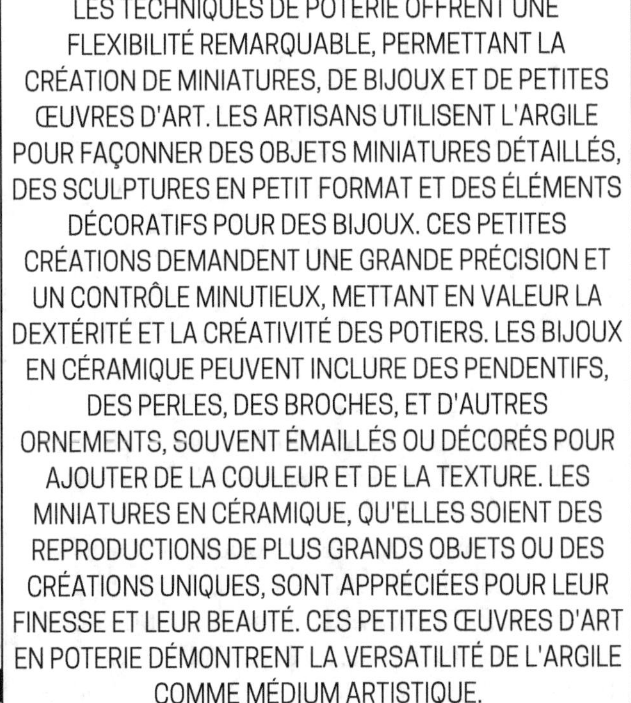
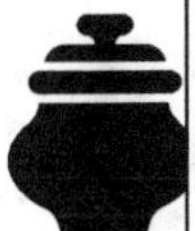
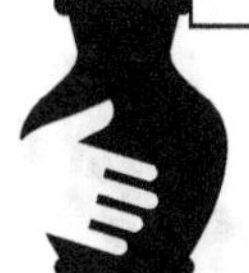

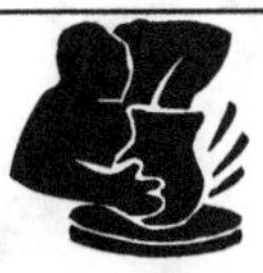
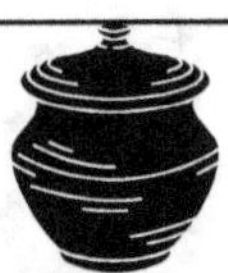
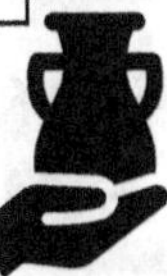
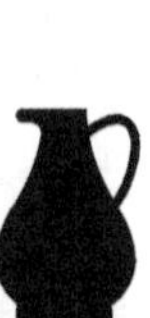
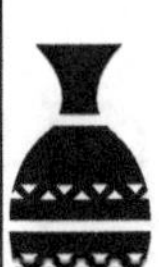
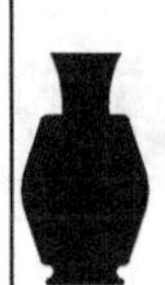

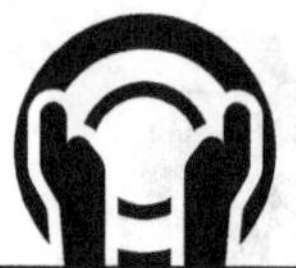
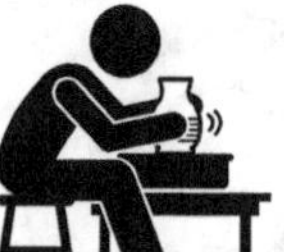
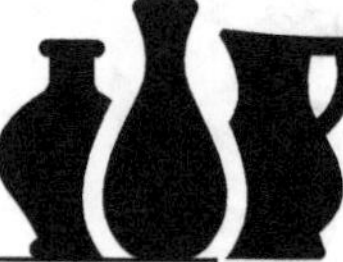
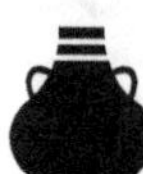

ÉVOLUTION POTERIE CONTEMPORAINE

LA POTERIE CONTINUE D'ÉVOLUER ET DE SE RÉINVENTER, AVEC L'ÉMERGENCE DE NOUVEAUX STYLES ET TECHNIQUES DANS L'ART CONTEMPORAIN. LES ARTISTES CÉRAMISTES MODERNES REPOUSSENT LES LIMITES TRADITIONNELLES DE LA POTERIE, EXPÉRIMENTANT AVEC DES FORMES, DES MATÉRIAUX ET DES MÉTHODES POUR CRÉER DES ŒUVRES QUI DÉFIENT LES CONVENTIONS. L'INTÉGRATION DE TECHNOLOGIES NOUVELLES, COMME L'IMPRESSION 3D EN CÉRAMIQUE, OUVRE DE NOUVELLES POSSIBILITÉS POUR LA CONCEPTION ET LA PRODUCTION. PARALLÈLEMENT, L'ART CONTEMPORAIN EN CÉRAMIQUE EXPLORE SOUVENT DES THÈMES SOCIAUX, POLITIQUES ET ENVIRONNEMENTAUX, REFLÉTANT LES PRÉOCCUPATIONS ET LES QUESTIONNEMENTS DE L'ÉPOQUE. LA POTERIE CONTEMPORAINE N'EST PAS SEULEMENT UNE PRATIQUE ARTISANALE MAIS AUSSI UN DOMAINE ARTISTIQUE DYNAMIQUE, EN CONSTANTE ÉVOLUTION, QUI CONTINUE D'ENRICHIR LE PAYSAGE CULTUREL ET ARTISTIQUE MONDIAL.

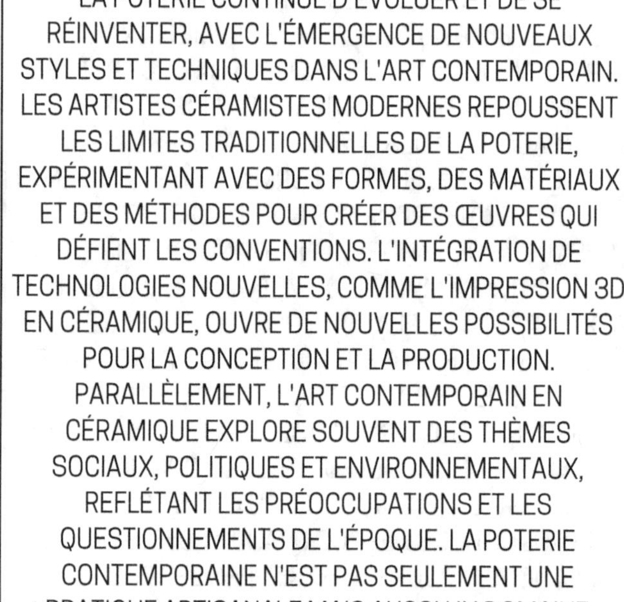
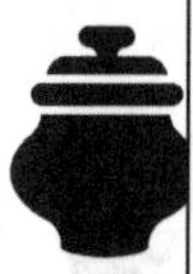
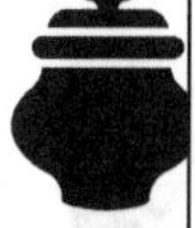
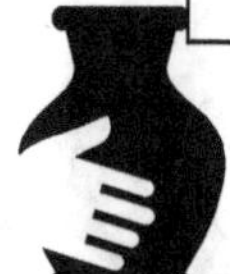

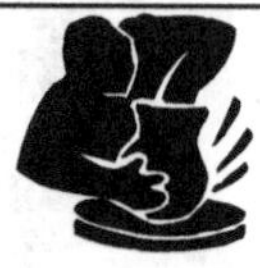
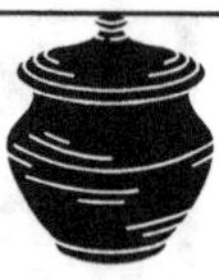
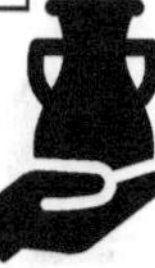